Birgit Stammberger / Lea Bühlmann (Hrsg.)

Das verräumlichte Selbst
Topographien kultureller Identität

Birgit Stammberger / Lea Bühlmann (Hrsg.)

Das verräumlichte Selbst

Topographien kultureller Identität

Neofelis Verlag

Inhalt

Einleitung

Das verräumlichte Selbst

Topographien kultureller Identität

I.

Raum und Identität sind immer schon aufeinander bezogen und nur scheinbar unabhängig voneinander gegeben. Das war der Ausgangspunkt von Fernand Braudel, als er den Tiefenraum der europäischen Geschichte aus der Geografie des Mittelmeers entwickelte: Das Mittelmeer, das einstmals von der Geotektonik der Erdkruste geformt worden war, bestimmte über Jahrtausende die Kulturen, die sich entlang seiner Ränder ansiedelten und sich unter wechselseitigem Bezug, aber immer auch bestimmt von den Rhythmen des Meeres entfalteten. Braudels 1949 veröffentliche Habilitationsschrift *La méditerranée* zielte darauf, Kultur und Geschichte mit der sozialen Aneignung von Räumen in ihrer physischen Materialität zusammenzudenken.[1] In ihr setzte Braudel auf eine Extremform des Raumdenkens, die im geografischen Raum nicht mehr nur eine physisch-passive Gegebenheit erkennen wollte, sondern von der Verwobenheit zweier Pole, des Naturraums und des Sozialen, mithin von der Relationalität von Raum und Identität ausging. Das Anliegen seiner Geohistorie lag demgemäß in der Verknüpfung von Geografie und Geschichte: Der geografische Raum und seine Inbesitznahme durch den Menschen waren für Braudel die entscheidenden Merkmale der Geschichte. Mit seiner raumbezogenen Geschichtsschreibung überwand Braudel

1 Fernand Braudel: *Das Mittelmeer und die mediterrane Welt in der Epoche Philipps II* [franz. 1949], aus d. Franz. v. Grete Osterwald / Günter Seib. 3 Bde. Frankfurt am Main: Suhrkamp 1990.

jene Nationalgeschichtsschreibung, die Staaten und ihre Legitimation als feste Größen ungefragt voraussetzte und die als Schilderung des Werdens und Vergehens großer Imperien zur Obsession des 19. Jahrhunderts wurde und weit bis in die Historiografien des 20. Jahrhunderts fortwirken sollte.[2]

Braudels zentrale Frage war, wie sich die Beziehungen des Menschen zur Natur und der Natur zum Menschen beschreiben lassen: Eine auf die Tiefendimension der Zeit bezogene Geschichtsschreibung sollte den spezifischen Charakter menschlichen Tuns bezogen auf jene Gewalt ausloten, die von den natürlichen Gegebenheiten ausgeht – eines menschlichen Tuns, das auch im Zeitalter der Technik und der Maschinen noch immer, wie Braudel betonte, die Spuren des mühevollen Lebens und des sich ständig wiederholenden Arbeitens in sich trägt. Wie kaum ein anderer Historiker seiner Zeit konfrontierte Braudel mit seiner auf den (Tiefen-)Raum bezogenen Geschichtsschreibung die etablierten diachronen und synchronen Beobachtungsmuster. Er steht damit für eine Historiografie, die in ihrer Rekonstruktion des Geschehenen der Dauer und den großen Räumen den Vorzug gibt. Doch trotz aller *longue durée* widerspricht dieser (Tiefen-)Raum, ist er einmal in seiner Vielgestaltigkeit beschrieben, allen Vorstellungen von Statik. Vielmehr sind Bewegung und menschliches Handeln die Leitmotive von Braudels Geschichtsschreibung, wie Eric Piltz schreibt.[3] Mit seiner Vorstellung der Geschichte als Maßstab und

2 Für Michel Foucault war das 20. Jahrhundert von einer Aufhebung des Primats des Zeitlichen bestimmt: „Unsere Zeit ließe sich dagegen als Zeitalter des Raums begreifen“ (Michel Foucault: Von anderen Räumen. In: Hermann Doetsch (Hrsg.): *Raumtheorie. Grundlagentexte aus Philosophie und Kulturwissenschaften*. Frankfurt am Main: Suhrkamp 2006, S. 317–319, hier S. 317). Dass gerade Foucault in den gegenwärtigen Debatten oftmals allzu schnell zum Urheber eines neuen Raumparadigmas gemacht wird, muss schon deshalb erstaunen, weil er sich nur in einigen wenigen Texten mit dem Raum beschäftigt hat und man dementsprechend nicht von einer systematischen Auseinandersetzung sprechen kann. (Vgl. hierzu Jörg Döring / Tristan Thielmann: Einleitung. Was lesen wir im Raum? Der Spatial Turn und das geheime Wissen der Geographen. In: Dies. (Hrsg.): *Spatial Turn. Das Raumparadigma in den Kultur- und Sozialwissenschaften*. Bielefeld: Transcript 2008, S. 7–48, hier S. 9.)

3 Vgl. Eric Piltz: „Die Trägheit des Raums“. Fernand Braudel und die *Spatial Stories* der Geschichtswissenschaft. In: Ebd., S. 75–102, hier S. 87.

„Messinstrument für die Welt"[4] stellte Braudel nämlich zugleich die großen Fragen menschlicher Existenz: „Was ist ein Ereignis? Was ist Zufall? Was ist das Soziale?"[5] Mit *La méditerranée*, so Peter Burke, hat Braudel uns nicht nur „einen Eindruck von der Bedeutung des Raumes vermittelt", sondern mehr als jeder andere Historiker des 20. Jahrhunderts auch „unsere Begriffe von Raum und Zeit verändert"[6]. Braudels denkerisches Ausgreifen in den (Tiefen-)raum des Mittelmeers nimmt seinen Ausgang in einem sehr konkreten lokalen historischen Kontext, der seinen Einspruch gegen eine Geschichtsschreibung der Nationen, Herrscherhäuser und anderer politischer Entitäten mit scheinbar vorgegebener Identität umso radikaler macht: Das Buch entstand aus einer Vorlesungsreihe, die Braudel als französischer Kriegsgefangener im Offizierslager in Lübeck am Ende des Zweiten Weltkriegs gehalten hatte, unweit des Ortes, an dem die Tagung stattfand, aus der der vorliegende Sammelband hervorgegangen ist. Nicht der Arbeitsplatz in einer Bibliothek oder der obligatorische Schreibtisch zur Bearbeitung von Quellen im Archiv, sondern die schwierigen Lebensumstände in einem Kriegsgefangenenlager während des Zweiten Weltkriegs legten also den Grundstock für Braudels Reflexionen über die Relationalität von geografischem Raum und menschlichem Handeln. Uns vermag es heute wohl kaum zu gelingen, uns eine Vorstellung von den Schwierigkeiten und Bedingungen des wissenschaftlichen Arbeitens inmitten solcher Umstände zu machen. Angetreten, seinen Zuhörer*innen „die Gegenwart zu erklären", verweist Braudel in seinen Vorlesungen selbst auf seine eigene „ungünstige[] Lage", wenn er zu Beginn seinen Anspruch, „die Welt zu betrachten", selbstkritisch offenlegt.[7] Dieser Anspruch, die „Geschichte aus der Perspektive ihrer kollektiven Wirklichkeit, der *langsamen* Entwicklung der *Strukturen*"[8] zu erfassen, erscheint ihm selbst fast als eine unzumutbare Anmaßung

4 Peter Schöttler: Nachwort: Fernand Braudel als Kriegsgefangener in Deutschland. In: Fernand Braudel: *Geschichte als Schlüssel zur Welt. Vorlesungen in Deutscher Kriegsgefangenschaft 1941*, aus d. Franz. v. Peter Schöttler / Jochen Grube, hrsg. v. Peter Schöttler. Stuttgart: Klett-Cotta 2013, S. 187–213, hier S. 202.

5 Braudel: *Geschichte als Schlüssel zur Welt*, S. 24.

6 Peter Burke: *Offene Geschichte. Die Schule der ‚Annales'*. Frankfurt am Main: Fischer 1998, S. 45.

7 Braudel: *Geschichte als Schlüssel zur Welt*, S. 21.

8 Ebd., S. 23 (Herv. i. Orig).

angesichts der dramatischen politischen Ereignisse der 1940er Jahre. Im Nachhinein wirkt er jedoch als umso entschiedenerer Einspruch nicht nur gegen das brutale und mörderische Weltmachtstreben der Deutschen, sondern auch gegen die beklemmende Enge des Offizierslagers. Während seiner fünfjährigen Kriegsgefangenschaft schrieb und überarbeitete Braudel das Manuskript zu seinem Buch immer wieder und verschickte Teile davon von Lübeck nach Paris. Die Originalseiten tragen den Stempel „Geprüft Oflag".[9] Dass ein Lager in einer norddeutschen Stadt eng verknüpft ist mit der Entstehungsgeschichte eines der einflussreichsten Bücher zum Raumparadigma in den Geschichtswissenschaften des 20. Jahrhunderts, mag eine historische Tatsache sein, es ist aber auch eine zu Fragen provozierende Konstellation.

Die Zeit der Gefangenschaft und der Ort des Lagers verbinden sich hier mit einer intellektuellen Leistung, die zugleich eine bestimmte Perspektive begründet und Fragen an uns Nachgeborene aufwirft, die heute kaum an Aktualität verloren haben. Die Auffassung, dass Geschichte stets von einem Widerspruch zwischen „Offenheit und Verbarrikadierung" geprägt ist,[10] macht ebenso wie die Deutungsweisen der Aneignung von Räumen die Angewiesenheit des eigenen Denkens auf das materiale und symbolische Korrelat deutlich. Im Hinblick auf diese methodische und analytische Herangehensweise scheint Braudel auch Fragen gegenwärtiger Zeitgeschichte vorwegzunehmen: Wie lässt sich eine auf Dauer gestellte Geschichte, die sogenannte Big History, überhaupt in einen Zusammenhang mit einer immer schnelllebiger und komplexer werdenden Gegenwart bringen?[11] Mit seinem epochemachenden Werk *La méditteranée* gilt Braudel heute als einer der wichtigsten Vorläufer des Spatial Turn.[12] Aber Braudels Raumkonzept verweist auf die Verschränktheit des Sozialen mit den topologischen Bildern, Metaphern und Narrativen des Raumes, die keineswegs nur

9 Oflag = Offizierslager, deutsches Kriegsgefangenenlager während des Zweiten Weltkrieges, in dem Offiziere nach Nationen getrennt untergebracht waren (vgl. Schöttler: Nachwort, S. 199). In seinem sehr aufschlussreichen Nachwort wirft Schöttler die Frage auf, ob das „Mittelmeer-Buch" das Produkt einer Gefangenschaft ist.

10 Braudel: *Geschichte als Schlüssel zur Welt*, S. 135.

11 Vgl. Schöttler: Nachwort, S. 211.

12 Vgl. Manuel Borutta: Braudel in Algier. Die kolonialen Wurzeln der „Méditterranée" und der „spatial turn". In: *Historische Zeitschrift* 303,1 (2016), S. 1–38, hier S. 1.

mit der Brille des Spatial Turns zu lesen sind. Das mit einer gewissen Trägheit versehene Raumkonzept Braudels fragt zuallererst nach den Begrenzungen des Räumlichen und setzt damit vor allem sozialen Handeln eine physische Materialität des Raums voraus.[13] Genau damit legt dieses Raumkonzept aus der Mitte des 20. Jahrhunderts den Finger auf eine vielbeschworene Wunde der Gegenwart, die nur vermeintlich besteht: Nicht erst mit der im Zuge des Spatial Turn ausgerufenen „Wiederkehr des Raumes"[14] wurde wieder über Raum nachgedacht. Der Raum als Leitkategorie kulturwissenschaftlicher Analysen hat in den letzten Jahren eines gezeigt: Weder die Aberkennung des Zeitlichen noch die Privilegierung des Materiellen und schon gar nicht die Verabsolutierung des Sprachlichen machen den Raum zu einem zentralen Topos kulturwissenschaftlicher Analysen. Vielmehr muss das gegenwärtige Raumdenken immer als eine kritische Bestandsaufnahme und in Abgrenzung zu bereits bestehenden Raumkonzepten verstanden werden. Räume, Orte und Schauplätze sollen dabei nicht als vorgegebene Entitäten gesetzt, sondern als in sozialen Praktiken hergestellt analysiert werden. Es sind also die topografischen Kulturtechniken der Kartierung, Verortung und Bewegung, die hier im Spannungsfeld von physischer Materialität und medialer Vermittlung im Mittelpunkt stehen: „Raum ist", wie Hartmut Böhme schreibt, „niemals einfach da [...]. Denn Raum ist zuerst ein materieller, d. h. lastender und Anstrengung erfordernder Raum."[15] Ein solches topografisches Raumverständnis sucht selbst noch in fiktionalen und medialen Umdeutungen raumkonstituierender Beziehungen nach Grenzüberschreitungen, die eng verwoben sind mit Fragen der Identität. Es gilt, das verräumlichte Selbst mitzudenken, wenn man Texte wie *La méditerranée* heute liest – den Text eines Historikers „hinter Stacheldraht"[16].

13 Vgl. Piltz: Die Trägheit des Raums, S. 85.

14 Jürgen Osterhammel: Die Wiederkehr des Raumes. Geopolitik, Geohistorie und historische Geographie. In: *Neue Politische Literatur* 43,3 (1998), S. 374–397.

15 Hartmut Böhme: Einleitung. Raum – Bewegung – Topographie. In: Ders. (Hrsg.): *Topographien der Literatur. Deutsche Literatur im transnationalen Kontext.* Stuttgart: Metzler 2005, S. IX–XXIII, hier S. XVII; vgl. auch Doris Bachmann-Medick: *Cultural Turns. Neuorientierungen in den Kulturwissenschaften*. Reinbek: Rowohlt 2010, S. 311–312.

16 Schöttler: Nachwort, S. 189.

II.

Raum und Identität ist gemeinsam, dass es sich um zentrale Kategorien kulturwissenschaftlichen Denkens handelt, die in den letzten Jahrzehnten in Bewegung geraten sind. Zwei parallel verlaufende Forschungsdiskussionen figurieren das Verhältnis dieser beiden Kategorien: So rückten im Zuge des Cultural Turn der Geografie Identitäten in den Blick der Politischen bzw. der Sozialgeografie und wurden dabei zum Gegenstand „humangeografischer Fragestellungen".[17] Dies geht zurück auf diskurstheoretisch-poststrukturalistischer Theorieansätze der US-amerikanischen human- und kulturgeografischen Raumforschung der 1980er Jahre. Die im deutschsprachigen Raum geführten Debatten über eine kulturelle Wende in der Humangeografie sind jüngeren Datums. Jedoch herrscht in der neueren Humangeografie „weitgehend Einigkeit über den dynamischen, kontext-sensitiven, sozial konstruierten Charakter von ‚Identitäten'".[18] In der innerfachlichen Diskussion führte gerade die „Infragestellung und Dekonstruktion ‚realistischer' Repräsentation"[19] zu der Einsicht, dass räumliche Strukturen nur im Rückgriff auf einen Begriff von Kultur expliziert werden können, der es erlaubt, Räume im Licht der Herstellung ihrer Bedeutung zu betrachten. In einer auf solche

17 Annika Mattissek: Diskursanalyse in der Humangeographie – „State of the Art". In: *Geographische Zeitschrift* 95,1/2 (2007), S. 37–55, hier S. 42. Vgl. hierzu auch dies. / Georg Glasze: Diskursforschung in der Humangeographie: Konzeptionelle Grundlagen und empirische Operationalisierungen. In: Dies. (Hrsg.): *Handbuch Diskurs und Raum. Theorien und Methoden für die Humangeographie sowie die sozial- und kulturwissenschaftliche Raumforschung*. Bielefeld: Transcript 2012, S. 11–59.

18 Christiane Marxhausen: *Identität – Repräsentation – Diskurs. Eine handlungsorientierte linguistische Diskursanalyse zur Erfassung raumbezogener Identitätsangebote*. Stuttgart: Steiner 2010, S. 9.

19 Martin Fuchs / Eberhard Berg: Phänomenologie der Differenz. Reflexionsstufen ethnographischer Repräsentation. In: Dies. (Hrsg.): *Kultur, soziale Praxis, Text. Die Krise der ethnographischen Repräsentation*. Frankfurt am Main: Suhrkamp 1993, S. 11–108, hier S. 17. Repräsentation ist zugleich auch ein Schlüsselbegriff der Cultural Studies. Für Stuart Hall sind Repräsentationen Prozesse der Bedeutungsproduktion durch Sprache, also ein machtvolles Regime zur Herstellung von Differenz. (Vgl. Stuart Hall: The Work of Representation. In: Ders. (Hrsg.): *Representation. Cultural Representation and Signifying Practices*. London / Thousand Oaks / New Delhi: Sage 1997, S. 16–61; ders.: *Ideologie, Identität, Repräsentation. Ausgewählte Schriften*, Bd. 4, hrsg. v. Juha Koivisto / Andreas Merkens. Berlin: Argument 2004.)

Weise gewissermaßen zu einer erweiterten Text- bzw. interpretativen Wissenschaft gewordenen Geografie wird ‚Raum' somit als soziale Praxis und nicht mehr als reine Repräsentation gedacht.[20] Im Zentrum der Diskussionen stehen dabei Prozesse der Generierung und Diffusion „kollektive[r] Identitätsformen"[21] – wie etwa europäische Identitätskonstrukte.[22]

Fast zur gleichen Zeit, jedoch an einem anderen disziplinären Schauplatz, wurden in den Kulturwissenschaften in zahlreichen Debatten traditionelle Konzeptionen von Identität radikal infrage gestellt. Gleichwohl wurde der Begriff der Identität nicht schlichtweg aufgegeben, vielmehr zielte die Diskussion darauf, seine Grenzen auszuloten. Die Debatten der letzten Jahre haben vor allem gezeigt, dass die Hinterfragung von Identität letztlich von einer epistemologischen Unruhe getragen war, den traditionellen Konzepten von Identität kritisch zu begegnen, ohne die Kategorie selbst aufzugeben. So hat Stuart Hall betont, dass Identität auf dem Prozess der Identifikation gründet, der „niemals abgeschlossen ist, immer prozesshaft bleibt",[23] und damit letztlich immer nur kontextuell und vor allem in ihrer räumlichen Beziehung zu einem konstitutiven Außen zu denken ist.

Was die Identität in der Humangeografie war, gilt umgekehrt für den Raum in den Kulturwissenschaften. Mit dem Spatial Turn in den Kulturwissenschaften wurde einerseits die Geografie zur neuen Leitwissenschaft erhoben und andererseits unter Rückgriff auf die kritische Kulturtheorie im Zusammenhang mit postkolonialen Ansätzen „die Kulturanthropologie als Leitwissenschaft der Kulturwissenschaften entthront".[24] Hier hat der Spatial Turn in den letzten Jahren für

20 Vgl. Paul Rabinow: Repräsentationen sind soziale Tatsachen. Moderne und Postmoderne in der Anthropologie. In: Fuchs / Berg (Hrsg.): *Kultur, soziale Praxis, Text*, S. 158–200.

21 Andreas Pott: Raum und Identität. Perspektiven nach dem Cultural Turn. In: Christian Berndt / Robert Pütz (Hrsg.): *Kulturelle Geographien. Zur Beschäftigung mit Raum und Ort nach dem Cultural Turn.* Bielefeld: Transcript 2007, S. 27–52, hier S. 32; vgl. hierzu auch Mattissek: Diskursanalyse in der Humangeographie, S. 37–55.

22 Marxhausen: *Identität – Repräsentation – Diskurs*, S. 12.

23 Stuart Hall: Wer braucht „Identität"? In: Ders.: *Ideologie, Identität, Repräsentation*, S. 167–187, hier S. 169.

24 Bachmann-Medick: *Cultural Turns*, S. 290.

Furore gesorgt, der ein eigentümliches „Spannungsverhältnis zwischen Auflösung und Wiederkehr des Raumes“[25] hervorgebracht hat. Weder das Verschwinden des Raums noch eine Privilegierung raumbezogener Kategorien kennzeichnen den Spatial Turn, sondern wiederum eine Infragestellung dessen, was üblicherweise als Raum für selbstverständlich erachtet wird. Mit dem Spatial Turn ist nicht der Raum als solcher, sondern die Frage nach der „Möglichkeit einer Beschreibung räumlicher Verhältnisse hinsichtlich kultureller und medialer Aspekte“[26] relevant geworden.
Mit dem Raumparadigma der Kulturwissenschaften ist vor allem eine bedeutsame Verschiebung von einer sprach- und diskursbezogenen Begründung sozialer Realität hin zu Analysen räumlich-territorialer Beziehungen und materieller Örtlichkeiten verbunden. Das mit der Abkehr vom „Textualismus und Kulturalismus“ einsetzende „Vordringen in die Materialität der Orte“ hat die raumkritische Wende der Kulturwissenschaften begründet.[27] Wesentlich für die kulturwissenschaftliche Raumforschung ist dabei die Einsicht, dass Räume immer auch Resultat politisch-sozialer Aufladungen und damit gesellschaftlich-spezifischer Konstellationen sind, die jedoch zumeist gegenwartsdiagnostischen Analysen lokaler und globaler Machtverhältnisse dienen.[28] Das Raumparadigma der Kulturwissenschaften gründet in einem Gegenwartsbezug, der wesentlich ist für die Auswahl der jeweils untersuchten Themen und Gegenstandsbereiche.[29] Während raumbezogene Identitäten zum Gegenstand der humangeografischen Forschung geworden sind, haben Fragen nach der Relationalität von Raum und Identität in der kulturwissenschaftlichen Raumforschung bislang vergleichsweise wenig Beachtung gefunden. Dieses Desiderat erscheint dabei umso erstaunlicher, als Identität spätestens mit der Psychoanalyse, dem Dekonstruktivismus sowie mit feministischen und postkolonialen Theorien immer schon in ihrer

25 Bachmann-Medick: *Cultural Turns*, S. 288.

26 Stephan Günzel: Einleitung: Raum – Topographie – Topologie. In: Ders. (Hrsg.): *Topologie. Zur Raumbeschreibung in den Kultur- und Medienwissenschaften*. Bielefeld: Transcript 2007, S. 13–32, hier S. 13.

27 Bachmann-Medick: *Cultural Turns*, S. 301.

28 Vgl. ebd., S. 294.

29 Ebd., S. 292.

räumlich-spatialen Dimension der Veräußerlichung und Dezentrierung gedacht wurde.[30]

Problematisch aber ist das dem Spatial Turn eingeschriebene Neuartigkeitspostulat des Raumdenkens. Dieses Postulat ist in den letzten Jahren von einer Fülle von Arbeiten im Kontext des Raumparadigmas so inflationär aufgegriffen worden, dass die Rede von der Neuartigkeit dieser Forschungsprogrammatik nicht nur beständig reproduziert, sondern der Raum oft sogar an die erste Stelle der Forschungsagenda gesetzt worden ist. Mit einem solchen Primat des Raums kommen diese Forschungsperspektiven jedoch paradoxerweise in eine problematische Nähe zu jenem Raumdeterminismus, der doch eigentlich überwunden werden sollte.[31] So warnt etwa Stephan Günzel vor der Gefahr, aus dem Blickwinkel des Spatial Turn die „Fehler des historischen Denkens unter anderen Vorzeichen"[32] zu wiederholen, denn wer den sozial konstruierten Charakter des Raums gegen eine realräumliche Perspektive ausspiele, gehe weiterhin von einer Dichotomie von Diskurs und Realität aus. Werden Räume entweder nur als diskursiv hergestellt oder aber nur als jenseits von Diskursen materiell vorhanden gedacht, entpuppen sich die vermeintlich innovativen Zugänge des Raumdenkens letztlich als ebenso leere wie totalisierende Zugriffe. Das konstruktivistische Paradigma des Raumdenkens sollte deshalb nicht darauf zielen, den Raum unter das kulturwissenschaftliche Textparadigma zu stellen und Wirklichkeit restlos in Zeichenprozesse aufzulösen. Die aktuellen Debatten über Materialität und

30 Vgl. hierzu auch Judith Butler: *Psyche der Macht. Das Subjekt der Unterwerfung.* Frankfurt am Main: Suhrkamp 2007, bes. S. 81–100 (Abschnitt: „Subjektivation, Widerstand. Bedeutungsverschiebung. Zwischen Freud und Foucault"); vgl. ferner Michel Foucault: Warum ich die Macht untersuche: Die Frage des Subjektes. In: Hubert L. Dreyfus / Paul Rabinow: *Michel Foucault. Jenseits von Strukturalismus und Hermeneutik.* Weinheim: Beltz Athenäum 1994, S. 243–250; vgl. zudem Andreas Reckwitz: *Das hybride Subjekt. Eine Theorie der Subjektkulturen von der bürgerlichen Moderne zur Postmoderne.* Weilerswist: Velbrück 2006.

31 Nikolai Roskamm: Das Reden vom Raum. Zur Aktualität des Spatial Turn. Programmatik, Determinismus und ‚sozial konstruierter Raum'. In: *Peripherie. Zeitschrift für Politik und Ökonomie in der Dritten Welt* 126/127 (2012), S. 171–189.

32 Stephan Günzel: *Spatial Turn* – Topographical Turn – Topological Turn. Über die Unterscheide zwischen den Raumparadigmen. In: Döring / Thielmann (Hrsg.): *Spatial Turn*, S. 219–240, hier S. 220.

Dinghaftigkeit zeigen, welch theoretisch bedeutsamen Einsatzort die Reflexionen über Raum und Identität bieten, denn sie geben Impulse, um einerseits „die erkenntnistheoretischen Desiderate der konstruktivistischen Ansätze" einzubeziehen und andererseits die „opake und widerständige Wirklichkeitsebene anzuerkennen".[33] Ebenso wenig kann es der Humangeografie, die den Raum unter Bezugnahme auf die poststrukturalistische Semiotik auf ihm zugrunde liegende sprachlich-kulturelle Organisationsmuster zurückführt, um eine diskursive Auflösung physischer Materialität noch um eine naturalistische Rückwendung des Raumparadigmas gehen.
Mit der Frage nach der Bezogenheit von Raum und Identität ist also eine eigentümliche Ungleichzeitigkeit zwischen innerfachlichen Forschungsdynamiken und fächerübergreifendem Dialog verknüpft: Während sich die Kulturwissenschaften mit dem Spatial Turn und ihrer gesteigerten Aufmerksamkeit für die „räumliche Dimension geschichtlichen Geschehens" nun gerade dadurch „auf der Höhe der Zeit"[34] befinden, weil sie hinter den kulturellen Symbolen den Raum aufsuchen, verabschiedet die Humangeografie mit ihrem Aufgreifen diskurstheoretischer Ansätze ihre feste Verankerung im geografisch scheinbar unhinterfragbaren Raum. Gleichwohl liegt der humangeografischen Identitätsthematik und dem kulturwissenschaftlichen Raumparadigma eine theoretische Gemeinsamkeit zugrunde. Denn beide erfahren eine epistemologische Verunsicherung, oder besser: eine produktive Verwirrung ihrer erkenntnisleitenden Kategorien. Wie Identität als sozial und räumlich strukturierte Kategorie immer als grundsätzlich veränderbar gedacht werden muss, wird auch der Raum als eine in sozialen und symbolischen Praktiken hergestellte und damit letztlich veränderbare Kategorie vorgestellt. Identität und Raum lassen sich in diesem Sinne beide als Resultat strukturierender Prozesse der Schließung, Öffnung und Verschiebung verstehen. Und wenn Identitäten in sozialen Kontexten fixiert und verändert werden, verdankt sich dies oft selbst wiederum Neuordnungen in den räumlich-territorialen Beziehungen.[35]

33 Kirsten Wagner: Topographical Turn. In: Stephan Günzel (Hrsg.): *Raum. Ein interdisziplinäres Handbuch*. Stuttgart / Weimar: Metzler 2010, S. 100–109, hier S. 102.

34 Karl Schlögel: Räume und Geschichte. In: Günzel (Hrsg.): *Topologie*, S. 33–52, hier S. 33.

35 Vgl. Wagner: Topographical Turn, S. 102.

Beide Forschungsperspektiven betrachten Raum und Identität somit nicht als etwas Gegebenes, sondern als Kategorien, die immer nur im Zusammenhang mit sozialen, kommunikativen und symbolischen Praktiken zu verstehen sind. Dass der Dialog zwischen Humangeografie und den Kulturwissenschaften gerade im deutschsprachigen Raum bis vor Kurzem noch in den „Kinderschuhen"[36] steckte, darf vielleicht als Indiz dafür gesehen werden, dass ‚Turns' oft nur innerhalb der eigenen Fächergrenzen vollzogen werden. Disziplinübergreifende Diskussionen über den Zusammenhang von Raum, Geschichte, Kultur und Gesellschaft, die sich unter einer gemeinsamen ‚Wende' subsumieren ließen, gehören also keineswegs zu den Selbstverständlichkeiten einer interdisziplinär angelegten Raum- und Identitätsforschung.[37]

III.

Das verräumlichte Selbst mit seiner sprachlichen Betonung des Aspekts der Verräumlichung erscheint zwar auf den ersten Blick als ein weiterer Beitrag zum Spatial Turn – und das soll auch keineswegs abgewiesen oder bestritten werden. Mit dem Konzept des verräumlichten Selbst geht es zuallererst darum, die Relationalität von Raum und Identität (begrifflich) zu fassen. Im Fokus stehen dabei die Praktiken, historischen Erinnerungsorte und epistemischen Räume der Erzeugung und Vermittlung von Wissen. Sie bilden den Rahmen für eine Kartierung raumbezogener Identitäten, in denen die unterschiedlichen Konstellationen von Raum und Identität konkrete Gestalt annehmen. Wesentlich für diese Kartierung ist eine über die sprachliche und diskursive Verfasstheit von Raum und Identität hinausgehende Perspektive. Dem Konzept des verräumlichten Selbst

36 Vgl. Steffi Marung: Rezension zu: Christian Berndt, Robert Pütz (Hrsg.): Kulturelle Geographien. Zur Beschäftigung mit Raum und Ort nach dem Cultural Turn. Bielefeld 2007. In: *Connections. A Journal for Historians and Area Specialists*, 19.06.2009. http://www.connections.clio-online.net/publicationreview/id/ rezbuecher-11768 (Zugriff am 25.08.2017).

37 So vermerken auch die Herausgeber des Bandes *Spatial Turn* eine Merkwürdigkeit in der Rezeption des zunächst in der Humangeografie verkündeten Raumdenkens. Denn wenngleich in den Kultur- und Sozialwissenschaften immer wieder ein Bezug zur Kulturgeografie postuliert wird, bleiben die Debatten auf innerfachliche Auseinandersetzungen beschränkt, obwohl ihr „transdisziplinäre[r] Charakter als gegeben unterstellt wird" (Döring/Thielmann: Einleitung, S. 8).

wird dabei ein handlungsbezogener und prozessorientierter Ansatz zugrunde gelegt, der zusammen mit der Konstituierung von Identität in Raumrelationen auch deren grundsätzliche Kontingenz und Prozesshaftigkeit, das heißt die Performativität von Raum und Identität, berücksichtigt. Über die Frage nach der Herstellung hinausgehend, verfolgt das Konzept das Ziel, die sich in den Prozessen der diskursiven Konstruktion abzeichnende Dynamik, die Verschiebungen, Brüche und Ungleichzeitigkeiten, in den Blick zu nehmen und dabei auszuloten, wie Raumidentitäten zur Geltung gebracht, verworfen oder neu hergestellt werden. Das Konzept des verräumlichten Selbst geht also von einer konstitutiven Offenheit von Raumidentitäten aus.[38] Raumidentitäten werden somit als Phänomene untersucht, die permanenten Veränderungen und Transformationen ausgesetzt sind.[39] Um die spezifische Eigenlogik solcher Raumidentitäten, um die es im vorliegenden Band gehen soll, zu erfassen, wird die Frage nach der Verräumlichung des Selbst zunächst empirisch und theoretisch offengehalten. In diesem Sinne verfolgt der vorliegende Band das Ziel einer konstruktiven Verfremdung: Es geht darum, neue Brücken zu schlagen und dabei sowohl Raum als auch Identität weiterzudenken. Statt Raum und Identität als vorgegebene, stabile Entitäten zu betrachten, sollen Raumidentitäten als jeweils spezifische Konstellationen untersucht werden, in denen Raum und Identität aufeinander bezogen und gerade deshalb dezentriert, fragmentiert oder hybrid sind. In zahlreichen Identitätskonzepten, die eine Hervorbringung oder Unterwerfung des Selbst, seine Spaltung und seine Relationalität zum Anderen in den Blick nehmen, scheint unabweisbar eine spatiale Dimension auf. Nicht erst seit Sigmund Freud wird vom menschlichen Selbstverhältnis in räumlichen Metaphern gesprochen, das in seinen unterschiedlichen Instanzen auf Widersprüchlichkeit und Dynamik angelegt zu sein scheint. Mit dem Konzept des verräumlichten Selbst ist also mehr aufgerufen als nur die Theoriediskussionen der letzten Jahre.

38 So fragt etwa Andreas Pott, wie das thematische Forschungsfeld zu konturieren wäre, und plädiert im Anschluss an Niklas Luhmanns Systemtheorie für einen beobachtungstheoretischen Ansatz, um letztlich auch „die Identitäts- und Raumproblematik zugleich empirisch offener" zu halten (Pott: Raum und Identität, S. 39).

39 Vgl. ebd., S. 56.

Raum und Selbst lassen sich nicht als separierte Entitäten denken, denn sie stehen in einem sich wechselseitig bedingenden, konstitutiven Verhältnis der Kontingenz und Stabilität. Um dieses Wechselspiel von identitätsproduzierenden Räumen und raumproduzierenden Identitäten auszuloten, wird das verräumlichte Selbst im vorliegenden Band zudem als eine Denkfigur verstanden, mit der sich ein doppelter Ansatz verfolgen lässt: Einerseits soll das epistemologische Potenzial der kulturwissenschaftlichen Raumwende für Fragen nach der Identitätskonstruktion und nach der Rolle von Selbstverhältnissen für die Raumproduktion erschlossen werden. Andererseits können mit dem verräumlichten Selbst die methodischen Verengungen dualistischer Konzepte von Materialität und Diskurs, Raum und Zeit oder Peripherie und Zentrum produktiv unterlaufen werden. So soll im vorliegenden Band buchstäblich ein Raum eröffnet werden, in dem solche Fragen diskutiert und die dabei gewonnenen Reflexionspotenziale ausgelotet werden können. In diesem Sinne wird auf Formen einer kreativen Aneignung statt auf systematische Forschungsperspektiven gezielt. Denn Konstellationen raumbezogener Identität machen weder an den disziplinären Fächergrenzen halt noch lassen sie sich einer bestimmten historischen Phase zuordnen. Es geht vielmehr um lokale Räume, Akteure und Praktiken, bei denen die Bezogenheit von Raum und Identität selbst zum Ausgangspunkt der Betrachtung gemacht wird.

In den im vorliegenden Band diskutierten historischen Beispielen aus unterschiedlichen Zusammenhängen treffen verschiedene Raumbegriffe und raumtheoretische Analysen auf verschiedene Identitätskonzepte bzw. Vorstellungen des Selbst. Auch wenn mit dem Konzept bzw. der Denkfigur des verräumlichten Selbst zwei zentrale Theoriestränge kulturwissenschaftlichen Denkens aufgerufen sind, können die hier versammelten Beiträge allesamt als Versuche gelesen werden, Raum und Selbst in Relation zu setzen und diese Relationen in den Blick zu nehmen. Es geht also weniger um Theorien, sondern eher darum, die konkrete Anwendung von Theoriebausteinen zu erproben. Raumidentitäten werden dabei als Konstellationen von Raum und Identitäten begriffen, die von einem jeweils spezifischen disziplinären Ort (Archäologie, Kunstgeschichte, Literaturwissenschaft, Wissenschaftsgeschichte, Soziologie) aus befragt und aus unterschiedlichen Perspektiven zu Wort gebracht werden. Ziel ist demnach die Beschreibbarkeit des Verhältnisses von Raum und Identität durch einen methodischen Blickwechsel.

Ein solcher Blickwechsel lässt sich an einem Beispiel aus dem Band erläutern. Das Buddenbrookhaus in Lübeck ist einem der wichtigsten Schriftsteller der Moderne, Thomas Mann, und der Familie Mann gewidmet. Es gilt als eines der führenden Literaturmuseen Deutschlands. Das Buddenbrookhaus verdankt seine Existenz einem Roman, mit dem Thomas Mann seiner eigenen Biografie und der Familiengeschichte einen Erinnerungsort geschaffen hat; zugleich ist es ein konkretes Lübecker Gebäude, dessen Bezug zum vermeintlichen Originalschauplatz seit dem Zweiten Weltkrieg buchstäblich nur noch als Fassade besteht. Das Museum beheimatet somit einen fiktionalen Ort der Literaturgeschichte, ist aber zugleich auch biografisch und regional bestimmt. Als Museum steht das Buddenbrookhaus damit vor der Herausforderung, den Zusammenhang zwischen dem konkreten Ort und der fiktionalen Dimension von Manns schriftstellerischem Werk in einem räumlichen Gefüge für die Besucher*innen erleb- und erfahrbar zu machen. Besonders reizvoll ist dabei gerade diese Ambivalenz, die dem Buddenbrookhaus als fiktionaler Ort und als Museum eingeschrieben ist. Aus dem US-amerikanischen Exil musste Thomas Mann beobachten, wie die Bombenangriffe der Alliierten das Haus seiner Familie in Schutt und Asche legten. Der gebürtige Lübecker kommentierte das in seiner berühmten Radioansprache über die BBC: „Das geht mich an, es ist meine Vaterstadt […]. Aber ich denke an Coventry und ich habe nichts einzuwenden gegen die Lehre, dass alles bezahlt werden muss.“[40] Während Thomas Mann nicht davor zurückschreckte, die britischen Bomber vor seinen Landsleuten in Schutz zu nehmen, saß Fernand Braudel als französischer Offizier in einem Strafgefangenenlager in Lübeck fest und arbeitete von Deutschland aus an seiner Mittelmeerstudie, die so nachhaltig die Geschichtsschreibung der Nachkriegszeit beeinflussen sollte.

IV.

Der vorliegende Band widmet sich in historischen und regionalen Fallstudien sowie theoretischen und/oder epochenübergreifenden Beiträgen der Relationalität von Raum und Identität. In der ersten

40 Thomas Mann: Deutsche Hörer! April 1942. In: Ders.: *Gesammelte Werke in dreizehn Bänden*, Bd. 11: Reden und Aufsätze 3. Frankfurt am Main: Fischer 1974, S. 1033–1035, hier S. 1034.

Sektion „Raum-Identitäten" geht es um Raumordnungen, die auf ihre Identitätspotenziale hin befragt werden: Inwieweit produziert und strukturiert Identität Räume? *Jörg Widmaier* eröffnet den Band mit einem Beitrag zu den uniformen vormodernen Kirchenbauten auf der Ostseeinsel Gotland. Er zeigt darin, wie die damaligen Stifter trotz strenger Regularien und Vorschriften in den Sakralbauten ihre eigenen Selbstentwürfe hinterließen. Indem die Stiftungs- und Finanzierungspraxis aus einer spatialen Perspektive erörtert wird, liefert der Beitrag mit Blick auf die identitätsstiftenden Praktiken des Selbst im Kirchenraum ein Beispiel für die Relationalität von Raum und Identität in der Frühen Neuzeit. Der Beitrag von *Dirk Thomaschke* demonstriert anhand von Ortschroniken die Politisierung des Raums in scheinbar rein lokalen Geschichtsschreibungen, die durch die Auflistung der regelmäßigen Wiederkehr von Feier- und Festtagen und der dazwischenfallenden Ereignisse rein chronologisch organisiert sind. Ein politisierter Raumbegriff ist auch die Voraussetzung für den Beitrag von *Tamara Frey*, die am Beispiel von Heiratsannoncen aus Übersee den Praktiken der Verortung und Inszenierung männlicher Identitätsentwürfe im Deutschen Kaiserreich nachgeht. Diese Heiratsannoncen liefern nicht nur ein Beispiel für das geografische Gefüge von Zentrum und Peripherie, sondern verweisen gleichermaßen auf die in sie eingeschriebenen macht- und identitätspolitischen Raumkonstellationen zwischen bürgerlichen Geschlechternormen und deutscher Kolonialpolitik.

Die zweite Sektion „Begegnungsräume" eröffnet eine Perspektive auf die spatiale Dimension von Identität im Miteinander. *Dagmar Bruss* zeigt in ihrem Beitrag zu Gesprächsräumen, wie die Dimension der Distanzierung im Gespräch als Raum zu verstehen ist, dem eine wichtige Rolle für die Selbstkonzeption zukommt. An die von Bruss beschriebenen Gesten des Distanznehmens knüpft *Christoph Paret* in seinem Beitrag unmittelbar an: Kleine Gesten wie das Aneinandervorbei-gehen auf der Straße erscheinen keineswegs nur als inhaltsleere und selbstverständliche Handlungen, wenn man sie mithilfe des Konzepts der Verräumlichung analysiert. Denn der Umgang miteinander bedarf zahlreicher ritualisierter und damit erlernter Verhaltensweisen, die – einmal in den Blick genommen – als zu befragende Eigentümlichkeit sozialer Praktiken zutage treten. Die Sektion beschließt der Beitrag von *Birte Lipinski* über das erwähnte Buddenbrookhaus und seine Neukonzeption als Denkraum. Für Thomas Mann war Lübeck

immer mehr als nur seine Heimatstadt, in der er geboren wurde und aufgewachsen ist, sondern immer auch eine Lebensform und ein Raum, in dem er zu denken und zu schreiben gelernt hatte.
Die beiden Beiträge der letzten Sektion „Ent-/Verräumlichung" stellen Szenen einer radikalen Verschränkung von Raum und Selbst in den Mittelpunkt ihrer Betrachtungen. *Thorsten Benkel* geht in seinem Beitrag aktuellen Trends der ultimativen Verräumlichung eines postmortalen Selbst nach. Vor dem Hintergrund der zunehmend entdifferenzierten, individualisierten und wertepluralistischen Bestattungspraxis im deutschsprachigen Raum stehen dabei die identitätsstiftenden Praktiken und Rituale einer sich im Wandel befindlichen Bestattungskultur in ihrer Verschränkung von Vergänglichkeit und Gegenwart im Zentrum. Im letzten Beitrag des Bandes beleuchtet schließlich *Patrick Kilian* das Phänomen der kosmischen Verräumlichung des Selbst mitten im Leben. Als Beispiel dienen Kilian die Wassertankexperimente von John C. Lilly, mit denen der Raumforscher in der Hochzeit des Kalten Krieges versuchte, die Bedingungen der Schwerelosigkeit im Labor zu simulieren. Paradoxerweise rückte der lebensgefährliche Verlust des Selbst im Wassertank in die Nähe zu der in der US-amerikanischen Gegenkultur verbreiteten Vorstellung, dass das Selbst im Nirwana einen kosmischen Bewusstseinszustand erlangen könnte.

Der Band *Das verräumlichte Selbst* versammelt Beiträge einer Tagung, die vom 17. bis 19. September 2015 am Zentrum für Kulturwissenschaftliche Forschung Lübeck (ZKFL) stattgefunden hat. Die thematischen Fallstudien und/oder theoretischen Überlegungen der Referent*innen wurden um einen Beitrag aus dem Kontext der Literatur- und Geschichtsvermittlung im Museum ergänzt. Der Band wäre ohne die großzügige Unterstützung des ZKFL nicht zustande gekommen. Die Herausgeberinnen danken insbesondere den Sprechern des ZKFL, Prof. Dr. Cornelius Borck und Prof. Dr. Hans Wisskirchen, für die fachliche Begleitung und Brita Dufeu für die professionelle Erstellung des Druckmanuskripts. Dem Neofelis Verlag sei an dieser Stelle nochmals herzlich für die Aufnahme des Bandes in sein Programm gedankt.

Birgit Stammberger, Lea Bühlmann
Lübeck und Basel im Januar 2018

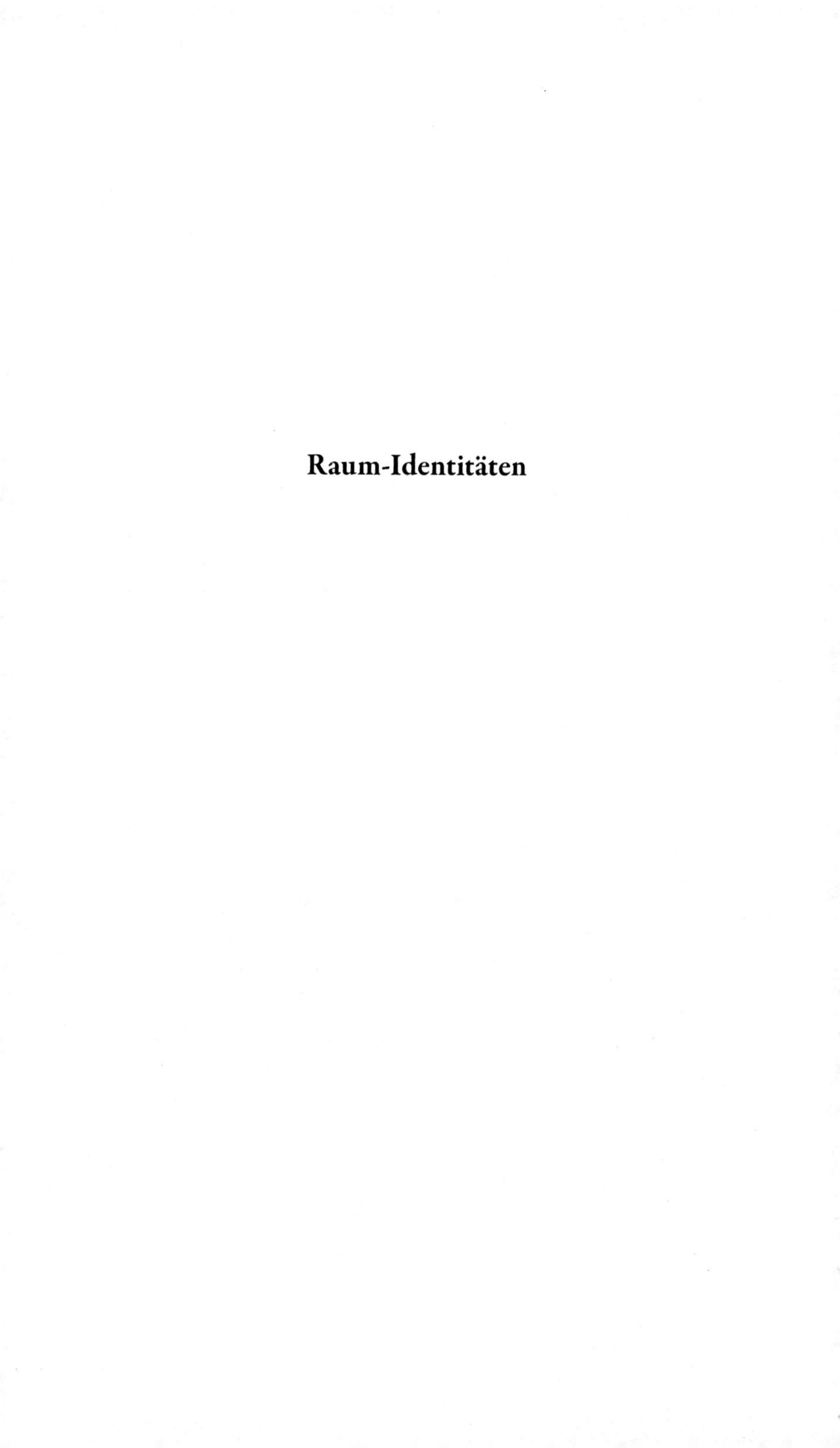

Raum-Identitäten

Jörg Widmaier

Verräumlichung im vormodernen Sakralbau

Die baulich-sozialen Dispositionen des Kirchenraums auf Gotland

Einleitung

Bei einem Sturm ertrank der Bürgermeister der Stadt Lübeck am 28. Juli 1566 vor der Ostseeinsel Gotland. Dieser Bartholomeus Tinnappel agierte als kommandierender Admiral der dänisch-lübeckischen Flotte im Nordischen Siebenjährigen Krieg. Über viele Jahre hatte Tinnappel als Bürgermeister und Ratsmitglied der Stadt die Geschicke Lübecks gelenkt.[1] Dennoch ist die Erinnerung an Tinnappel auf Gotland präsenter als in Lübeck selbst. Denn trotz seiner Position und seiner Bedeutung für die Hansestadt wurde Tinnappel nicht zurück nach Lübeck überführt, um im Kreise seiner Familie bestattet zu werden.[2] Einzig ein Portrait im Rathaus der Stadt erinnert heute noch an den einst in der Hansestadt amtierenden Bürgermeister. In der Marienkirche in Visby (Gotland) wiederum erinnert ein prachtvolles Epitaph bis heute nicht nur an den

1 Tinnappel war 1544 Ratsherr, 1564 einer der Bürgermeister Lübecks und von 1562 bis 66 Kämmereiherr. Er nahm als gesandter Vertreter der Stadt an mehreren Reichs- und Hansetagen teil. (Vgl. Ferdinand Emil Fehling: *Lübeckische Ratslinie von den Anfängen der Stadt bis auf die Gegenwart*. Lübeck: Schmidt-Römhild 1978, S. 102, Nr. 657.)

2 Georg Asmussen: Die Älterleute der Lübecker Bergenfahrer (1401–1854). Eine Führungsposition in Lübeck im Vergleich über mehrere Jahrhunderte. In: Stephan Selzer / Ulf Christian Ewert (Hrsg.): *Menschenbilder – Menschenbildner. Individuum und Gruppe im Blick des Historikers*. Berlin: Akademie 2002, S. 121–152, hier S. 137.

Bürgermeister, sondern auch an jene Seekatastrophe, der über tausend Seeleute zum Opfer fielen.[3] (Abb. 1)

Schon sehr früh – 1683 – wurde das Epitaph im Zuge der allgemeinen Berichterstattung über die Seekatastrophe in Chroniken erwähnt. Aus ihnen geht hervor, dass ursprünglich eine zusätzliche Inschriftentafel an der nördlichen Chorwand an das Ereignis erinnerte.[4] Epitaph und Inschriftentafel dienten gemeinsam der Erinnerung an das traumatische Geschehen des Schiffsunglücks. Das Gedächtnismal bezeugt zudem den Bestattungsplatz des Admirals, der direkt unter einer ebenfalls noch erhaltenen Grabplatte am Chor der Marienkirche zu Visby beigesetzt wurde. Hier sichert eine Inschrift auf der Grabplatte Tinnappels seinen Erben den prominenten Begräbnisplatz in der Marienkirche in Visby zu: „*HER BARTELMEVS TINAPPEL VNDE SINEN ERVEN*".[5] Die Rechts- und Eigentumsformel, die in dieser Nennung in Erscheinung tritt, ist auffällig, da Tinnappel nicht in seinem Heimatort und damit am Ort seiner Familie bestattet ist; so bleibt unklar, welche Erben überhaupt gemeint sein können.[6] Tinnappels Familienmitglieder jedenfalls lebten und verstarben größtenteils in Lübeck. Art und Umfang der Inszenierung der Person Tinnappels im Chor der Visbyer Marienkirche stellen daher eine Besonderheit dar, die vermutlich auf spezifische Motivationen vor Ort auf Gotland gründen.[7] Die Wahl des Bestattungsplatzes für

3 Tryggve Siltberg: Krönikor och tidsdokument om sjökatastrofen vid Visby 1566. In: Thomas Wegener Friis / Michael Scholz (Hrsg.): *Ostsee. Kriegsschauplatz und Handelsregion*. Visby: Gotland UP 2013, S. 49–74, hier S. 66.

4 Erwähnungen fand das Gedächtnismal in Chroniken aus den Jahren 1683 und 1748; nur im 17. Jahrhundert findet die zusätzliche Inschriftentafel als Erinnerung an die Seekatastrophe eine kurze Beschreibung. (Vgl. hierzu ebd., S. 66.)

5 John Wilhelm Hamner: *Visby Domkyrkas gravstenar*. Stockholm: Wahlström & Widstrand 1933, S. 41 [Nr. 16].

6 Es könnte sich bei dem Eigentumsvermerk auch um eine standardmäßige Nennung der Formel als Nominalphrase handeln, die sonst volkssprachlich vom 16. bis 18. Jahrhundert häufig als Rechts- und Eigentumsnachweis auf Grabmonumenten Verwendung findet. (Vgl. hierzu Jürgen Herold / Christine Magin: *Die Inschriften der Stadt Greifswald*. Wiesbaden: Reichert 2009, S. 29–33.)

7 Dabei lässt sich das Beispiel Tinnappels einreihen in ältere Memorialformen, speziell von in der Ferne weilenden Kaufleuten. (Vgl. hierzu Regina Rößner: Zur Memoria Lübecker Kaufleute im Mittelalter. In: Harm von Seggern / Gerhard Fouquet (Hrsg.): *Beiträge zur Sozialgeschichte Lübecker Oberschichten im Spätmittelalter*. Kiel: Christian-Albrechts-Universität zu Kiel, Historisches Seminar, Abteilung Wirtschafts- und Sozialgeschichte 2005. https://www.histsem.uni-kiel.

Abb. 1: Epitaph für Bartholomeus Tinnappel (gest. 1566) im Dom zu Visby. 1575 von der Werkstatt Jost Delavals in Lübeck angefertigt und 1726 sowie 1734 im Auftrag des Lübecker Kaufmanns Friederich Strodtmann (gest. 1746) von Jöns Wulff (gest. 1732) restauriert und aufwendig vergoldet.

die Person Tinnappels ist durch die historische Funktion der Marienkirche als Sakralbau der deutschen Kaufleute zu Visby erklärbar, welche durch die Erbgrablege die Verstetigung eines Orts der Identifikation etablierten.[8] Das Gedächtnismal kann als Beispiel raumbezogener

de/de/abteilungen/wirtschafts-und-sozialgeschichte/materialen/epup/roessner.pdf (Zugriff am 28.09.2017), S. 75–84, hier S. 80. Es zeigte sich dabei, dass nicht familiäre Bindungen, sondern kollektive Gruppenidentitäten prägend für die Inszenierung der Memorialkultur sein können.

8 Der Insel Gotland kommt in der Geschichte Nordeuropas und speziell jener des Baltikums eine zentrale Rolle zu: als treibende Kraft des Handels in der Wikingerzeit, als frühes Zentrum hanseatischer Aktivitäten sowie als bis 1361 bzw. 1645 relativ eigenständige und herrschaftlich ungebundene Gemeinschaft, deren Subsistenz in hohem Maße vom Handel abhängig ist. Bereits früh (ab ca. 1161) spielen

Identitätsstiftung in Form von Grabplatte und Epitaph verstanden werden. Die Platzierung der Grabplatte erscheint umso bemerkenswerter und wirksamer gewesen zu sein, wenn man bedenkt, dass die Marienkirche nach der Reformation als Sakralbau für die gesamte Stadtgemeinschaft diente und 1572 mit der Einrichtung des Stifts Visby zur Bischofskirche des neugegründeten Bistums Gotland erhoben wurde. Mit der inschriftlich auf der Grabplatte Tinnappels versicherten Erbgrablege – für die de facto auf Grund fehlender Erben vor Ort kaum Veränderungen zu erwarten waren – blieb die Aneignung des sakralen Orts permanent. Das Epitaph blieb aber nicht nur über Jahrhunderte an seinem prominenten Platz erhalten, sondern wurde immer wieder aufwendig restauriert, weil es gerade für die deutschen – und das meint vor allem Lübecker – Kaufleute in Visby bis weit in die Frühe Neuzeit hinein identitätsstiftend wirkte. Diese sind wohl die treibende Kraft hinter der bis heute erkennbaren repräsentativen Inszenierung der Person Tinnappels, die weder allein einer Personenerinnerung noch dem Gedenken an die Seekatastrophe geschuldet ist. Vielmehr steht hier die Vereinnahmung einer Person und eines ihr rechtlich zugesicherten Platzes im Sakralraum im Dienste einer Gemeinschaft im Vordergrund: Das Monument diente den Lübecker Kaufleuten zur Aufrechterhaltung von Privilegien in der ehemaligen deutschen Kaufmannkirche. So wurde das Gedächtnismal erst 1575 von der Werkstatt Jost Delavals in Lübeck angefertigt, und auch in den folgenden Jahrhunderten wurde die Wirksamkeit des Monuments durch Instandsetzungsmaßnahmen von Lübecker Kaufleuten aufrechterhalten. Noch fast 200 Jahre nach Tinnappels Tod wurde das Epitaph 1726 und 1734 von Jöns Wulff im Auftrag des Lübecker Kaufmanns Friederich Strodtmann restauriert und aufwendig

in dieser insularen Gesellschaft externe Kaufleute aus verschiedenen Ländern Nord-, West- und Osteuropas eine prägende Rolle. Vom 13. bis weit in das 18. Jahrhundert hinein finden sich beispielsweise Grabmonumente in verschiedensten Landessprachen, meist jedoch gotländisch, deutsch, dänisch und schwedisch auf der gesamten Insel verteilt. (Vgl. hierzu Sven-Olof Lindquist: Die ökonomischen Grundlagen des gotländischen Landkirchenbaus im Mittelalter. In: Robert Bohn (Hrsg.): *Gotland. Tausend Jahre Kultur- und Wirtschaftsgeschichte im Ostseeraum*. Sigmaringen: Thorbecke 1988, S. 41–56; Heidrun Ost: Mittelalterliches Kunstschaffen auf Gotland. In: Ebd., S. 65–85.)

vergoldet.[9] Strodtmann war der Enkel eines Lübecker Seidenhändlers und einer Gotländerin. Er heiratete 1737 selbst eine Gotländerin und scheint – obgleich er mit ihr in Lübeck lebte – enge Kontakte nach Visby gehalten zu haben. Dass er sich als Erneuerer des Epitaphs inschriftlich auf dem Erinnerungsmal nennen ließ, bezeugt die vielfältigen Möglichkeiten der Inszenierung von – gruppenspezifischer wie persönlicher – Identität anhand der Ausstattung sakraler Räume. Hier zeigt sich, dass der materielle Stiftungsakt zugleich ein Stiften von Identität bedeutete. Verständlich wird die ortsspezifische Bedeutung der späteren Inszenierung Tinnappels in Visby gerade vor der Veränderung von Nutzungskontext und Nutzerkreis nach 1572, die eine Verräumlichung der ursprünglichen Besitzverhältnisse – durch Epitaph von 1575 unter Einbezug der zugehörigen Grablege von 1566 – aus Sicht der deutschen Kaufleute besonders relevant machten.[10]

Das Beispiel der Inszenierung der Person Tinnappels ist nur eines von vielen möglichen aus gotländischen Kirchenräumen, um die raumgestalterische Wirkung von Stiftungen und die identitätsstiftende Funktion von Räumen, speziell von Sakralräumen und ihrer Ausstattung, aufzuzeigen. Hier zeigen sich nicht nur Aneignungen oder Einschreibungen von Personen in einem Raum, sondern ebenso die Verräumlichung der Identität einer ganzen Gruppe, beispielsweise der Kaufleute. Darüber hinaus prägt der Kirchenraum die Art der Inszenierung.

Im vorliegenden Beitrag wird nach Formen individueller Einschreibung oder – im Sinne Tinnappels – nach Möglichkeiten der Inszenierung von Identität in oder anhand gotländischer Sakralbauten gefragt: nach der Verräumlichung des Selbst im gotländischen Kirchenbau. Im Folgenden soll am Beispiel des gotländischen Kirchenbaus der Frage nachgegangen werden, wie Individuen und Gruppen sich selbst darin verorteten oder von der Gesellschaft verortet wurden, welche

9 Gunnar Svahnström: Das Epitaph des Lübecker Bürgermeisters Bartholomeus Tinnappel in der Visbyer Domkirche. In: Werner Paravicini (Hrsg.): *Mare Balticum. Beiträge zur Geschichte des Ostseeraums in Mittelalter und Neuzeit. Festschrift zum 65. Geburtstag von Erich Hoffman*. Sigmaringen: Thorbecke 1992, S. 241–244, hier S. 243.

10 Ursprünglich war die Marienkirche einzig von deutschen Kaufleuten als Sakralraum genutzt worden; mit der Erhebung zum Dom des Bistums Visby im Jahr 1572 wurde der Sakralraum allen Gotländern zugänglich.

materiellen oder sozialen Ressourcen zur Ausbildung dieser Räume dienten, wie besonders der materielle Raum dabei selbst als Mittel für Inszenierung und Identitätsstiftung wirken konnte und welche Formen der räumlichen Einschreibung heute noch feststellbar sind. Ziel ist es, die Wechselseitigkeit von materiellen Räumen und sozialen Dispositionen herauszuarbeiten, wobei der hier gewählte Fokus auf der Praxis der Stiftung im Sakralraum liegt. Als Ausgangsthese wird davon ausgegangen, dass sich durch die Analyse der gebauten und somit verräumlichten Strukturen auch soziale Strukturen sowie gesellschaftliche und individuelle Selbstverhältnisse untersuchen lassen, weil letztere überhaupt erst diese Räume durch Stiftung geschaffen haben. Gerade ein archäologisch-bauhistorischer Zugriff auf Kirchengebäude, die hier als Produkte und Auslöser sozialer Prozesse verstanden und untersucht werden, ermöglicht das Aufzeigen von Entwicklungen, Dynamiken und Brüchen in Architekturen, Räumen und Gesellschaften in einem breiten zeitlichen Rahmen. Die Entwicklung der Architektur wird auf spezifisch baulich-soziale Dispositionen hin befragt. Nach einleitenden Überlegungen zum hier verwendeten Raumbegriff folgt eine Einführung zum Kirchenbau auf Gotland. Auf Basis dieser beiden Abschnitte kann dann zum einen nach den Wechselwirkungen von Kirchenbau und Gesellschaft und zum anderen nach der Bedeutung des sakralen Raums für die Herausbildung sozialer Differenzierung (Soziale Elite, Individuum und Gruppe) gefragt werden. Abschließend wird zusammenfassend das Konzept des gesellschaftlichen Raumes im materiellen Niederschlag reflektiert.

Der relationale Raum

Für die Frage nach einer mittelalterlichen Raumauffassung – innerhalb derer sich die Möglichkeit einer Verräumlichung des Selbst ergibt – ist die Analyse mittelalterlicher Sakralbauten äußerst aufschlussreich. So bekommt man mit einem auf mittelalterliche Kirchen angewendeten Raumbegriff etwas in den Blick, was nicht sofort ersichtlich ist. Dazu gehört die Differenz zwischen der Vorstellung vom Raum und der baulichen Erzeugung desselben. Diese Unterscheidung zwischen der Vorstellung und der Schaffung von Räumen ist gerade für das Mittelalter wichtig: Denn zur zeitgenössischen

Vorstellung hergestellter sakraler Räume gehört auch die Auffassung, ihnen liege etwas göttlich Vorgegebenes zugrunde. Dies meint etwa die institutionalisierte Vorstellung vom Heilsraum der Kirche, welcher in der zeitgenössischen Wahrnehmung nicht primär durch seine soziale Variabilität und den Konstruktionscharakter auf der Baustelle, sondern durch transzendente Autorität im Altarraum bestimmt ist. Im Mittelalter kann die Kirche daher als ein absoluter – durch Gott oder kirchliche Tradition – bestimmter Raum gedacht werden. Dieser Heilsraum unterliegt letztlich natürlich gesellschaftlichen Aushandlungsprozessen und ist daher keinesfalls ein absoluter, sondern ein relationaler Raum. Für den hier verwendeten Raumbegriff ist diese Feststellung seiner Relationalität sowie seines Konstruktionscharakters bedeutsam. Solchermaßen relational verstandene Räume sind nicht nur physische oder geographische Entitäten, denn sie müssen in der Praxis vorgestellt, hergestellt oder (an)geordnet werden und stehen somit in direktem Wechselbezug zum sozialen Raum. Raum und Raumausstattung werden also erst durch das Handeln oder die Vorstellungen von Akteur*innen konstituiert.[11] In diesem relationalen Sinn werden Räume immer schon als soziale Prozesse aufgefasst. Dies ermöglicht es, an physisch gegebenen Räumen den Einfluss einzelner Individuen oder Gruppen auf die Konstituierung, Ausprägung, Nutzung oder Veränderung sozialer und funktionaler Räume aufzuzeigen. Die physisch-räumlichen Dimensionen gotländischer Landkirchen können anhand der sozialen Praxis der Stiftungstätigkeit analysiert werden. Was dabei zum Vorschein kommt, ist das Ineinandergreifen materieller und sozialer Aspekte des Raums als Prozess der Verräumlichung. Der primären Quellengruppe des vorliegenden Beitrags, den materiellen Kirchenbauten und ihrer Ausstattung, sind also gesellschaftliche Dispositionen und soziale Räume eingeschrieben: Es ließe sich demnach von einer Analyse sozialer Semantiken physischer Räume oder – im Sinne der Architektursoziologie – von einer Untersuchung materieller Semantisierung der Gesellschaft anhand der Gebäude sprechen.[12] Dieser Zusammenhang verweist auf

11 Martina Löw: *Raumsoziologie*. Frankfurt am Main: Suhrkamp 2001, S. 158–173.

12 Heike Delitz: *Gebaute Gesellschaft. Architektur als Medium des Sozialen*. Frankfurt am Main: Campus 2010.

die weitreichende Wechselseitigkeit materieller und sozialer Praktiken der Verräumlichung. Raum ist demnach eine kulturgeschichtliche Kategorie. Zwar wird anhand getrennter Perspektivierungen entweder nach den sozialen oder materiellen Bedingungen und Wirksamkeiten dieser Kategorie gefragt, doch dabei handelt es sich letztlich um ein und dasselbe Phänomen. Grundlegend ist dabei die Feststellung, dass Gebäude und Räume in Prozessen der sozialen (Re-)Produktion von Akteur*innen vorgestellt und/oder tatsächlich hergestellt werden.[13] Ebenso ist festzuhalten, dass Räume angeeignet, funktional überlagert oder privatisiert werden können. In Anlehnung an Pierre Bourdieu lassen sich diese Praktiken innerhalb sozialer Felder verorten.[14] Der Sakralraum unterliegt dabei Regeln und Ressourcen, die gesellschaftlich bestimmt und ausgehandelt werden und auch den Handlungsspielraum von Individuen wie Gruppen festlegen. Im Verlaufe des Mittelalters – und hier verschärft im 13. Jahrhundert – gab es beispielsweise immer wieder kontrovers geführte Aushandlungen um die Frage, welchen Raum die Laien in der Pfarrkirche einnehmen konnten. Ebenso scheint – unter anderem für klösterliche Raumensembles – die Frage nach der Legitimität von Bestattungen produktiv die Diskussion um monastische Raumkonzepte angestoßen zu haben. Das Aufscheinen gesellschaftlicher Dynamik in dieser Art von als göttlich vorbestimmt und unveränderbar verstandener Raumauffassung vermag Konflikte auszulösen. So musste etwa – um ein weiteres Beispiel zu nennen – beim Übergang von der Kirchenbaustelle zum Sakralraum die Praktik der Kirchweihe vollzogen werden, um den von Hand geschaffenen Bau in etwas zu überführen, das nicht mehr nur durch menschliches Handeln, sondern primär durch göttliche Autorität bestimmt blieb. Die dabei oft aufwendig vollzogenen Riten und Inszenierungen folgten festen Regeln und Normen; sie mussten meist von einer großen Anzahl bedeutender Persönlichkeiten

13 Der Begriff der Akteur*innen ist dabei als Analysebegriff aufzufassen, der in jeder nötigen Anwendung auf ein konkretes Fallbeispiel in jeweils nachweisbare Individuen, Gruppen und Persönlichkeiten übersetzt werden muss.

14 Zum Feldbegriff vgl. Pierre Bourdieu: Ökonomisches, kulturelles und soziales Kapital. In: Margareta Steinrücke (Hrsg.): *Die verborgenen Mechanismen der Macht*. Hamburg: VSA 1992, S. 49–75, hier S. 52–59.

der geistlichen wie weltlichen Position bezeugt werden.[15] Die in diesem Zuge eingesetzten vielfältigen personellen, rituellen und finanziellen Ressourcen beschreiben materiell wie symbolisch die Mittel, durch die jene Räume und die in ihnen eingeschriebenen Raumverhältnisse als Beziehungen, Identitäten und Autoritäten gewonnen, erhalten oder beeinflusst werden. Dieser Zusammenhang ist an erhaltenen Kirchenbauten ablesbar und damit für eine soziologisch vorgehende Architekturanalyse auswertbar. Angewendet auf das Eingangsbeispiel des Epitaphs für Bartholomeus Tinnappel meint dies beispielsweise, dass sich in der noch heute vorhandenen räumlichen Situation, die ursprünglich bestehenden Beziehungsgeflechte, die aufwendig inszenierten und mit Hilfe des Grabritus abgesicherten Erinnerungs- und Identitätsstrategien verschiedener Akteur*innen und die materiellen Vorgänge um deren Erzeugung, Aufrechterhaltung oder Überschreibung im historischen Kontext interpretieren lassen. Dadurch gewinnt man einen Einblick in das gesellschaftliche Potential materieller Raumsysteme sowie in darin vollzogene Prozesse der Verräumlichung.

Aus diesen kurzen Überlegungen lässt sich schließen, dass nur durch einen breiten kulturhistorischen Ansatz jene vielfältigen Motivationen erfassbar werden, die bei der Errichtung einer Kirche oder der Ausstattung derselben mit Mobiliar zum Tragen kommen. Der Prozess des Bauens von Kirchen sowie die verschiedenen Praktiken des Nutzens und Veränderns sakraler Räume konstituieren sich aus einem Setting von materiellen und immateriellen Ressourcen. Das Kirchengebäude ist in diesem Zusammenhang als materieller Niederschlag sozialer Konventionen und ihrer gesellschaftlichen Aushandlungen zu verstehen, der mit Bourdieu als Sozialkapital begriffen werden kann.[16] Diese Vorstellung wurde von Anne McCants konkretisiert, die den Bau mittelalterlicher Kathedralen in einer sozio-ökonomischen

15 Vgl. hierzu Peter Wünsche: „Quomodo ecclesia debeat dedicari". Zur Feiergestalt der westlichen Kirchweihliturgie vom Frühmittelalter bis zum nachtridentinischen Pontifikale von 1596. In: Ralf Stammberger (Hrsg.): *Das Haus Gottes, das seid ihr selbst. Mittelalterliches und barockes Kirchenverständnis im Spiegel der Kirchweihe.* Berlin: de Gruyter 2006, S. 113–121; Jochen Schröder: Die Kirchweihfeier und die Stellung des böhmischen Episkopats im Kontext der herrscherlichen Repräsentation Kaiser Karls IV. In: Ebd., S. 441–472.

16 Bourdieu: Ökonomisches, kulturelles und soziales Kapital, S. 63–65.

Perspektivierung beschrieben hat: In Analogieschluss zu Brücken, Straßen und Kanalkonstruktionen sieht sie das Kosten-Nutzen-Verhältnis für sakrale Bauten gerade deshalb ausgeglichen, weil diese eine öffentliche Funktion als soziale Investition erfüllen.[17] Kirchenbauten werden so zu einer Ressource der Gesellschaft. Dies ist nicht zuletzt deshalb der Fall, da große Kirchenbaustellen umfassende Ressourcenkomplexe bündeln, etwa in Form von sozialen Zusammenschlüssen – beispielsweise bei der Kooperation von Stiftungsgemeinschaften – oder von neuen Technologien sowie handwerklichen Expert*innen. Die von McCants angebotene Perspektive auf Kirchenbauten wird deshalb im Folgenden als relevant aufgefasst, da sie Bauprojekte öffentlichen Interesses als Mittel für soziale Stabilisierung oder Dynamisierung konzeptionalisiert. Kirchenraum wird so als soziale Praktik beschreibbar, und der physische Raum wird als Mittel – als Ressource – sozialer Dynamiken analysierbar; beides lässt sich nicht allein mit dem ökonomischen Wert der gebauten Architektur erklären. Der Bau einer Kirche führt daher nicht nur zur Errichtung der Architektur, sondern auch zur Etablierung sozialer Ordnung durch Prozesse der Verräumlichung von Gruppen und Individuen.
Überträgt man diesen Ansatz auf gotländische Kirchenbauten, bedeutet dies, dass Architektur, sakraler Raum und dessen Ausstattung zugleich als materielle sowie soziale bzw. gesellschaftliche Produkte sowie als produktive Mittel für gesellschaftliche Dynamiken zu lesen sind. Gerade die Frage nach der Verräumlichung von Individuen oder Gruppen legt dabei weiterführende Überlegungen zu Raum- und Besitzverhältnissen im mittelalterlichen Sakralbau nahe. Für die Anwendung dieser Vorstellungen bietet es sich an, das Konzept des Sozialkapitals nach McCants weiter auszuführen. Hierfür soll im Folgenden die Ausbildung einer Besitz- und Eigentumsvorstellung für die Kirchenbauten auf Gotland theoretisch skizziert werden, indem eine eigentumsrechtliche Theorie vorgestellt wird. Denn was bedeutete es im 16. Jahrhundert, auf Gotland eine Kirche zu stiften, in einer bereits bestehenden Kirche einen Altar zu errichten oder eine Messe zu bezahlen? Welchen Anspruch generierte diese Stiftung für

17 Anne McCants: Financing Public Goods and Social Overhead Capital. Some Historical Lessons. In: Eduardo Beira / Jose M. Lopes Cordeiro / Paulo Lourenco / Anne McCants (Hrsg.): *Railroads in Historical Context. Construction, Costs, and Consequences*. Porto: EDP 2011, S. 357–370, hier S. 361–365.

den Stifter? David Lametti bietet in seinem Artikel „The Concept of Property" ein Instrumentarium für die Analyse von Besitzverhältnissen an.[18] Das Konzept von Privatbesitz wird dabei als organisatorische Idee und normierendes Prinzip beschrieben, das nur in relationalen und damit sozialen Kontexten in Erscheinung tritt. Eine Vorstellung von faktischem Alleinbesitz im Sinne eines nicht im Verhältnis zu anderen Akteur*innen stehenden Eigentums ist nach Lametti überhaupt nicht möglich. Stattdessen wird der Status von Eigentum als eine von mehreren Möglichkeiten des Zugriffs auf und der Verfügung über Besitz beschrieben. Es handelt sich daher nicht um einen singulären und andere nicht tangierenden Rechtsstatus einer Person oder Gruppe. Privatbesitz muss eher als ein Netzwerk an differenzierten Ansprüchen über und Zugriffen auf die Kontrolle, den Gebrauch, aber auch die Pflichten und Folgen bezüglich eines Objekts sozialen Wohlstands verstanden werden. Beispielweise kann das Erhalten von bestimmten Rechten durch die Stiftung an einer Kirche nur dann erklärt und verstanden werden, wenn diese Rechte in ihren Auswirkungen auf andere Mitglieder der Gemeinschaft betrachtet werden.
Die eingangs beschriebene Inszenierung der Person Bartholomeus Tinnappels stellt – mit der unter verschiedenen Motivationen durch unterschiedliche Akteur*innen vereinnahmten Grablege des Lücker Bürgermeisters – ein gutes Beispiel für dieses Konzept dar. Die Ansprache und Zuteilung bestimmter Besitz- oder Nutzungsrechte an einer Kirche oder ihrer Ausstattung wird also erst im Zuge der Etablierung eines spezifischen relationalen Netzwerks wirksam, das sich im Rahmen von Aushandlungen innerhalb der Gesellschaft etabliert. Bedeutsam ist dabei, dass diese Aushandlungen um und Aneignungen von Rechten gerade durch das Objekt des Rechtsverhältnisses vermittelt wird: die Kirche und ihre Ausstattung. Im Falle der Marienkirche von Visby haben sich die vielfältigen sozialen Netzwerke sowie die differenzierten Besitzrelationen und Rechtsverhältnisse beispielsweise anhand der Grab- und Gedächtnismonumente materialisiert. Angelegt 1566 im räumlich-sozialen Setting der deutschen Kaufmannskirche – für deren Nutzerkreis der Lübecker Bürgermeister in besonderem Maße

18 David Lametti: The Concept of Property. Relations Through Objects of Social Wealth. In: *University of Toronto Law Journal* 53 (2003), S. 325–378, hier S. 334–336.

identitätsstiftend wirkte – entfaltete das materielle Ensemble aus erklärendem Epitaph von 1575 und normativ abgesicherter Erbgrablege sein Potential als Objekt des Rechtsverhältnisses in besonderem Maße vor dem Hintergrund der 1572 vollzogenen Umwidmung zur Bischofskirche. Zwar hatten auch die deutschen Kaufleute keinen Rechtsanspruch im Zuge von Erbfolge auf den prominent gelegenen Grabort Tinnappels, doch generierte sich das spezifische Potential der restriktiven Bestattungstradition gerade in der zeitlichen und räumlichen Fixierung eines spezifischen relationalen Netzwerks, das gleichsam fremde Exklusion wie eigene Partizipation ermöglichte. Die so vollzogene Verräumlichung am Chor der Domkirche etablierte sich zwischen dem 16. und dem 18. Jahrhundert durch umfangreiche Stiftungen für Anfertigung und Unterhalt des Epitaphs.

Kirchenbau und räumliche Aneignung

Ein Spezifikum, über das alle gotländischen Landkirchen verfügen, sind repräsentative Chorportale.[19] Diese separaten Chorzugänge müssen vor dem Hintergrund genereller Bauveränderungen vom 12. bis in das 14. Jahrhundert hinein betrachtet werden. Eine Veränderung der Baupraxis zeigt sich an der Entwicklung der Kirchenbauten in ihren räumlichen Ausmaßen. Von den frühesten archäologisch nachweisbar gebliebenen Holzkirchen des 10. Jahrhunderts (insgesamt 55 in archäologischen Ausgrabungen dokumentiert) über die ersten Steinkirchen im 11. und 12. Jahrhundert bis hin zu den Kirchen des 13. und 14. Jahrhunderts ist eine generelle Tendenz zur Vergrößerung der Baukörper zu erkennen. (Abb. 2) Mögliche Gründe dafür sind zunächst die steigende Anzahl von Gemeindemitgliedern oder die finanziellen Möglichkeiten. Allerdings scheint dabei bedeutsam, dass sich im Verlaufe dieser generellen Vergrößerungsbestrebungen eine Veränderung in der Bewertung einzelner Baukörper einer Kirche vollzieht. So wird beispielsweise vom 13. hin zum 14. Jahrhundert die Aufteilung der Grundflächen in Chor- und Kirchenschiffsteil verändert. Der räumliche Anteil des Chorgebäudes nimmt in Relation zum Kirchenschiff deutlich zu. Für dieses Phänomen ist

19 Zu den Portalen vgl. Jes Wienberg: Gotlandic Church Portals. Gender or Ritual? In: Guy de Boe / Frans Verhaeghe (Hrsg.): *Art and Symbolism in Medieval Europe*. Zellik: Patrimonium 1997, S. 107–111.

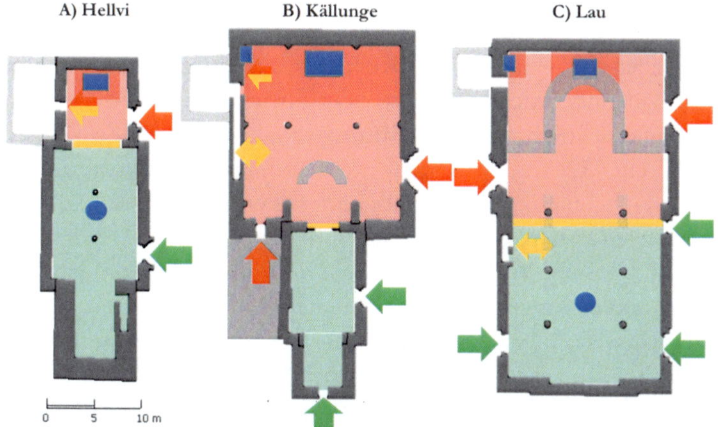

Abb. 2: Grundrisse der mittelalterlichen Kirchenbauten von A) Hellvi, B) Källunge und C) Lau. Visualisiert ist jeweils die archäologisch nachweisbare Bauentwicklung (grau), die liturgische Einrichtung (blau) sowie Zugänglichkeiten (grün), restringierte Raumnutzungen (rot) und Formen der räumlichen Einschreibung (gelb).

nicht allein der vielfach interpretierte plötzliche Abbruch von Bauprozessen verantwortlich, die an Chorgebäuden begonnen wurden.[20] Denn auch in diesen Kirchen, für die eine Fertigstellung der Bauprozesse nachweisbar ist, nehmen die Grundflächen der Choranlagen besonders ab dem 14. Jahrhundert einen immer größeren Anteil der Gesamtfläche des Kirchengebäudes ein. Zwar wurde oftmals der gesamte Kirchenbau vergrößert, doch liegt das Verhältnis von Chorbau zu Gesamtkirche im 14. Jahrhundert durchschnittlich bei über 36 Prozent der Gesamtfläche, während es im 13. Jahrhundert noch unter 30 Prozent lag. Im 14. Jahrhundert sind es gerade die auffälligsten Bauten, deren Choranlagen sogar bis über 45 Prozent der Gesamtfläche des Kirchenraums einnehmen konnten. Für die im Aufsatz verfolgte Fragestellung ist in diesem Zusammenhang besonders aufschlussreich, dass die Neubautätigkeit in diesen Kirchen mit der Anfügung von Stifterinschriften, der Einbringung von Logenanlagen oder der Aufstellung von Chorgestühl einhergeht. Diese Einrichtungen

20 Jes Wienberg: Medieval Gotland. Churches, Chronologies and Crusades. In: Jörn Staecker (Hrsg.): *The European Frontier – Clashes and Compromises in the Middle Ages*. Lund: Wallin & Dalhom 2004, S. 285–298.

lassen eine spezifische Form der individuellen Aneignung des sakralen Raums erkennen. Das heißt, dass auf breiter Quellenbasis des gotländischen Kirchenbestandes vor allem im 14. Jahrhundert der Beitrag zum Bau einer Kirche als Praktik der Einschreibung und Verräumlichung ersichtlich wird. Die Stiftungstätigkeit ging mit dem Erhalt spezifischer Rechte am Bau einher, was sich nun im bauhistorischen Befund – beispielsweise in den überdimensionalen Choranlagen oder den aufwendigen Ausstattungen im Chor – niederschlägt. Beachtenswert ist dabei eine Veränderung vom 12. hin zum 14. Jahrhundert. Die Chorportale deuten gleichfalls in diese Richtung: Während sich beispielsweise das kleine, aber kunstvoll ausgestaltete Chorportal der Steinkirche in Fardhem aus dem späten 12. Jahrhundert auf 1,27 m Breite und 2,57 m Höhe bemisst, zeigt das ebenfalls geschmückte Portal im Chorbau der Kirche in Källunge aus der ersten Hälfte des 14. Jahrhunderts mit 2,58 m Breite und 4,91 m Höhe eine deutlich größere Dimensionierung. Solche Portale können entweder als einfache Priesterpforten interpretiert werden – was bislang häufig getan wurde – oder mit spezifischen baulich-sozialen Dispositionen verglichen werden.[21] Ein Beispiel dafür liefern etwa Klosterkirchen, bei denen sich ganz regulär soziale oder funktionale Differenzierungen auch baulich niederschlugen – wie etwa bei den Zisterziensern die Trennung von Laienbrüdern und Chormönchen im Kirchenraum. Getrennte Chorportale deuten hier auf eine Gruppe von Personen hin, die den Chor in sozialer Abgrenzung räumlich getrennt vereinnahmen konnten. In den Klosterkirchen sind dies die Chormönche in Abgrenzung zu den Laienbrüdern. Auf der Ostseeinsel Gotland hat man es aber nicht mit monastischen Gemeinschaften, sondern mit bäuerlichen Landgemeinschaften zu tun. Für Gotland kann man jedoch – so die These – davon ausgehen, dass sich im Zuge des Spätmittelalters durch Stiftungstätigkeit ähnliche gesellschaftliche Ausdifferenzierungen ergeben haben. Diese Annahme bedeutet nicht, dass im 12. Jahrhundert keine Stiftungen für Kirchen vorgenommen wurden, sondern geht davon aus, dass sich im 14. Jahrhundert die Möglichkeiten der Verräumlichung im Zuge einer getätigten Stiftung verstärkten oder eher in materiell nachweisbarer Form niederschlugen. Für Gotland bedeutet diese Annahme, dass die großen und repräsentativ ausgestalteten Chorportale des 14. Jahrhunderts nicht – wie die kleinen und unscheinbaren Portale

21 Wienberg: Gotlandic Church Portals, S. 107–111.

des 12. Jahrhunderts – als Priesterpforten zu erklären sind. Stattdessen wird davon ausgegangen, dass sich die zunehmend aufwendigere Gestaltung der Portale mit der Einschreibung und Verräumlichung von Stiftern und Stiftergemeinschaften erklären lässt.

Eine alternative Deutung der gotländischen Chorportale geht also nicht von einer einfachen Funktionszuschreibung aus – Chorportale nur für Priester –, sondern analysiert die Bauelemente unter dem Aspekt der sozialen Implikation des Materiellen. Unter diesem Gesichtspunkt weisen überdimensionierte Chorportale, die im Zusammenhang mit der Baustiftung am Chorraum in Verbindung stehen, auf eine gesonderte Gruppe an Personen hin, die den Chorraum situativ oder in gesellschaftlicher Sonderstellung direkt durch diesen repräsentativen Zugang betreten durften. In diesem Zusammenhang vertrete ich die Ansicht, dass die an gotländischen Kirchen bemerkbare Verschiebung baulicher wie räumlicher Verhältnisse als Ergebnisse sozialer Ausdifferenzierungsprozesse und den damit einhergehenden Aneignungsbestrebungen bestimmter Individuen oder Gruppen zu beschreiben sind. Raum wird dabei auf Grund seiner implizierten sozialen Produktivität zum Medium des gewünschten, erreichten oder gefährdeten sozialen Status. Das verräumlichte Selbst ist als jene die eigene gesellschaftliche Positionierung realisierende Gegenständlichkeit im sozialen Prozess eines Gebäudes fassbar.

Der gotländische Sakralraum

Der Kirchenbau wird – wie oben beschrieben – im vorliegenden Beitrag als relationaler Raum verstanden, das heißt weniger als architektonisches Endprodukt, sondern als sozialer und materieller Prozess, der sowohl die Bautätigkeit als auch das Funktionieren des Kirchenraums in religiösen wie gesellschaftlichen Dimensionen beinhaltet. Für Gotland ist diese Perspektivierung vor einem historischen Phänomen der Insel zu beschreiben: Das überdurchschnittlich dichte Netz an Sakralbauten (über 100 Landkirchen auf ca. 3.100 Quadratkilometer) zeichnet sich durch ausgiebige und exzessive Bauerweiterungen aus.[22] So

22 Grundlagen für die Sakrallandschaft sind zum einen der finanzielle Reichtum durch florierenden Handel sowie zum anderen die Gewährung von Steuerprivilegien durch die schwedische Krone und relative Baurechtsfreiheiten in Gesetzestexten.

werden die Kirchenbauten zum idealen Forschungsobjekt für kulturwissenschaftliche Analysen von Raumpraktiken und weitere raumbezogene Fragestellungen – beispielsweise nach Prozessen der Identitätsstiftung. Diese Phänomene sind sicher keine rein gotländische Erscheinung, doch zeigen sie sich dort in sehr offensichtlicher Weise. Dabei besaß Gotland im Mittelalter und der Frühen Neuzeit eine differenzierte Gesellschafts- und Siedlungsstruktur. Es handelte sich vor allem um handeltreibende Bauernverbände und Großbauern, die in vereinzelten Hofanlagen lebten.[23] Dorfähnliche Siedlungsstrukturen kamen in Gotland während des Untersuchungszeitraums nicht oder erst sehr spät zur Ausprägung.[24] Eine Adelsschicht scheint auf Gotland nicht existiert zu haben. Gleichwohl lassen sich Prozesse der sozialen Ausdifferenzierung feststellen, die – wie noch auszuführen sein wird – eng an die Bautätigkeit der Sakralbauten gebunden waren. Dabei haben sich gesellschaftliche Differenzierungsprozesse nicht nur indirekt in das Kirchengebäude eingeschrieben, sondern sind auch als Resultat und Effekt der Bautätigkeit zu verstehen. Es lässt sich dabei die Frage nach dem Zusammenhang und dem Verhältnis von materiell nachvollziehbaren Kirchenerweiterungen auf der einen Seite und den Vorstellungen vom Sakralraum auf der anderen Seite stellen. Diese Vorstellungen zum Sakralraum sind nicht nur religiös und spirituell, denn dem sakralen Raum kommen gleichsam ökonomische, gesellschaftliche und repräsentative Funktionen zu.

Um der Frage nach sozio-kulturellen Praktiken der Raumnutzung näherzukommen, ermöglichen historische Schriftquellen eine erste Einsicht: zum einen die Sage der Gotländer, in der ältesten Abschrift aus der Mitte des 13. Jahrhunderts, zum anderen das ungefähr zeitgleich verfasste gotländische Gesetzbuch. In Letzterem artikuliert sich das Verhältnis von gebautem Raum auf der einen Seite sowie der Konstitution sozialer Gruppen und damit auch dem gesellschaftlichen Status des Individuums auf der anderen Seite in spezifischer Weise. So findet sich beschrieben, dass jedes Mitglied einer Gemeinde einen Beitrag zum Bau der Pfarrkirche leisten musste, wobei damit nicht

23 Klaus Friedland: Gotland. Handelszentrum-Hanseursprung. In: Bohn (Hrsg.): *Gotland*, S. 57–64.

24 Gustaf Svedjemo: *Landscape Dynamics. Spatial Analyses of Villages and Farms on Gotland AD 200–1700*. Uppsala: Uppsala Universitet 2014.

der Kirchenzehnt gemeint war.[25] Viel eher handelte es sich um einen materiellen wie ideellen Beitrag zur Konstruktion des Kirchenbaus. Besonders bemerkenswert ist in diesem Fall, dass der rechtskräftige Nachweis über die Zugehörigkeit zu einer Gemeinde gerade durch den Nachweis eines Beitrags an der Entstehung des Kirchenbaus geschah. Die Konstruktion des Kirchenraums und die Konstitution einer sozialen Identität waren hier aneinander gebunden. Denn der Kirchenbau wirkte als öffentlicher Raum gesellschaftsprägend und gemeinschaftsbildend. Das Gebäude und seine Ausstattung sind hier – im Sinne der oben beschriebenen Besitz- oder Eigentumstheorie – als Objekte und Medien jenes Rechtsverhältnisses verstehbar, das sich im Zuge von Stiftungstätigkeit etabliert. Die deutlichste Visualisierung dieser Funktion des Stiftungsobjekts findet sich in mittelalterlichen Stifterdarstellungen, in denen die Stifter das Objekt ihrer Stiftung – häufig ein Kirchengebäude – als Attribut ihres Status in den Händen halten. Es gilt in diesem Zusammenhang festzuhalten, dass sich ebenso in den Schriftquellen die genannten Formen und Möglichkeiten einer sozialen Verräumlichung der eigenen personalen oder gruppenspezifischen Identität im Prozess der entstehenden Kirchenbauten ergeben. Das Gebäude wird zum Rechtszeugnis und materiellen Beleg von Status. Grundlegendsten Niederschlag finden die in den Schriftquellen gestellten Forderungen nach einer aktiven Partizipation an der Entstehung, Entwicklung sowie dem Unterhalt von Kirchengebäuden in der auf Gotland erhaltenen Sakrallandschaft. In einem relativ kurzen Zeitraum von zwei Jahrhunderten werden die dortigen Kirchengebäude ständig verändert und partiell vergrößert. Dieses Phänomen ist durch die sozialen Praktiken der Verräumlichung zu erklären. Nach dieser Einsicht in bzw. aus den Schriftquellen soll deshalb nun die Materialisierung sozialer Prozesse am Kirchenbau selbst im sakralen Raum in den Blick genommen werden.

Diese Materialisierung sozialer Prozesse der aktiven Partizipation im sakralen Raum ist in besonderem Maß dort kontextualisiert, wo sie im Zuge von Stiftungstätigkeit in Inschriften als rechtliche und repräsentative Zeugnisse verstetigt worden ist. Inschriften mit Namen von Personen finden sich in zahlreichen Kirchenbauten der Insel, wobei das

25 Christine Peel: *Guta Lag. The Law of the Gotlanders.* London: Short Run 2009, S. 7–8.

Spektrum von der einfachen Ritzung eines Namens in die Kirchenwand über aufwendige Wandmalereien bis hin zu aufwendig gestalteten Reliefformen reicht. So befindet sich auf der Schiffsnordwand der Kirche von Anga eine Runeninschrift aus dem späten 13. Jahrhundert, in der sämtliche Männer aufgezählt werden, die mit Ochsenkarren zum Bau der Kirche beigetragen haben. Die Inschrift kann als eine Legitimations- und Authentifizierungsstrategie für den sozialen Status wie die religiösen Verdienste des Stifters aufgefasst werden. Verstärkt wird die Aussage der Inschrift durch ihre Platzierung direkt über einer Wandmalerei, die den Heiligen Martin zeigt. Die räumliche Kombination von Stifterinschrift und Heiligenbild legt hier eine kombinierte Lesbarkeit nahe: Die fromme Tat des inschriftlich genannten Stifterkollektivs bestand – in Analogie zur gezeigten frommen Mantelteilung des Heiligen – in der aktiven Partizipation am Entstehungsprozess des öffentlichen Raums der Kirche.[26] Die genaue Beschreibung des getätigten Beitrags zum Kirchenbau von Anga macht deutlich, dass an dieser Stelle offensichtlich zwischen verschiedenen Beiträgen am Kirchenbau unterschieden wurde. Zum einen gab es sämtliche Gemeindemitglieder, die nur einen ideellen Beitrag zum Bau einer Kirche leisteten und die Kirche damit als öffentlichen Raum konstituierten. Zum anderen existierten jene Personen, die durch einen spezifischen Beitrag, etwa durch materielle Güter oder mit finanzieller Zuwendung, einen ganzen Kirchenbau oder einen Teil errichteten. Die Reihenfolge der Personennennung ist nicht direkt mit der Anzahl der zur Verfügung gestellten Transporttiere verbunden. Möglicherweise spielten dabei andere Kriterien eine Rolle – etwa sozialer Stand der Person oder die Dauer der zur Verfügung gestellten Arbeitsmittel für den Bauprozess. Der Beitrag konnte als Stiftung in jedem dieser Fälle von finanzieller, materieller oder ideeller Art sein.[27]

26 „Es machten jene Kirche: Högmund mit vier Ochsen und Liknvid mit zwei Ochsen und Häggvid mit zwei (Ochsen). Botvid mit einem Ochsen und Agnmund und Liknvid mit einem Ochsen und Fargair mit zwei Ochsen und Radvald mit zwei Ochsen und Ronvid mit einem Ochsen und Hallved mit einem Ochsen. Und das ganze Volk, welches hier gearbeitet hat, alle benannt und unbenannten, erbarme sich Gott den Lebenden und den Toten." (Vgl. hierzu Johnny Roosval / Erland Lagerlöf: *Kyrkorna i Kräklingbo, Anga och Ala*. Stockholm: Kungliga Vitterhetsakademien 1959, S. 556.)

27 Peel: *Guta Lag*, S. 7.

Eines der wichtigsten Motive für derartige Einschreibungen in den Raum war neben der Repräsentation im sozialen Feld vor allem die räumliche Nähe zum Heil.[28] An dieser Stelle waren sowohl gesellschaftliche wie religiöse räumliche Dimensionen von Bedeutung. In beiden Fällen waren Stiftungen für Bau, Ausstattung oder Messen das wohl häufigste Mittel der Wahl. Spezifische bzw. großzügige Stiftungstätigkeiten konnten dabei zur Erlangung von Ehrenrechten führen, die wiederum Formen der Privatisierung und der räumlichen Aneignung am Bau ermöglichten.[29] Aus diesen sozialen wie religiösen Motiven heraus vollzogen sich Prozesse der Raumbildung, die neue Raumnutzungskonzepte etablierten – etwa Privatoratorien, wie sie anhand mehrere Kirchen auf Gotland noch heute nachvollziehbar sind. Weitere Beispiele für die räumliche Aneignung sind Herrschaftslogen, das Gestühl für Patronatsherren oder die Rangordnung des Gestühls der Gemeinde in der Frühen Neuzeit.

Mit Fokus auf derartige Einbauten und der ihnen zugrundeliegenden raumgestalterischen Aspekte soll eine kleine Auswahl an Kirchenbauten präsentiert werden, um nach den unterschiedlichen Raumkonzepten und den ihnen implementierten Prozessen der Raumaneignung sowie den restringierten Räumen und ephemeren Raumnutzungen zu fragen.[30] Die gewählten Beispiele stammen aus dem Zeitraum vom 13. bis zum 17. Jahrhundert. Erst dieser breite zeitliche Fokus ermöglicht es, Kontinuitäten, Brüche und Wandlungen herauszuarbeiten und – wie oben am Beispiel der Chorportale

28 Jörg Widmaier: Das gotländische Altarensemble. Der Hochaltar im Kontext seines Kirchenraumes. In: Jochen Sander / Stefanie Seeberg / Fabian Wolf (Hrsg.): *Aus der Nähe betrachtet. Bilder am Hochaltar und ihre Funktionen im Mittelalter*. Frankfurt am Main: Deutscher Kunstverlag 2016, S. 161–175, hier S. 162.

29 Susanne Ruf: Sachzeugnisse (Lateinische Christen). In: *Enzyklopädie des Stiftungswesens in mittelalterlichen Gesellschaften*, hrsg. v. Michael Borgolte, Bd. 1: Grundlagen. Berlin: de Gruyter 2014, S. 433–472.

30 Verschiedene Raumkonzepte können etwa auf Grund von regionaler oder lokaler Varianz zwischen verschiedenen Kirchenbauten auf- oder in einem Kirchenbau auf Grund verschiedener Nutzerkreise in Erscheinung treten. So wäre davon auszugehen, dass sich weltliche wie geistige Eliten gleichermaßen in Praktiken der Raumaneignung spezifisch des Chorraums engagieren und dabei unterschiedliche Konzepte von sakralem Raum – beispielsweise unter kultischer, funktionaler oder repräsentativer Inanspruchnahme – verfolgen.

ausgeführt – gesellschaftliche Normierungs- und Transformationsprozesse am Beispiel spezifisch-räumlicher Konfiguration zu analysieren.[31]

Ausgewählte Fallbeispiele

Die kleine Landkirche von Hellvi – erstmals 1277 als Pfarrei nachweisbar – ist in diesem Zusammenhang besonders interessant, da ihr separates Chorportal mit einer Inschrift versehen ist. (Abb. 2 A) Diese ist bemerkenswerterweise direkt am Bogenfeld über dem Portal angebracht und verweist darauf, dass Lafrans Botvidarson aus Eskelhem die Kirche erbaut hat. Dieser Hinweis ist in der Forschung lange Zeit als bewusstes Selbstzeugnis eines Baumeisters gelesen worden. Ich gehe jedoch davon aus, dass Lafrans vielmehr als Bauherr anzusehen ist. Statt der Person, die tatsächlich den physischen Raum erbaut hat, handelt es sich meiner Meinung nach um jene Person, die das Gebäude durch eine Stiftung ermöglicht hat. Mit der Übernahme der Baukosten für den Chor und wahrscheinlich auch für das zeitgleich erbaute Schiff könnte Lafrans als Inhaber der Patronatsrechte über die Kirche angesehen werden. Ein Rechtsstatus, der es ihm erlaubt hätte, vom *honor inscriptionis* – dem Recht auf Anbringung einer Inschrift – Gebrauch zu machen. Das heißt, dass sich der Stifter in den von ihm getragenen Bauteil einschreiben konnte. Bemerkenswert ist der Ort der Einschreibung deshalb, weil Lafrans gerade nicht das Hauptportal des Kirchenraums wählte, welches in das für Laien zugängliche Kirchenschiff führte, sondern seinen Namen über den direkten Zugang zum Chor einprägen ließ.[32] Er mag deshalb möglicherweise ebenso über das *honor sedes* verfügt haben – über das Recht auf eine gesonderte, in besonderem Maße hervorgehobene Verortung im Kirchenraum. Versteht man die Inschrift und ihren räumlichen

31 Janina Dieckmann / Jörg Widmaier: Ressourcennutzung als soziale Praxis auf der Ostseeinsel Gotland. In: *Mitteilungen der Deutschen Gesellschaft für Archäologie des Mittelalters und der Neuzeit* 58 (2016), S. 1–18, hier S. 1–2.

32 Im Gegensatz zum Kirchenschiff handelt es sich beim Chor einer Kirche um einen stärker restriktiv genutzten Bauteil; relativ unabhängig von der Frage nach einer generellen Möglichkeit der Raumnutzung ist auch die Frage nach den Zugänglichkeiten verschiedener Portale zu stellen. Die aufwendige Gestaltung der Chorportale könnte auf einen erhobeneren Nutzerkreis hindeuten.

Kontext entsprechend, so könnte es auf ein Recht Lafrans hindeuten, die Kirche nicht nur durch das weitaus repräsentativere Chorportal (Maße: 1,83 x 3,41 m) betreten zu dürfen, sondern im dortigen Chorraum Platz zu nehmen. Soziale Stellung und räumliche Platzierung können hier in ihrer Wechselseitigkeit betrachtet werden. Bereits im Mittelalter hat das Kirchenrecht die Anwesenheit von Laien im Chorraum vorgesehen, solange sie erstens nicht im Moment der Messe präsent waren und zweitens der Altar und das Sakrament räumlich durch Stufen vom übrigen Chorraum abgesetzt waren. Entsprechende räumliche Regulierungen legten jedenfalls in der ersten Hälfte des 13. Jahrhunderts die Dekretalen Gregors IX. oder das vierte Laterankonzil fest.[33] Demgegenüber hatte Robert Grosseteste, der Bischof von Lincoln, 1238 explizit darauf verwiesen, dass für den Patronatsherren beim Laienausschluss aus dem Zelebrationsraum eine Ausnahme zu machen sei.[34]

Eine solche Ausnahme mag auch Lafrans Botvidarson im 13. Jahrhundert gewesen sein, sofern ihm im Zuge seiner Baustiftung das Patronatsrecht zugesprochen wurde; jedoch muss dies im Bereich der Spekulation bleiben. Eine verlässlichere Quelle ist jedoch der gotländische Kirchenraum: In sämtlichen Kirchenbauten auf Gotland wurde das Tabernakel – das Sakramentshaus – durch Stufen vom übrigen Chorraum abgetrennt. Dies ist ein deutlicher Hinweis auf Laien im Chorraum. Denn die von Robert Grosseteste geforderte Ausnahme für den Patronatsherrn der Kirche implizierte, dass das Tabernakel durch eben solche Stufen von den Laien geschieden wurde.

Versteht man die Gestaltung der Kirche von Hellvi als Aneignung des sakralen Raums durch Kleriker und Laien, Individuen und Gruppen, Gemeindemitglieder und Fremde, so lassen sich an Kirchenbau und Kirchenraum Prozesse der Einschreibung untersuchen. Entsprechendes findet sich an weiteren Kirchen Gotlands. Besonders

33 Das vierte Laterankonzil im Jahr 1215 beschäftigte sich u. a. mit Glaubensinhalten, der Klerusdisziplin, dem Patronatsrecht und der Integration von Kirche und Gesellschaft.

34 Robert Grosseteste: *The Letters of Robert Grosseteste, Bishop of Lincoln*, hrsg. v. Frank A. C. Mantello / Joseph Goering. Toronto: University of Toronto Press 2010, S. 190. Dieser Umstand ist erstaunlich, stellt die Messe doch einen Kristallisationspunkt des innerkirchlichen Heilsgeschehens dar, bei dem Laien durchaus nicht immer anwesend sein durften.

interessant sind dabei jene Stiftungsbestrebungen, die – motiviert durch den Wunsch, bestimmte Rechte zu erlangen – zur selektiven Bautätigkeit geführt und sich so am Gebäude oder seiner Ausstattung niedergeschlagen haben.[35] Solchermaßen selektive Bauvorgänge sind noch heute zu erkennen, denn selten geschah eine Bauerweiterung als homogene Fertigung von Kirchenschiff und Chor. In einigen Fällen sind die Choranlagen im Verhältnis zum Schiff in Maß oder Anspruch besonders aufwendig ausgeführt worden.[36] Es stellt sich die Frage, ob allein die Bedeutung des Bauteils als Sanktuarium entscheidend gewesen ist oder ob nicht ebenso Formen der individuellen Aneignung – etwa durch die sozio-räumlichen Dynamiken einer Stiftung des Bauteils – als Erklärung für die Bauformen angenommen werden können.

Im Falle der Kirche von Källunge scheinen sowohl die spezifische Bedeutung des Chorraums einerseits als auch die daraus resultierenden Aneignungsbestrebungen durch den Stifter andererseits gerade zu diesem selektiven Bauvorgang geführt zu haben.[37] (Abb. 2 B) Dass dabei Individuen oder eine Gruppe von Personen durch Baukostenübernahme raumbezogene Sonderrechte erhielten, lässt sich aus einem bemerkenswerten Baubefund schließen: Im oberen Teil der Chornordwand ist eine heute vermauerte Öffnung zu erkennen, die von einem schmalen Aufgang innerhalb der Mauer erreicht werden konnte. Der Zugang zu dieser repräsentativen Loge, die ehemals eine ideale Einsicht in das Sanktuarium und eine prominente Platzierung im Chorraum ermöglichte (*honor sedis*), erfolgt über den Eingang zur Sakristei, welche noch durch Stufen vom eigentlichen Sanktuarium getrennt wird. Solche repräsentativen Logen, die auf eine sozialräumliche Hervorhebung und eine Nähe zum Heil abzielten, sind an weiteren Kirchenbauten Gotlands erhalten geblieben – wie beispielsweise in den Kirchen von St. Nikolaus (Visby), St. Clemens (Visby),

35 Vgl. hierzu Jürgen Beyer: Donations by Strangers to Lutheran Churches during the Seventeenth and Eighteenth Centuries. In: *Journal of Social History* 47,1 (2013), S. 196–221, hier S. 204.

36 Dies ist etwa in den Kirchen von Källunge, Lau, Lye, Hejde und Vallstena der Fall.

37 Bedeutsam ist dabei, dass das Schiff mit Seitenaltären weiterhin Bestand hatte, während man am Sanktuarium Treppenstufen zum Sakramentshaus und in der Nordwand des Chors eine Stifterloge einbrachte. Die Ausstattung des Altars mit einem sehr großen Altaraufsatz ist in diesem Zusammenhang bezeichnend.

Hablingbo und Lau.[38] Dabei sind sowohl Kloster- wie Pfarrkirchen anzutreffen. Im Gegensatz zur Wandöffnung in Källunge befindet sich in Lau das unauffällige Fensterchen – für das keine eindeutige Datierung möglich ist – in der Nordwand des Kirchenschiffs, also in einem der Gesamtgemeinde zugänglichen Teil des Kirchenraums. (Abb. 2 C) Für die historisch korrekte Einordnung der räumlichen Situation ist es unerlässlich, den archäologischen Befund miteinzubeziehen: Ursprünglich stand an der Stelle des heutigen rechteckigen Chorraums eine mit Kreuzarmen ausgestattete kleinere Ostpartie.[39] Im ursprünglichen Bau hatte dieses Fensterchen einen direkteren Bezug zum Chorraum und damit zum Hauptaltar. Noch in nachreformatorischer Zeit ermöglichte die erhöhte Wandöffnung über eine frühneuzeitliche Schrankenwand hinweg eine dauerhafte Einsicht in den neuen Chorbereich.

Kirchenausstattung und räumliche Aneignung

In der Frühen Neuzeit lassen sich solche Aneignungsbestrebungen in der Ausstattung von Kirchenbauten ebenso fassen. Im 17. Jahrhundert verstand es ein weiteres Gemeindemitglied der Kirche von Hellvi, die eigene symbolische Präsenz noch während der Messe sicherzustellen: Das Epitaph des Visbyer Ratsmitglieds Lars Mattsson Hammel (1608–1671) bildet mit seinem unteren Abschluss den Schlussstein einer Bogenöffnung für den Zugang zur Sakristei. (Abb. 3 A) Diese räumliche Einschreibung ist von besonderer Brisanz. Sie ist wohl als rein symbolische Funktion zu deuten, denn der Zugang zur Sakristei blieb den meisten Laien verschlossen (Maße: 0,96 x 2,06 m).[40] Gleichwohl stützt das Epitaph als tragendes Element die Sakristei. Möglicherweise hat man es hier also mit einem Hinweis zur Stiftung

38 In anderen gotländischen Kirchen sind solche Öffnungen möglicherweise vermauert sowie verputzt und dadurch heute nur schwer erkenntlich. Möglicherweise ist dies in den Choranlagen der Kirchen von Gothem und Gammelgarn der Fall.

39 Vgl. hierzu Erland Lagerlöf / Gunnar Svahnström: *Lau kyrka, Gotland*, Bd. 6. Stockholm: Almqvist & Wiksell 1975, S. 652.

40 Anne Schaich: Mittelalterliche Sakristeien: Schlüsselgewalt und Kontrolle. In: Caroline Emmelius / Fridrun Freise / Rebekka von Mallinckrodt / Petra Paschinger / Claudius Sittig / Regina Töpfer (Hrsg.): *Offen und Verborgen. Vorstellungen und Praktiken des Öffentlichen und Privaten in Mittelalter und Früher Neuzeit.* Göttingen: Wallstein 2004, S. 195–210.

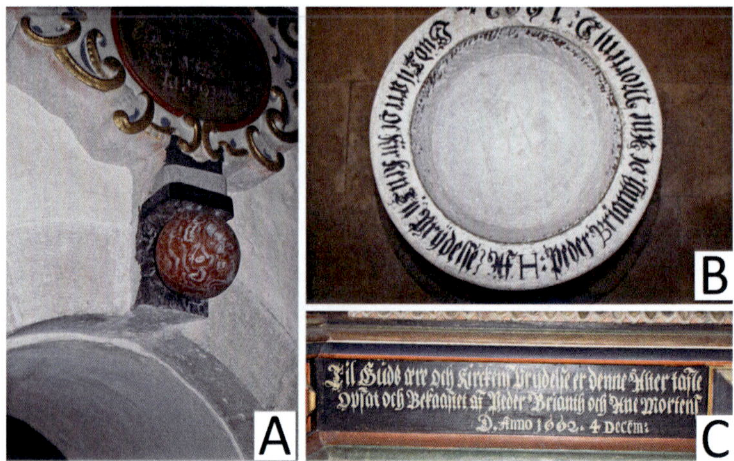

Abb. 3: A) Gotland, Hellvi, Epitaph für Lars Mattsson Hammel; Detail: Das Erinnerungsmal bildet mit seinem unteren Abschluss den Schlussstein für den Sakristeizugang. B) Levide, Taufstein von 1662 mit Stifterinschrift der Pfarrerfamilie Brianth/Mortens. C: Levide, Altaraufsatz von 1622; Detail: Stifterinschrift. C) Levide, Altaraufsatz von 1622; Detail: Stifterinschrift der Pfarrerfamilie Brianth/Mortens. C: Levide.

des Sakristeianbaus selbst zu tun. Lars Mattsson Hammel jedenfalls verfügte als angesehener Kalkpatron der Insel sowohl über die finanziellen wie materiellen Mittel für eine solche Stiftung.[41] Hier erkennen wir die mehrfache Funktionalität des Chorraums mit zugehörigen Anbauten. Dieser war Schnittpunkt verschiedener, sich nicht selten widersprechender Raumnutzungsansprüche, welche vor allem in Formen symbolischer Kommunikation ausgedrückt und verhandelt wurden. Diese Mehrdeutigkeit lässt sich jedoch nicht nur für den Bauteil, sondern auch für den ihn nutzenden Personenkreis anführen. Der Pfarrer Peter Briant von Levide beispielsweise verewigte sich nicht nur als Geistlicher, sondern ebenso gemeinsam mit Frau und Familie als Stifter und gesellschaftliche Elite im Kirchenraum. In einer relativ kurzen Phase stiftete die Familie alleine oder teilweise zusammen mit Richtern, Pröbsten und Kirchenvorstehern zwischen 1662 und 1689 das Taufbecken, den Altaraufsatz, die Schranke zum Sanktuarium, das Chorgestühl sowie ein Epitaph. (Vgl. Abb. 3 B & C)

41 Gunnar Svahnström / Karin Svahnström: *Måleri på Gotland 1530–1830.* Visby: Odins 1989, S. 142.

Die Stiftergemeinschaft schrieb sich dadurch in den Kirchenraum ein, indem sie den liturgischen Raum mit den bedeutenden nachreformatorischen Prinzipalstücken ausstattete. Derartige räumliche Dispositionen spiegeln die vielfältigen sozialen wie funktionalen Schichtungen wider und können damit auf mehreren Ebenen der gesellschaftlichen Repräsentation dienen. Der Kirchenraum wird dabei selbst zu einer Ressource, da er als öffentlicher Raum gesellschaftliche Dynamiken auslösen kann. Stifter konnten durch den Beitrag am Kirchenbau und der damit einhergehenden Einschreibung in den materiellen Raum die eigene gesellschaftliche Position verstetigen, bestätigen und stärken. Die Bemühungen Einzelner oder ganzer Gruppen um Aneignung verschiedenster Bereiche dieses Raums sind in jenem Zusammenhang zu verstehen. Diese Selbstverortung ist als soziale Semantisierung jenes Raums auch in den materiellen Hinterlassenschaften prägend. Raumwahrnehmungen sind daher immer Beschreibungen relationaler Anordnungen innerhalb der Gesellschaft. Aus besitz- und verfassungsrechtlicher Sicht ist darüber hinaus bemerkenswert, dass gerade das Land, auf welchem ein Sakralbau errichtet wurde, als spezifischer Gemeinschaftsraum zu verstehen ist.[42] Dieser öffentliche Raum konnte nicht nur in Abhängigkeit zu bestimmten liturgischen Praktiken betreten, sondern aus unterschiedlichen Perspektiven erschlossen werden. Hier überlagern sich verschiedene Raumkonzepte. Dabei blieb je nach investierter Ressource die Aneignung etwa von Schiffs-, Chor- oder Siedlungsraum durchaus in unterschiedlichem Maße möglich.

Konzepte des gesellschaftlichen Raumes in ihrem materiellen Niederschlag

Obgleich institutionalisierte Raumkonstitutionen den Kirchenbau mit heilsbezogenen Raumordnungen versehen, ist dieser Raum durch Menschen gestaltet, wird von ihnen wahrgenommen und kann von ihnen eingenommen werden. Gerade die Rolle von Stiftern

42 Vergleichbares ist vor allem in der angelsächsischen Forschung für Kirchen- und Burgenbauten im hoch- und spätmittelalterlichen Siedlungsgefüge festgehalten worden. Auch die rechtshistorisch arbeitende Volkskunde hat entsprechendes für das dörfliche Rechtssystem und Brauchtum vorgestellt. (Vgl. etwa Christine Aka: *Bauern, Kirchen, Friedhöfe: Sachkultur und bäuerliches Selbstbewusstsein in der Wesermarsch vom 17. bis 19. Jahrhundert*. Cloppenburg: dgv 2012.)

oder Stiftergemeinschaften, aber ebenso der Beitrag jedes einzelnen Gemeindemitglieds formen daher die Kirche als sozialen und physischen Raum. Das Nebeneinander verschiedener Raumvorstellungen und -nutzungen innerhalb des Kirchenbaus wird immer auch anhand symbolischer Kommunikation vermittelt und darin materialisiert. Seine soziale Relevanz erhält der Kirchenbau durch das gesellschaftsbildende Potential stiftungsbedingter Aneignungen des sakralen Raums. Die Prozesse der Aneignung konstituieren dabei sowohl die materielle Räumlichkeit wie die darin eingetragenen sozialen Verhältnisse. Der Begriff der räumlichen Aneignung geht dann fehl, wenn man ihn ausschließlich als Ausschlusskriterium für andere Praktiken räumlicher Inanspruchnahme versteht. Vielmehr handelt es sich um verschiedene soziale Milieus in räumlicher Überlagerung, die anhand funktionaler, situativer oder personeller Kriterien ausdifferenziert werden können, ohne dabei jedoch einander auszuschließen. Der Prozess räumlicher Aneignung ist daher – in Nachfolge der oben skizzierten besitzrechtlichen Überlegungen – als relationale Praktik zu verstehen. So sind zwar die Chorportale oder die Logenanlagen in den gotischen Chorbauten für die gesellschaftliche Repräsentation Einzelner oder Gruppen in Anspruch genommen worden. Dennoch konnten sie auch funktional im Zuge spezifischer liturgischer Handlungen – für Prozessionen und Reliquienausstellungen – genutzt werden. An einem – topographisch gleichbleibenden – Ort konstituieren sich so je nach Akteur*in verschiedene Räume. Je nach Aneignung erscheint etwa der Heilsraum des Chors als Raum der Messe, als Raum des Klerus, als Raum des Stifters sowie als Raum der Lebenden oder der Toten. Raum konnte als restringierter Heilsraum durch rechtliche oder symbolische Zugriffe erschlossen werden und ermöglichte so die perspektivische wie räumliche Nähe zur Transzendenz. In diesem Zusammenhang erklären sich die für gotländische Kirchenbauten in zeitlichem Längsschnitt beschreibbaren baulichen Entwicklungen, die in besonderem Maße den Chorraum als Objekt der Stiftungstätigkeit verdeutlichen. Der Kirchenraum selbst vermag im Zuge stiftungsbedingter Prozesse der Verräumlichung zu einer Ressource für gesellschaftliche Positionierung zu werden. Die wiederholten Bemühungen Einzelner oder ganzer Gruppen um Aneignung dieses Raums, wie sie am erhaltenen Quellenmaterial ablesbar bleiben, sind in jenem Zusammenhang zu verstehen. Ein Beispiel hierzu liefern die skizzierten Prozesse der

Verräumlichung um den verstorbenen Bürgermeister Lübecks sowie um die stiftenden Lübecker Kaufleute in der Marienkirche von Visby. Durch solche Aneignungsbestrebungen etablierten und verstetigten sich spezifische räumliche Dispositionen. Die Aneignung geschah durch die soziale Semantisierung des Raums, welcher die gesellschaftliche Position anschaulich machte und Kommunikation zwischen Individuen und Gruppen erlaubte. Erhaltene Kirchenbauten tradieren als angeeignete Ortsgefüge nicht nur soziale Verhältnisse, sondern legen als prozesshafte Objekte der Stiftungstätigkeit ein Zeugnis von der Relationalität des Raums und der in ihm und durch ihn etablierten Selbstverhältnisse ab. So wie Identität als relationale Eigenschaft begriffen werden kann, die sich gerade in Beziehung zu einer als Alterität verstandenen Größe herausbildet, ist auch die Aneignung im Kirchenraum eine relationale Praktik. Die Verflechtung baulicher und sozialer Verhältnisse tritt in jenem Phänomen in Erscheinung, mit dem sich einzelne Individuen oder definierte Gruppen von der sie umgebenden Gemeinschaft gerade durch das Medium des gebauten Raums abgrenzten bzw. abhoben. Der materielle Raum wird dabei auf Grund seiner sozialen Produktivität zum Ausdruck des gewünschten, erreichten oder gefährdeten sozialen Status. Das verräumlichte Selbst ist dabei als jene die eigene gesellschaftlich-relationale Positionierung realisierende und verstetigende Gegenständlichkeit im sozialen Prozess eines Gebäudes fassbar. Vor dem Hintergrund des hier verwendeten relationalen Raumbegriffs geht es also weniger darum, einzelne Individuen im Prozess der Verräumlichung isoliert zu betrachten, selbst wenn diese – wie im Fall Tinnappels – in ihrem sozialen Status durch Quellen direkt beschreibbar sind. Vielmehr geht es um die Lage- und Besitzverhältnisse von Menschen und Dingen (Stiftern und Objekten), aber auch zwischen verschiedenen Akteur*innen, die sich im mittelalterlichen Kirchenraum verstetigt haben. Im Falle des Lübecker Bürgermeisters sind die gesellschaftlichen Verflechtungen in den Prozessen der Produktion und Aneignungen von Räumen ebenso in Erscheinung getreten, wie die räumlichen Dimensionen sozialer Netzwerke im Akt der Verräumlichung verstetigt worden sind.

Dirk Thomaschke

Der Raum der Dorfgemeinschaft

Historiografische Perspektiven deutscher Ortschroniken und Heimatbücher

Einleitung

1999 hat der Sielverband Marienkoog zum Doppeljubiläum „200 Jahre Marienkoog“ und „60 Jahre Galmsbüllkoog“ eine Ortschronik herausgegeben. Die Einwohnerzahl der (ab der Gemeindereform von 1974) Ortsteile von Galmsbüll betrug im Jahr des Erscheinens der Chronik etwa 70 Personen. Das knapp 230 Seiten umfassende Buch vereint verschiedene Themen aus der Geschichte beider nordfriesischen Köge: von der Geschichte der Landschaft, Eindeichung und Besiedlung über die Geschichte der Landwirtschaft, der Kirchen und der Schulen bis zu Sturmfluten und den im Ersten und Zweiten Weltkrieg gefallenen Soldaten aus den Gemeinden. Außerdem nimmt die Darstellung aller Häuser und Höfe einschließlich ihrer Bewohner*innen nahezu die Hälfte des Gesamtumfangs ein. Das Buch schließt mit zwei Schwarz-Weiß-Fotografien des „Autorenteams bei der Arbeit“ (Abb. 1).[1] Beispielhaft für zahllose andere Ortschroniken aus dem gesamten Bundesgebiet zeigen die Abbildungen keine professionellen Historiker*innen oder Schriftsteller*innen bei der Einzelarbeit im Archiv oder Büro, sondern eine Gruppe älterer Einwohner*innen in häuslicher und geselliger Atmosphäre am

1 Sielverband Marienkoog (Hrsg.): *200 Jahre Marienkoog 1798–1998 und 60 Jahre Galmsbüllkoog 1939–1999*. Husum: Husum Druck- und Verlagsgesellschaft 1999, S. 227.

Autorenteam bei der Arbeit

Abb. 1
Das „Autorenteam“ der Chronik des Marienkoogs und Galmsbüllkoogs (1999).

Wohnzimmertisch.[2] Überall in der Bundesrepublik finden sich heutzutage selbst in den kleinsten Gemeinden derartige Publikationen ‚aus dem Ort für den Ort‘, meist als „Ortschronik“ oder „Heimatbuch“ betitelt und geschrieben von langjährigen Einwohner*innen der Orte selbst.

Diese Geschichtsbücher sind ein lohnenswerter Ansatzpunkt, um die Konstruktion kollektiver Identitäten in der lokalen Erinnerungskultur zu untersuchen. Dabei wird das Geschichtsbild von Ortschroniken – so die Leitthese des Beitrags – von einer zentralen

2 Vgl. als weitere Beispiele aus anderen Regionen die Abbildungen in: Günther Blatter (Hrsg.): *Karlsbrunn. Ein Heimatbuch. Geschichte und Geschichten*. Großrosseln: Selbstverlag 2003, S. 9; Gemeinde Westgreußen (Hrsg.): *Chronik und Heimatbuch von Westgreußen*. Westgreußen: Selbstverlag 1997, S. 3, 531–535.

Differenz dominiert: Chroniken konstituieren einen spezifischen historischen Raum, in dem sie die Geschichte einer nach außen abgeschlossenen Dorfgemeinschaft situieren – umgeben von einer weitgehend diffusen ‚Umwelt'. Das Schreiben der Gemeinschaftsgeschichte ist untrennbar verwoben mit der Vorstellung des Dorfs als konstantem ‚Behälterraum'. Heimatbücher bieten ein anschauliches Beispiel für die *Verräumlichung des Selbst* – hier in Form einer Autor*innen und Leser*innen übergreifenden Gemeinschaft – im Medium der Geschichtsschreibung. Eine eigenständige Reflexion dieser Zusammenhänge findet sich in den Chroniken selbst nicht. Auch sind Ortschroniken in der Forschung bislang nicht aus einer solchen Analyseperspektive, die das Zusammenspiel von Raum- und Selbstkonstruktionen sichtbar macht, untersucht worden. In diesem Kontext lässt sich besonders anschaulich zeigen, wie das Selbstverständnis von Ortschroniken und ihr Entstehungskontext wechselseitig mit ihrem Inhalt und ihrem Geschichtsbild zusammenhängen. Sie weisen sowohl spezifische Erstellungsprinzipien als auch ganz bestimmte Wahrnehmungs-, Verarbeitungs- und Darstellungsweisen von Geschichte auf. Mögen diese im Einzelnen nicht exklusiv für Ortschroniken sein, so begründet ihr Zusammentreffen in zahllosen Publikationen im gesamten Bundesgebiet eine auffallend autonome Form der Erinnerungskultur. Es ist dieses komplexe Zusammenspiel, das es erlaubt, von Ortchroniken als einem eigenen Genre der Historiografie zu sprechen – einem Genre, dessen bisherige Vernachlässigung in starkem Kontrast zu seiner weiten Verbreitung und seiner Wirkmächtigkeit für die Prozesse lokaler Identitätsbildung steht. Im Folgenden werde ich in einem ersten Schritt genauer betrachten, wie Ortschroniken entstehen. Daraufhin untersuche ich den Stellenwert der Gemeinschaft in diesem Genre, während ich anschließend der ‚Verräumlichung' dieser Gemeinschaft anhand des zentralen Motivkomplexes der *Dorf-Umwelt-Differenz* nachgehen werde.

Ortschroniken als Genre

In der Regel erscheinen Chroniken im Selbstverlag oder werden von den jeweiligen Gemeinden herausgegeben und finanziert. Ihre Erstellung kann sich über mehrere Generationen hinziehen und geht meist auf private Quellensammlungen, ältere Manuskripte, die Gründung von Arbeitsgruppen und öffentliche Aufrufe an die Bewohner*innen zur Mitarbeit zurück. Auch die Chronik des Marien- und Galmsbüllkoogs basiert auf dem Manuskript eines ehemaligen Dorflehrers aus dem Jahr 1944, das von dem 1995 zusammengerufenen „Autorenteam" aufgegriffen und durch Fotografien, Erzählungen und historische Dokumente ansässiger Familien ergänzt worden ist.[3] Das gesamte Unterfangen steht unter dem Motto, dass eine Dorfgemeinschaft sich mit ihrer eigenen Geschichte ‚versorgt'. Die bereits erwähnte Fotografie des „Autorenteams" der Marienkooger Chronik verweist hierbei allerdings auf eine wesentlich andere (Selbst-)Inszenierung, als sie in geschichtswissenschaftlichen Lokalstudien üblich ist: Zwar gehen auch Heimatbücher auf Quellenerhebungen in Archiven, auf unzählige Gespräche und auf akribische Materialsammlungen zurück, doch wollen ihre Autor*innen „nicht als Professionelle" (Historiker*innen) angesehen werden. Vielmehr verstehen sie sich als „Sachkenner" der eigenen „Heimat", wie es in der Chronik der saarländischen Gemeinde Schmelz heißt.[4] Der Unterschied zwischen Heimatbüchern und Geschichtswissenschaft liegt nicht in der Sorgfalt und im Anspruch auf die Faktizität des Dargestellten; er ist in der persönlichen Nähe der Autoren*innen zu ihrem Gegenstand und zu ihren Lesern*innen zu sehen. Statt wissenschaftlicher Distanz, Reflexion und Methodik zählt für Chronikautoren*innen, dass sie sich ihrem Gegenstand existenziell und emotional verbunden fühlen. Ihre Autorität speist sich aus dem lebenslangen Miterleben und Mitgestalten der Dorfgeschichte, beispielsweise als ehemaliger Bürgermeister oder in den örtlichen Vereinen.[5]

Mit dieser grundsätzlich anderen Autor*innen-Position von Ortschroniken gegenüber wissenschaftlichen Arbeiten geht auch ein anderes Verhältnis von Autor*innen und Leser*innen einher. Das Publikum einer Ortschronik ist auf den engen Kreis der Einwohner*innen

3 Sielverband Marienkoog (Hrsg.): *200 Jahre Marienkoog*, S. 7.

4 Arbeitsgemeinschaft für Heimatforschung Schmelz: *Schmelz – Vergangenheit und Gegenwart. Ein Heimatbuch*. Schmelz: Selbstverlag 1973, S. 15.

5 Vgl. Dirk Thomaschke: *Abseits der Geschichte. Nationalsozialismus und Zweiter Weltkrieg in Ortschroniken*. Göttingen: V&R unipress 2016, S. 24–35. Dort sind die Ergebnisse eines bundesweiten Forschungsprojekts zusammengefasst, in dessen Rahmen ich deutschlandweit Chronikautor*innen interviewt und mehrere hunderte Ortschroniken ausgewertet habe.

Abb. 2
Die schwer leserliche Bildaufschrift lautet: „Die Körkwitzer unter der Wossidlo-Linde. Das Foto wurde am 8. Juli 2012 speziell für diese Chronik aufgenommen."

bzw. derjenigen, die eine enge biografische Bindung an den Ort aufweisen, beschränkt. In ganz typischer Weise widmet die Autorin der Chronik von Körkwitz in Mecklenburg-Vorpommern aus dem Jahr 2012 ihr Buch der Dorfgemeinschaft und bildet diese mittels einer Gruppenfotografie zu Beginn des Buchs ab.[6] (Abb. 2) Die Fotografie soll die Leser*innen dazu anregen, sich mit der Chronik als ‚ihrer' zu identifizieren. Die Individualität der Autorin tritt demgegenüber zurück; sie fungiert dem Ideal nach als Erfüllungsgehilfin eines Gemeinschaftsprojekts. Folgt man diesem Anspruch, ist Geschichtsschreibung auf der lokalen Ebene notwendigerweise die Geschichtsschreibung eines Kollektivs – im doppelten Sinne des Genetivs. Dem entspricht eine andere Rezeptionserwartung

6 Margot Krempien: *Körkwitz. Chronik eines mecklenburgischen Dorfes am Ribnitzer See 1257–2012*. Körkwitz: Demmler 2012, o. P. Vgl. als weiteres Beispiel: Sielverband Cecilienkoog (Hrsg.): *100 Jahre Cecilienkoog 1905–2005*. Bredstedt: Nordfriisk Instituut 2005, S. 6.

durch die Leser*innen, die wiederum deutlich von der akademischen Geschichtsschreibung abweicht. Zum einen geht es hierbei um die Würdigung der Chronikerstellung als Leistung für die Gemeinschaft, der Autor*innen und Leser*innen zugleich angehören, und nicht um kritische Lektüre, inhaltliche Einordnung in den Forschungsstand oder Abwägung gegenüber anderen Sichtweisen, wie es das wissenschaftliche Rezensionswesen erfordern würde. Zum anderen assoziieren Chroniken die Gemeinschaft der Autor*innen und Leser*innen wie selbstverständlich mit den ‚eindeutigen' geografischen Grenzen des jeweiligen Orts. Deshalb zählt für den Leserkreis einer Ortschronik vor allem das Wiedererkennen der eigenen Lebenswelt in der historischen Erzählung. Die Chronik bietet den Anwohner*innen an, die Orte ihrer Kindheit, ihrer Wohn- und Arbeitsstätten mit einer ungekannten historischen Tiefe zu erleben.

Ortschroniken und Heimatbücher in der hier skizzierten Form haben seit den späten 1970er Jahren einen regelrechten Boom in allen Regionen Westdeutschlands und nach der Wiedervereinigung auch in den neuen Bundesländern erfahren. Bis heute erfreuen sie sich in kleineren Orten und ländlichen Gegenden einer ausgesprochenen Beliebtheit und stellen oftmals die wichtigste, wenn nicht gar einzige (schriftliche) Quelle des lokalen Geschichtsbewusstseins dar.[7] Zwar ist die Erstellung lokaler Geschichtsbücher schon älter und hatte insbesondere in der ersten Hälfte des 20. Jahrhunderts einen ersten Aufschwung erfahren,[8] doch lag sie bis in die frühen 1970er Jahre vorrangig in den Händen akademisch gebildeter (nahezu ausschließlich männlicher) Autoren wie Dorflehrern und -geistlichen und war weitgehend den konventionellen Normen der professionellen Historiografie verpflichtet. Spätestens ab den 1980er Jahren ging die

7 Zur Verbreitung von Ortschroniken liegen keine überregionalen Erhebungen vor. Die wenigen vorliegenden Studien beschränken sich auf einzelne Gebiete und unternehmen kaum eingehendere Bemühungen, den Begriff *Ortschroniken* genauer zu bestimmen und von anderen lokalgeschichtlichen Publikationsformen abzugrenzen. Für eine Übersicht und Diskussion der verstreuten Literatur siehe: Thomaschke: *Abseits*, S. 13–23. Zur erinnerungskulturellen Wirkmächtigkeit vgl. Wolfgang Pledl: Historischer Verein und Archiv – eine ausbaufähige Partnerschaft. In: *Archivar* 65 (2012), S. 362–371, hier S. 363.

8 Vgl. Jutta Faehndrich: Entstehung und Aufstieg des Heimatbuchs. In: Matthias Beer (Hrsg.): *Das Heimatbuch. Geschichte, Methodik, Wirkung*. Göttingen: V&R unipress 2010, S. 55–83.

Autorschaft von Heimatbüchern jedoch hauptsächlich in die Hände von Laien über und es lässt sich von der Entstehung eines eigenständigen Genres der Geschichtsschreibung sprechen. Hierbei ähnelt sich die Art, mit der die Heimatbuch-Autoren*innen historische Themen auswählen, verarbeiten und darstellen, überall in Deutschland stark – und dies obwohl sie in der Regel keinen Anteil an überregionalen historischen Debatten nehmen und meist nur auf eine Handvoll vergleichbarer Bücher aus den Nachbarorten verweisen.[9]

Die historiografische Perspektive von Ortschroniken unterscheidet sich zwar deutlich von wissenschaftlichen Formen der Geschichtsschreibung, allerdings ist sie bislang nicht in ihrer Eigenständigkeit wahrgenommen worden. Die erinnerungskulturelle Forschung hat zwar seit einiger Zeit begonnen, sich lokalen Räumen und Akteur*innen zu öffnen, Ortschroniken und Heimatbücher sind dabei jedoch nur am Rande in den Blick geraten. Der Hauptgrund ist darin zu sehen, dass sie in aller Regel mit wissenschaftlichen Maßstäben gemessen wurden und werden, die die impliziten historiografischen Muster der Ortschronistik nicht erfassen konnten. Aus dieser asymmetrischen Perspektive werden nur die „Defizite" sichtbar: Vielfach sind Chroniken als beschönigende Zerrbilder der Ortsgeschichte beschrieben worden, die einerseits auf repräsentative Interessen der lokalen „Politik" zurückgehen würden und andererseits auf die Furcht der Autor*innen vor persönlichen Konflikten.[10] Auch haben

9 Dies unterscheidet Ortschroniken und ihren Leser*innenkreis zudem von der ‚kritischen Geschichtsbewegung', deren Anfänge und deren Hochzeit ebenfalls in die späten 1970er und die 1980er Jahre fielen. Deren Vertreter*innen, inspiriert durch die Grabe-wo-du-stehst-Bewegung in Schweden oder die *history workshops* in Großbritannien und oft mit den Neuen Sozialen Bewegungen verwoben, zeichneten sich durch einen ausdrücklich gesellschaftskritischen Impetus aus. Auch suchten die aus der Bewegung hervorgegangenen Geschichtswerkstätten – zumindest in Teilen – eine engere Anbindung an wissenschaftliche Theorien und Paradigmen. In der Praxis richtete sich die kritische Geschichtsbewegung in der Regel auf eine ‚verdrängte Unrechtsgeschichte' und ausgeblendete Opfergruppen, vor allem der nationalsozialistischen Zeit. Ortschroniken stellten demgegenüber die Geschichte von Gemeinschaften und die Identitätsbildung in den Vordergrund, wie wir unten sehen werden. Vgl. zur ausführlicheren Abgrenzungen von kritischer Alltagsgeschichte und Ortschronistik: Thomaschke: *Abseits*, S. 228–245.

10 Vgl. z. B. Bernhard Kukatzki: *„Vergangenheitsbewältigung" zwischen Verschweigen und Bekennen. Anmerkungen zur Behandlung des Themas Nationalsozialismus in Ortschroniken*. Schifferstadt: Selbstverlag 2001; Ingo Harms entdeckt NS-Gedankengut. In: *Nordwest-Zeitung*, 15.01.2014.

zahlreiche Autor*innen (Archivar*innen, Ratgeberautor*innen und Landeshistoriker*innen) die handwerklichen Unzulänglichkeiten von Heimatbüchern angeprangert, allen voran das Fehlen einer historischen Leitfrage, den Eklektizismus ihres Aufbaus und Inhalts sowie die mangelnde Distanz gegenüber den Quellen.[11] Insbesondere im Hinblick auf die Geschichte des Nationalsozialismus sind die „Lückenhaftigkeit" der Darstellung und die lokalen „Tabus" vorgeführt worden.[12]

Diese Kritiken sind keineswegs unzutreffend, sie tragen allerdings wenig dazu bei, die spezifischen Mechanismen, mit denen Ortschroniken Geschichte schreiben – und die sich in allen Regionen gleichen –, sichtbar zu machen und diese Mechanismen in Beziehung zu dem spezifischen Entstehungskontext von Chroniken zu setzen.[13]

11 Vgl. z. B. Ursula Lehmann: *Dorfchroniken in der Geschichtswissenschaft, dargestellt am Beispiel des Raumes Hannover.* Hannover 1986 (Magisterarbeit); Arnd Kluge: Heimatgeschichte und Heimatgeschichtsschreibung heute. In: *Bochumer Zeitpunkte* 7 (2000), S. 19–25; Wolfgang Laufer: Über Aufbau und Inhalt einer Ortschronik. In: *Zeitschrift für die Geschichte der Saargegend* 41 (1993), S. 246–257; Eugen Reinhard (Hrsg.): *Gemeindebeschreibungen und Ortschroniken in ihrer Bedeutung für die Landeskunde.* Stuttgart: Kohlhammer 1999; Reno Stutz: *Leitfaden für Ortschronisten in Mecklenburg und Vorpommern.* Rostock: Hinstorff 2004.

12 Vgl. z. B. Peter Bierl: Die NS-Zeit im Heimatbuch. Die (Nicht-)Aufarbeitung der NS-Zeit in der Lokalhistorie am Beispiel des Landkreises Fürstenfeldbrück. In: *Amperland* 42 (2006), S. 257–261; Gerhard Holzer: Vom „schwarzen Loch" zur Aufarbeitung – Nationalsozialismus und Judenverfolgung in rheinhessischen Ortschroniken seit 1980. In: *Alzeyer Geschichtsblätter* 38 (2010), S. 147–167; Bernhard Kukatzki: „Von vielen Gräueltaten hatte der einfache Mann keine Ahnung". Vergangenheitsbewältigung in Ortschroniken zwischen Verschweigen und Bekennen. In: Siegmar Schmidt / Gert Pickel / Susanne Pickel (Hrsg.): *Amnesie, Amnestie oder Aufarbeitung? Zum Umgang mit autoritären Vergangenheiten und Menschenrechtsverletzungen.* Wiesbaden: VS 2009, S. 53–66; Norbert Ommler: *Die NS-Zeit in Dorfchroniken der Lüneburger Heide. Schwerpunkt: Bad Bodenteich und sein „vergessener" Ehrenbürger.* München: GRIN 2009; Fiete Pingel: Der Nationalsozialismus in Chroniken aus Nordfriesland. In: Nordfriisk Instituut (Hrsg.): *Nationalsozialismus in Nordfriesland. Beiträge von der Fachkonferenz am 60. Jahrestag der „Machtergreifung" in Bredstedt.* Bredstedt: Nordfriisk Instituut 1993, S. 71–79; Wilfried Setzler: Die NS-Zeit im Heimatbuch – ein weißer Fleck? In: Beer (Hrsg.): *Heimatbuch*, S. 203–220; Rainer Voss: Ortsgeschichten. Flucht und Vertreibung im Spiegel. In: Rainer Schulze (Hrsg.): *Zwischen Heimat und Zuhause. Deutsche Flüchtlinge und Vertriebene in (West-)Deutschland 1945–2000.* Osnabrück: secolo 2001, S. 184–200.

13 Vgl. Beer (Hrsg.): *Heimatbuch*; Jutta Faehndrich: *Eine endliche Geschichte. Die Heimatbücher deutscher Vertriebener der deutschen Vertriebenen.* Köln / Weimar / Wien: Böhlau 2011.

Es gilt, eine solche Analyse von der Vorannahme zu befreien, dass Heimatbücher die direkte Umsetzung vermeintlicher Intentionen – der Autor*innen, Herausgeber*innen, Geldgeber*innen, Leser*innen – seien, und stattdessen nach den weitgehend impliziten Mustern der Konstruktion von Geschichte in diesen Veröffentlichungen zu suchen.[14] Dadurch lässt sich die Wechselwirkung besser würdigen, die zwischen den Selbstbildern der Autor*innen und Leser*innen und dem Inhalt der Publikationen besteht: Chroniken sind nicht allein Ausdruck der erinnerungskulturellen Bedürfnisse einer Gruppe, sie begründen diese Gruppe zugleich bzw. wirken auf ihr Geschichtsbild zurück. Oder anders gesagt: Die historiografischen Verarbeitungsregeln von Heimatbüchern prägen die Identitätsbildung genau derjenigen Personen und Kollektive, die zur Reproduktion des Genres beitragen – und auch derjenigen, die es rezipieren. Statt Chroniken als ‚bloße Träger' eines von diesem Medium unabhängigen Geschichtsbilds zu behandeln, ist vielmehr von einer wechselseitigen Konstituierung von Geschichtsschreibung und Erinnerungsgemeinschaft auszugehen.[15] Die typischen historiografischen Konstruktionsmuster in Heimatbüchern setzen sich aus mehreren Dimensionen zusammen: Hier ist, erstens, an die historischen Protagonist*innen zu denken, die in Ortschroniken üblicherweise handeln (oder eben nicht handeln), einschließlich ihrer Relationen untereinander und ihres Motivhaushalts, ihres Erfahrungshorizonts, ihres Handlungsspielraums etc. Zweitens hängen diese Akteurskonstellationen eng mit der Beschaffenheit des historischen Raums zusammen, in dem sie sich bewegen. Schließlich stehen beide, Akteur*innen und Räume, in Beziehung zur zeitlichen Dimension, also den in Ortschroniken verbreiteten zeitlichen Mustern, nach denen die Geschichte eines Orts vorgeblich verläuft. Ich werde diese drei wechselseitig verwobenen Aspekte im

14 Vgl. Philip Sarasin: *Geschichtswissenschaft und Diskursanalyse*, Frankfurt am Main: Suhrkamp 2003, S. 16–20; Achim Landwehr: *Geschichte des Sagbaren. Einführung in die Historische Diskursanalyse*. Tübingen: edition diskord 2001, S. 103.

15 Dirk Thomaschke: „Es sind Leistungen vollbracht worden, die zumindest im Rahmen einer Dorfchronik Würdigung verdienen, auch wenn der Staat die Leistungen nicht verdiente …" Räumliche Aspekte des Kriegergedenkens in nordfriesischen Ortschroniken. In: Janina Fuge/Rainer Hering/Harald Schmid (Hrsg.): *Gedächtnisräume. Geschichtsbilder und Erinnerungskulturen in Norddeutschland*. Göttingen: V&R unipress 2014, S. 201–220, hier S. 201–207.

Folgenden nacheinander durchgehen und den Schwerpunkt dabei auf den Zusammenhang des Konstrukts der Dorfgemeinschaft mit einer scharfen Dorf-Umwelt-Differenz legen.[16]

Dorfgemeinschaften

Die Geschichtsschreibung von Ortschroniken ist Geschichtsschreibung im Modus der Gemeinschaft. Nicht allein sind Gemeinschaftstopoi allgegenwärtig im Genre, auch begründen sie in der Perspektive der Chroniken überhaupt erst deren Daseinsberechtigung: Heimatbücher schreiben die Geschichte einer relativ geschlossenen, an den geografisch eng begrenzten Raum des Dorfs gebundenen Gemeinschaft – und nur dieser vermeintlich historisch isolierbaren Einheit. Für alles darüber Hinausgehende – die überregionale, nationale, allgemeine etc. Geschichte – sei demgegenüber eine kaum näher spezifizierte „Forschung" zuständig.[17] Der Dorfgemeinschaft kommt dabei ein ambivalenter Charakter in der Chronik-Historiografie zu. Die Autor*innen finden sie einerseits bloß vor, als angebliches historisches Faktum, das die Geschichte des Orts seit seiner Gründung bestimmt und zusammengehalten habe, andererseits erheben sie die Gemeinschaft mehr oder weniger ausdrücklich zu einem normativen Ideal – einem Ideal, das nicht nur die Bewältigung geschichtlicher Krisen ermöglichte, sondern auch als Vorbild für gegenwärtige und zukünftige Problemstellungen dient. In nicht wenigen Fällen geht bereits aus den Gruß- und Geleitworten hervor, dass die Ortschronik zum (Wieder-)Erstarken der Dorfgemeinschaft in der Gegenwart beitragen soll, so zum Beispiel im Vorwort der Chronik von Altenwalde in Niedersachsen, die „das Bürgerbewußtsein und den Zusammenhang aller Einwohner von Altenwalde stärken und festigen" möge.[18] Ebenso deutlich wird der deskriptiv/normative bzw. historisch/gegenwärtige

16 Da diese Elemente bereits in den Ortschroniken der 1950er bis 1970er etabliert waren und sich in ihren Grundzügen bis heute kaum verändert haben, zitiere ich in der Folge Beispiele aus allen Jahrzehnten der Bundesrepublik. Zur Konstanz dieser Muster siehe Thomaschke: *Abseits*, S. 199–203.

17 Vgl. für viele Gemeinde Westgreußen (Hrsg.): *Chronik und Heimatbuch von Westgreußen*. Westgreußen 1997, S. 168.

18 Winfried Siefert: *Chronik von Altenwalde. Vier Dörfer – eine Gemeinde*. Altenwalde: Selbstverlag 1971, S. 5.

Doppelcharakter der Dorfgemeinschaft in der Einleitung der Chronik von Emmersweiler im Saarland. Dort heißt es:

> Es gibt Veranlassung, Rückblick zu halten und sich bewußt zu machen, was Generationen vor uns geleistet haben und was noch zu tun bleibt, um das Leben in dieser Dorfgemeinschaft zu fördern und weiterzuentwickeln.[19]

Die wichtigsten Merkmale einer solchen Gemeinschaft in der Chronik-Geschichtsschreibung sind, erstens, eine quasi-natürliche Arbeitsteilung, bei der die Beiträge aller Dorfbewohner*innen in harmonischer Weise ineinandergreifen bzw. sich ergänzen. Demgegenüber spielen etwaige Statusunterschiede und soziale Konflikte nur eine geringe Rolle. Zweitens bringen sich alle Gemeinschaftsmitglieder – und als solche gelten im Prinzip alle Einwohner*innen des jeweiligen Ortes – vorrangig aus Leistungs- und Aufopferungsbereitschaft und nicht aus Zwang ein. Und drittens ist die historische Dorfgemeinschaft in der Chroniksicht durch intensive Austausch- und Kommunikationsverhältnisse geprägt.[20] Ihre scheinbare soziale Kohärenz kommt dabei mit einer räumlichen Kohärenz zur Deckung; sie äußere sich in der „Überschaubarkeit" des Dorflebens bzw. der „Erfahrbarkeit" der Gemeinschaftsstrukturen im alltäglichen

19 Heimatkundlicher Verein Warndt e. V. (Hrsg.): *Emmersweiler. Ein Grenzort im Warndt*. Völklingen: Selbstverlag 1995, o. P. (Vorwort).

20 Vgl. zur akademischen Kritik am harmonisierenden Charakter der Gemeinschaftsorientierung von Ortschroniken z. B. Michael Elfner: Der Wandel von Dorf- und Stadtbild. In: Bundeszentrale für politische Bildung (Hrsg.): *Heimat. Analysen, Themen, Perspektiven*. Bonn: Selbstverlag 1990, S. 359–380; Carl-Hans Hauptmeyer: Heimatgeschichte heute. In: Ders. (Hrsg.): *Landesgeschichte heute*. Göttingen: Vandenhoeck & Ruprecht 1987, S. 77–96; Everhard Holtmann: Heimatbedarf in der Nachkriegszeit. In: Bernd Weisbrod (Hrsg.): *Von der Währungsreform zum Wirtschaftswunder. Wiederaufbau in Niedersachsen*. Hannover: Hahn 1998, S. 31–45; Wolfgang Kaschuba: Leben im Dorf. In: Hannes Heer/Volker Ullrich (Hrsg.): *Geschichte entdecken. Erfahrungen und Projekte der neuen Geschichtsbewegung*. Reinbek: Rowohlt 1985, S. 75–89; Ferdinand Kramer: Grundlinien der Geschichte oberbayerischer Dörfer am Beispiel Tuntenhausen. In: Ders. (Hrsg.): *Tuntenhausen. Vom Herrenhof zum Wallfahrtsdorf. Geschichtliche Grundlagen seiner Dorfentwicklung*. Weißenhorn: Konrad 1991, S. 13–24. Im Unterschied zur Heimatbuch-Perspektive, die die Konstruktion eines ‚geschlossenen, dörflichen Innenraums' fokussiert, kritisieren diese Studien nicht nur die ‚Schattenseiten' des Dorflebens; sie heben vielmehr die Gleichzeitigkeit von Integrations- und Ausschlussvorgängen sowie von Zwang und Freiwilligkeit hervor.

Dorfbild.[21] Dies lässt sich durch einen etwas längeren Blick in die 2010 erschienene Chronik von Harlingen im Saarland veranschaulichen, genauer gesagt in das Kapitel „Harlingen, wie es früher einmal war", das einen Querschnitt des Gemeinschaftslebens von den 1930er bis zu den 1960er Jahren präsentiert. Die Ausführungen beanspruchen zweifellos historische Gültigkeit, auch wenn konkrete Zeitangaben und Quellenbelege in diesem Abschnitt weitgehend fehlen. Letzteres unterstreicht in gewisser Weise die historisch-utopische Ambivalenz des Gemeinschaftsbilds. Zuerst liefert der Autor, Bruno Welsch, eine Zusammenschau der wichtigsten Berufsgruppen im Dorf aus der ‚Zeit der funktionierenden Dorfgemeinschaft'. Harlingen war, so heißt es hier:

> [...] ein idyllisches, von der Landwirtschaft geprägtes, reines Bauerndorf mit ca. 400 Einwohnern, davon zehn hauptberufliche Bauernbetriebe (Pferdebauern). Die Dorfbevölkerung bestand aber hauptsächlich aus Bergleuten, Hüttenarbeitern, Fabrikarbeitern, einigen Beamten und Angestellten sowie Krankenpflegern![22]

Entscheidend ist weniger die konkrete berufliche Zusammensetzung der Gemeinschaft, sondern vielmehr, dass alle Gruppen sich in einer solchen Weise ergänzt hätten, dass dadurch die existenziellen Bedürfnisse der Dörfler*innen gesichert gewesen seien. Es habe „keine Not" gegeben; allerseits sei „eine gut gefüllte Scheune, Speicher und Keller" vorhanden gewesen.[23] Welsch gibt Einblicke in ein Alltagsleben, in dem sich die Beiträge aller in natürlicher Weise aufeinander bezogen:

> Natürlich gehörten in ein intaktes Dorf auch selbständige Handwerksbetriebe wie Schneidermeister, derer gab es in Harlingen zwei. Sie fertigten seinerzeit die Alltags- und Festtagsbekleidung für die örtliche Bevölkerung

21 Vgl. zu den Formulierungen: Arbeitskreis Dorfchronik Westerloy: *Westerloy. Chronik unserer alten Bauernschaft*. Westerstede: Selbstverlag 1994, S. 5; Andreas Schönberger / Alfred Marx: *Gemeinde Klarenthal 1662–1962*. Saarlouis: Hausen 1962, S. 77.

22 Bruno Welsch: *Harlingen. Ein Dorf am Sonnenhang des Hohe Berges. Wallfahrtsort*. Merzig: Merziger Druckerei und Verlag 2010, S. 159.

23 Ebd.

> oder sonstige Auftraggeber. Je ein Schreiner, Stellmacher und ein Schmied waren hier ansässig. Sie fertigten oder reparierten die Gegenstände und Gerätschaften welche im täglichen Gebrauch sowie in der Landwirtschaft benötigt wurden. Der Stellmacher erstellte und reparierte den schweren Pferdewagen, den leichteren Kuhwagen oder das Ziehwägelchen, den Pflug, die Egge und vieles mehr. Der Schmied fertigte für die Gewerke des Stellmachers die erforderlichen eisernen Beschläge und Werkzeuge, wodurch diese gebrauchsfähig wurden, und besorgte den Hufbeschlag für die Zugtiere.[24]

Im Zentrum steht das Bild eines funktionierenden Organismus und nicht – wie in der lokalhistorischen Forschung – soziale Ungleichheit und Konflikte. Das Fazit lautet: „Einer war auf die Arbeitsleistung des anderen angewiesen."[25] Es habe zwar, so fährt der Autor fort, gemeinschaftliche Pflichten gegeben, doch seien die Dorfbewohner*innen diesen nicht aus Zwang, sondern aus Zusammengehörigkeitsgefühl und Opferbereitschaft nachgekommen. Ein überschaubares und ansehnliches Ortsbild habe sich aus dieser Grundlage von selbst ergeben – ebenso ein in sozialer Hinsicht „pulsierendes Leben".[26]
Der Anschluss des Saargebiets an das nationalsozialistische Deutschland im Jahr 1935 stellt in dieser Darstellung keine Zäsur dar. Der Autor erwähnt diesen ‚allgemeingeschichtlichen' Einschnitt zwar, doch bleibt er bezugslos zu der ungebrochenen Fortführung der dorfgeschichtlichen Erzählung; Auswirkungen auf das Gemeinschaftsleben sind in der Chronik-Darstellung praktisch nicht erkennbar. Im Mittelpunkt steht die Beschreibung von Dorffesten und lokalen Bräuchen. Die Einrichtung der Hitlerjugend, des Bundes Deutscher Mädel und nationalsozialistische Arbeitsbeschaffungsmaßnahmen, die der Autor erwähnt, erscheinen in diesem Bild als formale Veränderungen einer organisatorischen ‚Oberfläche'. Der Charakter des Dorflebens sei hingegen, daran lässt Welschs weitere Darstellung keine Zweifel, bis in die 1960er Jahre bestehen geblieben. Es heißt:

24 Ebd., S. 159–160.
25 Ebd., S. 160.
26 Ebd., S. 162.

> Das dörfliche Gemeinschaftsleben war seinerzeit sehr intensiv und von starkem Zusammenhalt geprägt. Nachbarschaftshilfe, wo sie erforderlich wurde, war eine Selbstverständlichkeit. Jeder kennt jeden, man stand füreinander ein. Dem Schicksal der Mitbürger wurde Teilnahme, Mitgefühl und Hilfsbereitschaft entgegen gebracht.[27]

Wie in zahlreichen anderen Chroniken auch steht die so charakterisierte historische Dorfgemeinschaft im Harlinger Heimatbuch ihrem gegenwärtigen Verfall gegenüber. Der Strukturwandel ländlicher Gesellschaften in der zweiten Hälfte des 20. Jahrhunderts habe das Gemeinschaftsleben auf eine harte Probe gestellt. Welche Elemente in diesem Zusammenhang Erwähnung finden, variiert von Buch zu Buch. Die Harlinger Chronik nennt beispielsweise den Wandel der „bäuerlichen Siedlungsstruktur" zu einer Wohn- und Pendlergemeinde und die „Technisierung" und „Motorisierung" des Alltagslebens, die den engen Kommunikationszusammenhang der Einwohner merklich gelockert habe.[28] In anderen Chroniken ist von einer zunehmend „schnellebigen Zeit" die Rede, von einem „hektischeren" oder stresserfüllteren Berufs- und Privatleben.[29] Viele Chronist*innen heben die bundesrepublikanischen Gemeindereformen der 1970er Jahre und die damit einhergehende Zusammenlegung von Versorgungs- und Verwaltungseinrichtungen als große Herausforderung hervor.[30] Für viele Chronikautor*innen der neuen Bundesländer hingegen stellt die Wiedervereinigung in Verbindung mit dem Wegzug zahlreicher Einwohner*innen und einem Anstieg der Arbeitslosigkeit ebenfalls einen entscheidenden Einschnitt dar.[31] In aller Regel bieten Ortschroniken

27 Welsch: *Harlingen*, S. 163.

28 Ebd., S. 193–194.

29 Vgl. für diese typischen Formulierungen z. B. Franz Overkott: *Gevelsberg. Die Kleineisen-Industriestadt an der Ennepe. Ein Heimatbuch.* Gevelsberg: Selbstverlag 1956, S. 7, 315–331; Liselotte Reinert: *Weiskirchen im Wandel der Zeit.* Weiskirchen: Selbstverlag 1993, S. 5.

30 Vgl. z. B. Emil Schneiderhan: *Chronik und Häusergeschichte Schönberg im Landkreis Weilheim-Schongau.* Weilheim: Selbstverlag 1977, S. 6–8; Martin Sedlmeier: *Chronik Markt Reichertshofen.* Reichertshofen: Selbstverlag 2011, S. 8.

31 Vgl. z. B. Walter Fricke: *Ortschronik von Pfaffschwende 1399–1999.* Pfaffschwende: Selbstverlag 1999, S. 73–75; Hildegard Wegener: *700 Jahre Klepelshagen. Ein Dorf in der Uckermark.* Milow: Schibri 1995, S. 7; Dorothea Strauss: *Userin. Dorf in Mecklenburg-Strelitz. Aus Geschichte und Gegenwart.* Neustrelitz: Lenover 1996, S. 54.

hierauf jedoch eine gleichlautende Antwort an: Die Rückbesinnung auf alte Gemeinschaftswerte, wie sie aus der Ortsgeschichte entnommen werden können, soll zu einer neuerlichen Stärkung des Gemeinschaftslebens beitragen.[32]

Die Dorf-Umwelt-Differenz

Von zentraler Bedeutung für die Geschichtsschreibung in Ortschroniken ist die Vorstellung der Geschlossenheit und Funktionsfähigkeit der Dorfgemeinschaft, die im Grunde den einzigen prägenden Faktor der gesamten Geschichte des Orts bis in die Gegenwart darstellt. Ihre Geschichte verlief, so scheint es, in einem historisch abtrennbaren Raum, unterschieden von der Geschichte einer eher diffusen ‚Umwelt'. In dieser Umwelt verorten Ortschronist*innen die Geschichte der Gesellschaft, der Nation, des Staates. Dabei habe der Erfahrungs- und Interessenhorizont der historischen Akteur*innen im Ort die Grenze der Dorfgeschichte im Grunde nicht überschritten. In der Ortschronik des Baden-Württembergischen Hegenlohe ist in paradigmatischer Weise über die Dorfbewohner*innen zu lesen:

> Es besteht nicht der Eindruck, daß sich die Hegenloher Vorväter viel ideologische Gedanken gemacht oder Gefühlen wie Liebe zum Herrscherhaus, Hingabe an den Staat usw. bestimmenden Raum gegeben hätten. Für sie stand der höchst ärmliche Alltag [...] völlig im Vordergrund ihrer in jeder Hinsicht eng begrenzten Überlegungen.[33]

Die grundlegende Trennung von Dorf und Umwelt in der Ortschronistik findet ihre Entsprechung in der Trennung von Alltag und Politik. Die Bedürfnisse der Dorfbewohner hätten sich im Wesentlichen auf Existenzielles gerichtet, allen voran auf einen ungestörten landwirtschaftlichen Betrieb und ein intaktes Familien- und

32 Vgl. als weitere Beispiele: Ortsgemeinde Hasselbach (Hrsg.): *750 Jahre Ortsgemeinde Hasselbach. 1262–2012.* Hasselbach: Selbstverlag 2012 S. 8–9; Willi Kneißl et al.: *1200 Jahre Pliening.* Pliening: Selbstverlag 2013, S. 145–152; Gerhard Stoffert / Bernd Sperlich: *Von Botvelde 1274 bis Bothfeld 2009. Chronik & Heimatbuch in zwei Teilen,* 2 Bde. Hannover: Selbstverlag 2009, S. 418.

33 Manfred Langhans: *Hegenloher Heimatbuch. Zugleich ein Beitrag zur Geschichte des mittleren Schurwaldes.* Hegenlohe: Selbstverlag 1969, S. 120.

Gemeinschaftsleben. Der Autor der Chronik von Großköllnbach hat dies auf den Punkt gebracht. Die Geschichte des bayerischen Orts sei im Grunde die Geschichte „des bäuerlichen und handwerklichen Lebens im Dorf". Zugleich sei diese Geschichte zu keiner Zeit „außerordentlich" ausgefallen. Das Vorwort der Chronik besagt: „Das dörfliche Leben ist ja wohl zu allen Zeiten im Grunde das gleiche gewesen. Es ging um Haus und Hof, um Säen und Ernten, um Geburt und Tod, um das Abhängigsein von Gott und den Menschen."[34] Sehr viele Heimatbücher führen vergleichbare Auflistungen alltäglicher Konstanten an, durch die sich die Dorfgeschichte gegenüber der nicht-alltäglichen Geschichte ihrer Umwelt abgrenze.[35]

Diese andere Seite der Dorf-Umwelt-Differenz fällt hingegen deutlich volatiler und diffuser aus. Sie ist die Sphäre von Politik, Ideologie, Konflikten und Kriegen. Nicht selten bricht die Geschichte der Umwelt von außen, in Form einer Katastrophe über die Dorfgeschichte herein. Sie ereignet sich plötzlich, schwer vorhersehbar und ohne substanziellen Bezug zu den Handlungen der Einwohner*innen. Aus dieser Perspektive ergibt sich kein wesentlicher Unterschied zwischen natürlichen und geschichtlichen Katastrophen, die das alltägliche Dorfleben in gleicher Weise erschweren oder gar zeitweise aussetzen lassen. In der Chronik von Leubingen in Thüringen ist beispielsweise zu lesen: „Unser Dorf wurde von nichts verschont. Katastrophen, Krankheiten, Brände und Hochwasser zeichneten es schwer. Kriege, Raub und Plünderung brachten es an den Rand seiner Existenz."[36] Eine vergleichbare Auflistung von Naturkatastrophen und Kriegen – dem beständigen landwirtschaftlichen Alltag entgegengesetzt – bietet die Chronik von Dernbach im Westerwald:

> Die 700-jährige Geschichte unseres Dorfes ist in erster Linie die Geschichte der Menschen und ihrer Lebensumstände. Armut, Krankheiten, Feuersbrunst und Kriege bedrohten die Menschen zu allen Zeiten

34 Adolf Moser: *Aus der Geschichte Großköllnbachs sowie der Grafen von Leonsberg und des Landgerichts Leonsberg.* Pullach: Selbstverlag 1958, S. V.

35 Vgl. darüber hinaus den paradigmatischen Titel der Chronik von Waren an der Müritz: Jürgen Kniesz: *Acht Jahrhunderte Alltag. Chronik der Stadt Waren (Müritz).* Waren a. d. Müritz: Selbstverlag 2013.

36 Heimatfreunde Leubingen e. V.: *Heimatbuch des Dorfes Leubingen. Von der Ersterwähnung bis zur Gegenwart.* Sömmerda: Selbstverlag 2005, S. 3.

> und gingen über unser Dorf hinweg. Die Landwirtschaft dominierte und ernährte über Jahrhunderte die Leute bis weit ins 20. Jahrhundert hinein.[37]

Die Dorf-Umwelt-Differenz nimmt in der Ortschronik-Geschichtsschreibung eine dezidiert räumliche Ausprägung an. Die Dorfgeschichte ist an die räumliche Integrität des Ortes und seiner Gemeinschaft gebunden; sie ist im Prinzip deckungsgleich mit den engen topologischen Grenzen der Gemeinde. In diesem Sinne korrelieren zahlreiche Chroniken die geografische Abgeschiedenheit ihrer Orte mit einer ‚geschichtlichen Abgeschiedenheit'. Die Chronisten von Eiweiler im Saarland erläutern: „Eiweiler, in einem engen Tal am Fuße des Petersberges gelegen, war früher eher bekannt durch seine Abgeschiedenheit und verkehrsmäßige Randlage als durch große Ereignisse."[38] In genau diesem Sinne trägt die Chronik des niedersächsischen Ellierode den Untertitel „das verborgene Dorf", zurückgehend auf eine Anekdote vom Ende des Zweiten Weltkriegs: Die Lage der Gemeinde in einem engen Tal am Rande des Harzes habe dazu geführt, dass der Ort ganze zwei Wochen lang von den US-amerikanischen Besatzern „übersehen" worden sei.[39] Die Chronik von Georgsdorf im Landkreis Grafschaft Bentheim, um ein weiteres Beispiel anzuführen, treibt diesen Kontrast zwischen bukolischer Ruhe und kriegsgeschichtlichem Chaos auf die Spitze:

> Es war in den ersten Monaten des Kriegsjahres 1942. Während die Völker der Erde im heißen und blutigen Ringen standen, breiteten sich über dem Osterwalder Bruch dank seiner Abgeschiedenheit ein tiefer Friede und eine ungestörte Ruhe aus. Eine dünne, gefrorene Schneedecke lagert über weiten Wiesenflächen, ein bezauberndes Bild.[40]

37 Ortsgemeinde Dernbach (Hrsg.): *700 Jahre Dernbach – 1300–2000.* Rheinbreitbach: Selbstverlag 2000, S. 7.

38 Viktor Heck / Edwin Didas: *Eiweiler Lesebuch. Geschichte und Geschichte aus unserem Dorf.* Nonnweiler: Selbstverlag 1999, S. 204.

39 Kurt Kronenberg: *Ellierode. Das verborgene Dorf. Chronik.* Bad Gandersheim: Hertel 1963, S. 5.

40 Gemeinde Georgsdorf (Hrsg.): *Georgsdorf – eine Ortschronik.* Nordhorn: Selbstverlag 1991, S. 122, zit. n. Jan Smoor: Der erste Bohrturm im Ölfeld Georgsdorf. In: *Jahrbuch des Heimatvereins der Grafschaft Bentheim* (1953), S. 145–146, hier S. 145. Es ist evident, dass viele der hier zitierten Passagen der ‚Vergangenheitsbewältigung' zuspielen. Das heißt insbesondere, dass sie ‚Heimat' als grundlegend

Der historisch wie geografisch gleichermaßen abgeschiedene Behälterraum, den Ortschroniken konstruieren, ist der Ort der Dorfgemeinschaft. Dieser Behälterraum weist – in scharfer Abgrenzung zur Umwelt – eine auffallende historische Kontinuität auf. In ihm hat die Gemeinschaft vermeintlich Jahrhunderte schicksalhafter Belastungen überdauert. Die Geschichte der Umwelt hat dabei in unterschiedlich heftiger Weise auf diesen Raum eingewirkt. Dieses ‚einkanalige' Modell unterscheidet sich wiederum deutlich von wissenschaftlichen Paradigmen. Die akademische Alltagsgeschichte hat – ebenso wie die ‚kritische Geschichtsbewegung' – seit den 1970er Jahren immer wieder die grundsätzliche Wechselseitigkeit von Mikro- und Makrogeschichte betont.[41] Die Ortschronistik geht hingegen von einem asymmetrischen, nahezu deterministischen Verhältnis der Umwelt gegenüber dem Dorf aus. Phasen der relativen „Ruhe", „Normalität", „Ordnung" wechseln sich hierbei mit Phasen gesteigerten äußeren Drucks ab. Die Zeit des Zweiten Weltkriegs, auf die die zuletzt zitierten Beispiele Bezug nehmen, stellt in dieser Hinsicht eine besonders belastende Phase dar. Allerdings bleibt die Trennung von dörflichem Alltag und politischer Umweltgeschichte in Ortschroniken gerade auch bei der Behandlung des Nationalsozialismus erhalten.[42] Hierzu

passive Entität konstruieren, die zwar Leid erfahren, aber niemals selbst zufügen kann (vgl. Alon Confino: „This lovely country you will never forget". Kriegserinnerungen und Heimatkonzepte in der Nachkriegszeit. In: Habbo Knoch (Hrsg.): *Das Erbe der Provinz. Heimatkultur und Geschichtspolitik nach 1945*. Göttingen: Wallstein 2001, S. 235–251, hier S. 241–243). Derartige Aussagen delegieren die historische Verantwortung für die nationalsozialistischen Verbrechen an ‚externe' Instanzen, die in der ‚historischen Umwelt' des Dorfs zu verorten sind. Diese Entlastungsstrategie ist nicht nur kompatibel mit der Dorf-Umwelt-Trennung von Ortschroniken, sie führt die frühen gesellschaftlichen Formen der ‚Vergangenheitsbewältigung' der 1950er und 1960er Jahre im lokalen Bereich scheinbar ungebrochen fort, vgl. z. B. Christoph Cornelißen: Erforschung und Erinnerung – Historiker und die zweite Geschichte. In: Peter Reichel / Harald Schmid / Peter Steinbach (Hrsg.): *Der Nationalsozialismus – Die zweite Geschichte. Überwindung – Deutung – Erinnerung*. München: Beck 2009, S. 217–242. Zur Kritik daran vgl. die in den Anmerkungen 10 und 12 genannten Texte. Weitere Ausführungen zu diesem Aspekt finden sich in: Thomaschke: *Abseits*, S. 199–203.

41 Vgl. Thomaschke: *Abseits*, S. 242–244.

42 Vgl. Dirk Thomaschke: Die „Große Politik" und das „Leben der Menschen". Der Umgang mit dem Nationalsozialismus in nordfriesischen Ortschroniken seit den 1980er Jahren. In: *Demokratische Geschichte* 20 (2009), S. 285–308.

ein Beispiel aus Ilten in Niedersachsen; über die NS-Zeit ist in der Chronik zu lesen:

> Ilten war hineingeraten in diese Welle, die sich national dünkte und die über unser ganzes Vaterland dahinbrauste. [...] Die Zeit von 1933 kam und ging wie ein böser Alptraum, obwohl äußerlich es scheinen konnte, als ob sie unser Ilten innerlich erfaßt haben könnte. Man darf sagen, daß unserem Ilten der Nationalsozialismus im Grunde durchaus wesensfremd geblieben war.[43]

Das ‚Dritte Reich' erscheint als Episode einer ephemeren, externen Politisierung des Dorflebens. So konzeptualisiert es auch die Chronik von Oster-Ohrstedt in Nordfriesland, die aus dem Tagebuch des Dorflehrers aus den 1930er Jahren zitiert. In der Chronik von 1989 steht dazu:

> Auch Kröger kommentierte die politischen Ereignisse ganz im Stil der damaligen Zeit, was für eine Chronik ja auch angebracht war. Seine Aufzeichnungen lassen ihn aber vor allem als einen Menschen erscheinen, der eine freundliche Schulstube, ein gemütliches Heim und seinen Garten für sein Wohlbefinden benötigte.[44]

Dieses Beispiel stilisiert den Wechsel der politischen Systeme zu einer ‚zeittypischen Färbung', die die tatsächliche Mentalität der Dorfbewohner*innen im Grunde nur maskiert, aber nicht wesentlich verändert habe.

Die ununterbrochene Linie der Ortsgeschichte

Die Konstruktion einer geschlossenen Dorfgemeinschaft korreliert im Ortschronik-Genre mit der Hermetik ihrer historiografischen Dorf-Umwelt-Differenz. Letztere fasst das Dorf als Behälterraum ‚abseits der allgemeinen Geschichte', die die Gemeinschaft beinhaltet

43 Hugo Remmert: *Aus Iltens Geschichte*, Bd. 1. Sehnde: Selbstverlag 1962, S. 397.

44 Gemeinde Oster-Ohrstedt (Hrsg.): *Chronik der Gemeinde Oster-Ohrstedt*. Oster-Ohrstedt: Selbstverlag 1989, S. 68.

und gleichsam von ihr zusammengehalten wird. Beide Momente entsprechen darüber hinaus einer spezifischen Zeitstruktur der Geschichtsschreibung von Heimatbüchern.[45] Chronikautor*innen trennen zwei unabhängig voneinander verlaufende Zeitlinien. Die eine für das Genre essenzielle Zeitlinie verläuft relativ konstant und ohne große Ausschläge; sie ist der Dorfgeschichte zugeordnet. In der Chronik von Flegessen in Niedersachsen heißt es: „Mit dieser Chronik entstand für den Leser eine ununterbrochene Linie, die vor fast 700 Jahren beginnt und sich bis in die Gegenwart hinzieht."[46] Die andere Linie, der Umwelt zugehörig, läuft zwar parallel zur Dorfgeschichte, doch im Grunde getrennt von dieser; sie ist durch scharfe Einschnitte, Brüche und ständigen Wechsel gekennzeichnet. Sie überlagert die Linie der Ortsgeschichte zeitweise und markiert dadurch Phasen ‚schicksalhafter Belastungen' der Dorfgeschichte auf der einen Seite und Phasen der Entspannung und des ‚Wiederaufbaus' auf der anderen Seite.

Dieses Schema steht wiederum mit dem Selbstverständnis des Genres in Verbindung. In einer (impliziten) Absetzbewegung zur akademischen Geschichtsschreibung reklamieren Ortschroniken die Zuständigkeit für die ‚ununterbrochene, ortsgeschichtliche Zeitlinie' für sich. In diesem Rahmen streben Chroniken danach, den gesamten Zeitraum der Dorfgeschichte abzudecken: vom „Ursprung in die Gegenwart", wie der Untertitel der Chronik von Lohnde in Niedersachsen lautet.[47] Dabei ist kaum ein Vorfall zu unbedeutend oder zu ‚klein', um Erwähnung zu finden. Vor dem Hintergrund des prinzipiell gleichförmigen Verlaufs der ortschronistischen Zeitlinie kommt den Ereignissen ein mehr oder weniger gleichartiger Stellenwert zu.[48] Entscheidend ist, dass es Heimatbüchern nicht darum geht, die Ortsgeschichte in übergreifende historische Entwicklungen einzubetten und sie in eine direkte Beziehung zu den Umbrüchen der ‚großen Geschichte'

45 Vgl. Thomaschke: *Abseits*, S. 51–61.

46 Heinrich Niclas: *Chronik von Flegessen*. Hannover: Wiesel 1958, S. 285.

47 Ortsrat Lohnde (Hrsg.): *Ortsgeschichte Lohnde. Vom Ursprung in die Gegenwart*, Bd. 1. Seelze: Selbstverlag 1982.

48 Dies steht einer fortlaufenden Fortschrittserzählung allerdings nicht entgegen. Demnach zeichnet sich die Ortsgeschichte Chroniken zufolge über die Jahrhunderte durch die Verbesserung des Lebensstandards aus, vor allem im Blick auf eine Modernisierung und Erleichterung des Arbeits- und Wohnalltags. Vgl. z. B. Reinert: *Weiskirchen*, S. 5.

zu setzen. Die Geschichte der überzeitlichen Dorfgemeinschaft setzt sich scheinbar unabhängig vom Wechselspiel der Umwelt fort. Daran konnten weder die kriegerischen Auseinandersetzungen vergangener Jahrhunderte, weder die Weltkriege des 20. Jahrhunderts, weder die politischen Systemwechsel noch der vergleichsweise allmähliche Strukturwandel etwas Wesentliches ändern.

Schluss

Vieles spricht dafür, Ortschroniken und Heimatbücher als eigenständiges Genre wahrzunehmen. Auch wenn Zielgruppe und historischer Fokus von Chroniken im Einzelnen (bewusst) sehr begrenzt ausfallen, so zeigt ihr bundesweiter Vergleich doch überraschende Gemeinsamkeiten bei der Konstruktion von Geschichte – Gemeinsamkeiten, die eine auffallende Konstanz durch alle Jahrzehnte der Bundesrepublik hindurch aufweisen und deren Kontinuität in offenkundiger Diskrepanz zu den Konjunkturen nationalöffentlicher Geschichtsdebatten steht. Über die Gründe dieser landesweiten Vergleichbarkeit lässt sich bislang nur spekulieren; auch wären weitere Medien der lokalen Erinnerungskultur auf die hier herausgearbeiteten historiografischen Muster zu befragen. Klar ist, dass die Untersuchung von Ortschroniken die Wichtigkeit einer ‚Lokalisierung' der erinnerungskulturellen Forschung unterstreicht. Malte Thießen hat jüngst vorgeschlagen, zwischen dem individuellen und dem gesellschaftlichen bzw. dem privaten und dem offiziellen Gedächtnis eine weitere kommunale Ebene einzuziehen.[49] Die vergleichende Analyse von Ortschroniken zeigt die Sinnhaftigkeit dieser Forderung. Der genrebestimmende Zusammenhang von Dorfgemeinschaftsorientierung und Dorf-Umwelt-Differenz legt nahe, dass in ländlichen Räumen ein von akademischen, politischen und massenmedialen Debatten unabhängiges Geschichtsbild floriert. Dabei ließ sich an Ortschroniken besonders anschaulich demonstrieren, wie eng der Entstehungskontext mit den Inhalten und Perspektiven des Genres verflochten ist – oder

49 Malte Thießen: Das kollektive Gedächtnis als lokales Gedächtnis. Plädoyer für eine Lokalisierung von Geschichtspolitik. In: Harald Schmid (Hrsg.): *Geschichtspolitik und kollektives Gedächtnis. Erinnerungskulturen in Theorie und Praxis.* Göttingen: V&R unipress 2009, S. 159–180.

allgemeiner: dass Botschaft und Medium wechselseitig und untrennbar miteinander verwoben sind.
Wie wir gesehen haben, ist diese lokale Ebene der Erinnerungskultur von spezifischen Subjektivierungsprozessen geprägt. Es ist davon auszugehen, dass Chroniken zum einen vorhandene Selbstbilder der Autor*innen, Mitwirkenden und Leser*innen aufnehmen, diese zum anderen jedoch auch formen. Ortschroniken stellen Identifikationsangebote für einen eng begrenzten Kreis von biografisch an den jeweiligen Ort gebundenen Personen zur Verfügung. Die enge geografische Einschränkung des Leser*innenkreises ist nicht zwangsläufig einer tatsächlich existierenden Gruppenidentität geschuldet, Ortschroniken sind mindestens so sehr an der Erzeugung einer solchen Identität beteiligt, als dass sie sie voraussetzen. Sie bieten dabei ein vortreffliches Beispiel dafür, wie eng Raum- und Identitätskonstruktionen im Feld der Erinnerungskultur miteinander verschränkt sind. Der Fokus auf eine vermeintlich räumlich situierte, kohärente Dorfgemeinschaft bedingt sich gegenseitig mit dem unterschwelligen Geschichtsbild von Chroniken, das von einer scharfen Trennung von Dorf und Umwelt ausgeht. Ohne dies bewusst zu reflektieren, orientiert sich die Verarbeitung von Geschichte in Heimatbüchern an dieser zentralen Differenz. Die identitätsbildenden Mechanismen in Chroniken sind an diese fast hermetische Innen-Außen-Grenze gebunden. Aus der Distanz betrachtet verweist diese Differenz jedoch nicht – dem Selbstbild von Chroniken entsprechend – auf eine geschlossene Einheit, sondern eben auf ihren differenziellen Charakter – und damit auch auf die Gleichzeitigkeit von Integrations- und Ausschlussprozessen, die jeden Identitätsbildungsprozess auszeichnet. Gerade dieser Aspekt eröffnet ein vielversprechendes Feld für weitere Forschungen, insbesondere für ethnografische und praxeologische Untersuchungsdesigns.[50]
Ohne einem ausdrücklichen Programm zu folgen, stellen Heimatbücher eine Gegenbewegung *in praxi* dar zu vorherrschenden akademischen Raum-, Identitäts- und Geschichtsvorstellungen, die eine Öffnung und Deessentialisierung von Heimatkonzepten propagieren.

50 Vgl. hierzu auch die Vorschläge in Thießen: Gedächtnis. Vgl. zum differenziellen Charakter von Identität z. B. Bernhard Giesen: *Kollektive Identität. Die Intellektuellen und die Nation 2*. Frankfurt am Main: Suhrkamp 1999.

Chroniken streben in einer gegenläufigen Bewegung danach, die Heimat ‚geschlossen' zu halten, sie als Geschichte eines klar bestimmbaren Orts ein- und abzugrenzen. An dieser Stelle reicht ein kursorischer Blick auf die Neue Heimatbewegung aus, die sich seit den 1970er Jahren in verschiedenen geistes- und gesellschaftswissenschaftlichen Fachkulturen verbreitete, insbesondere der Volkskunde und der Geschichtswissenschaft:[51] Die Leiterin des 1974 gegründeten Instituts für Kulturanthropologie und Europäische Ethnologie an der Universität Frankfurt am Main, Ina-Maria Greverus, ging in ihrer vielzitierten Programmschrift *Auf der Suche nach Heimat* aus dem Jahr 1979 davon aus, dass der Heimatbegriff eng an „menschliche Raumansprüche" gebunden sei.[52] Doch betonte sie vor allem den Konstruktionscharakter und die Prozesshaftigkeit von Heimat; sie sei stets fragiles Ergebnis eines aktiven Aneignungsprozesses. Ortschroniken gehen hingegen von der Gegebenheit von Heimat in einem geografisch lokalisierbaren Sinn aus – als spezifischer Kulturlandschaft, stabile Tradition und Kontinuität von Werten und Normen. Dabei handelt es sich um ein Konzept, das die wissenschaftliche Heimatforschung spätestens seit den 1970er Jahren für überholt hält – nicht nur, was seinen essentialistischen Charakter, sondern auch was seine ‚Geschlossenheit' angeht. Gunther Gebhard, Oliver Geisler und Steffen Schröter haben eine paradigmatische Periodisierung des akademischen Heimatbegriffs vorgeschlagen, die von einer Schwerpunktverlagerung zwischen den Polen der Offenheit und Geschlossenheit ausgeht. Die Neue Heimatbewegung habe zu einer (konstruktivistischen) „Öffnung" des Begriffs geführt.[53] Die Ethnologen Michael Dickhardt und Brigitta Hauser-Schäublin knüpfen hieran an und schreiben über die überkommene Praxis ihres Fachs bis in die 1960er Jahre: „[Ü]ber die Jahrzehnte angefertigte Dorfstudien [hatten] allein aufgrund ihrer

51 Eine übergreifende Darstellung der Neuen Heimatbewegung steht noch aus; vgl. Thomaschke: *Abseits*, S. 205–228.

52 Ina-Maria Greverus: *Auf der Suche nach Heimat*. Frankfurt am Main: Suhrkamp 1979, S. 27.

53 Gunther Gebhard / Oliver Geisler / Steffen Schröter: Heimatdenken. Konjunkturen und Konturen. Statt einer Einleitung. In: Dies. (Hrsg): *Heimat. Konturen und Konjunkturen eines umstrittenen Konzepts*. Bielefeld: Transcript 2007, S. 9–56, hier S. 44–45.

methodischen Anlage eine homogenisierende, totalisierende und essenzialisierende Weltbeschreibung praktiziert […], die Gesellschaften und Kulturen im Sinne distinkter Einheiten an konkrete definierbare Orte" gebunden hatten.[54] Die Übertragbarkeit dieser Beobachtung auf Ortschroniken bis zur Gegenwart fällt direkt ins Auge. In der wissenschaftlichen Analyse lässt sich dabei sehr deutlich zeigen, dass Chroniken die distinkte Räumlichkeit ‚ihres Orts' durch die spezifischen Verarbeitungsmuster des Genres konstruieren – und nicht ihrem Selbstverständnis entsprechend in der Geschichte ‚vorfinden'. Dieser Konstruktionscharakter zeichnet Heimatbücher sowohl im Hinblick auf die räumliche Geschlossenheit des Dorfs als auch auf die Kontinuität der Dorfgemeinschaft aus.

Die Ortschronistik als ‚praktische Gegenbewegung' gegen die wissenschaftliche Heimatforschung hat eine weitere Dimension: Sie strebt zugleich nach einer ‚Entpolitisierung' von Heimat. Im Chronikbild kommt ‚politischen Spaltungen' innerhalb des Orts eine nachrangige Bedeutung gegenüber dem dominanten Topos der Dorfgemeinschaft zu. Die ‚eigentliche Politik' wird in einer überregionalen, dem Dorf äußerlichen Sphäre verortet. Die akademische Alltagsgeschichte hat seit ihrem Aufkommen in den 1970er Jahren demgegenüber stets die Wechselseitigkeit von Mikro- und Makroebene sowie die Politisierung des Alltags betont.[55] In Allianz mit der Neuen Heimatbewegung trachtete sie zwar danach, die konservative und nationalistische Färbung der älteren Heimatgeschichte zu überwinden, doch wollte sie keineswegs jegliche politische Bedeutung von Heimat negieren. Im Gegenteil, Heimat sollte politisch neu besetzt werden: Sie sollte einen offenen, aktiven, konstruktiven Prozess der Aneignung von Räumen und Lebenswelten durch demokratische, emanzipierte Staatsbürger*innen bezeichnen. Die Geschichtsschreibung in Ortschroniken bewegt sich jenseits dieser Gegenüberstellung von

54 Michael Dickhardt / Brigitta Hauser-Schäublin: Einleitung. Eine Theorie kultureller Räumlichkeit als Deutungsrahmen. In: Dies. (Hrsg.): *Kulturelle Räume – räumliche Kultur. Zur Neubestimmung des Verhältnisses zweier fundamentaler Kategorien menschlicher Praxis*. Münster / Hamburg / London: Lit, S. 13–42, hier S. 17.

55 Vgl. Dirk von Laak: Alltagsgeschichte. In: Michael Maurer (Hrsg.): *Aufriß der Historischen Wissenschaften in sieben Bänden*, Bd. 7: Neue Themen und Methoden. Stuttgart: Reclam 2003, S. 14–80, hier S. 34–35.

konservativer und emanzipatorischer Heimatforschung – wiederum ohne einer bestimmten Programmatik zu folgen. Chroniken schreiben die Geschichte einer entpolitisierten Heimat. Dies gilt sowohl im Hinblick auf konservativ-nationalistische als auch die emanzipatorischen Strömungen. Wie gesehen korreliert die Trennung von Dorf- und Umweltgeschichte mit einer ebenso scharfen Trennung von ‚Alltag' und ‚Politik'. Aus wissenschaftlicher Sicht lässt sich diese (implizite) Stoßrichtung von Heimatbüchern freilich selbst als Politikum deuten, insbesondere im Kontext der „Vergangenheitsbewältigung".[56] Demnach ist gerade der Versuch, das Dorf, seine Gemeinschaft und seine Geschichte weitgehend zu entpolitisieren, ein eminent politischer Akt. Es lässt sich zuspitzen: Die massenhaft verbreiteten, in ihrer erinnerungskulturellen Wirkung kaum zu unterschätzenden Ortschroniken und Heimatbücher schreiben Lokalgeschichte nicht im Kontext der Geschichte von Gesellschaft und Nation, sie schreiben die Geschichte ihrer Dörfer faktisch ‚aus dieser Geschichte heraus'.

56 Vgl. dazu grundlegend Everhard Holtmann: *Politik und Nichtpolitik. Lokale Erscheinungsformen politischer Kultur im frühen Nachkriegsdeutschland. Das Beispiel Unna und Kamen*. Opladen: Westdeutscher Verlag 1989.

Tamara Frey

„Freud und Leid eines Pflanzers im tropischen Afrika teilen"

Deutsche Heiratsannoncen im kolonialen Kontext

Unter den Heiratsannoncen, die am 5. März 1908 im *Berliner Tageblatt* erschienen sind, sticht eine Anzeige besonders hervor. Nicht nur ihr besonderes Format, das die gängige Spalteneinteilung der Zeitungsseite durchbricht, lenkt die Blicke auf sie. Auch eine große, eingerückte Überschrift in serifenloser Antiqua lässt sie hervortreten.

> Plantagenbesitzer
> wünscht mit vorurteilsfreier, charakterfester junger Dame, die geneigt wäre, Freud und Leid eines Pflanzers im tropischen Afrika mit ihm zu teilen, zwecks Heirat in Korrespondenz zu treten. Zur Zeit in Afrika daher Antwort erst in 8 Wochen möglich. Strengste Diskretion zugesichert und erwartet. Gefl. Briefe nebst Photographie erbitte vertrauensvoll unter F. S. R. 623 an die Expedition dieses Blattes zur Weiterbeförderung.[1]

Der Wortlaut der Annonce konnte durchaus die Aufmerksamkeit der Leserinnen und Leser erregen, tauchten Ehegesuche aus den Kolonien doch nicht alltäglich zwischen den zahlreichen Heiratsannoncen auf, die schon seit einigen Jahrzehnten zum Inventar der Anzeigenseiten

1 *Berliner Tageblatt und Handelszeitung*, 05.03.1908, Chiffre F. S. R.623 (im Folgenden BT-Pflanzer). Die Zeitung liegt in digitalisierter Form vor unter: http://zefys.staatsbibliothek-berlin.de/list/title/zdb/27646518/ (Zugriff am 16.02.2017).

des Wilhelminischen Kaiserreiches gehörten.[2] Umso erstaunlicher ist es, dass sich in dieser Ausgabe des *Berliner Tageblatts* noch eine zweite Annonce findet, die ebenfalls eine Überseeheirat zum Ziel hatte. In dieser wünschte ein „junger tüchtiger Mann, Anfang der 27, in sehr guter Stellung in Kamerun" mit einer „jungen vermögenden Dame" zwecks späterer Verehelichung in Briefwechsel zu treten, sicherte Diskretion zu und erbat sich Fotografien der Interessentinnen.[3]
Diese kleinen, eng bedruckten Rechtecke, die Heiratsannoncen darstellten, sollten nicht als bloße Anekdoten der Mediengeschichte abgetan werden. In ihnen kreuzten sich Diskurse unterschiedlichster Herkunft, deren öffentliche Relevanz über die reine Eheanbahnung zweier Menschen hinausging und die doch integrale Bedeutung für das Zustandekommen oder Nichtzustandekommen eines Kontakts besaßen. Durch eine theoretische Einordnung der Heiratsannonce als medial bereitgestellter Kommunikationsraum, in dem sowohl Anpassungs- als auch Aushandlungsprozesse stattfanden, die die Ausgestaltung des dargestellten Ausschnitts des Selbst der Inserierenden bestimmten, soll im Folgenden zunächst der These eines ‚verräumlichten Selbst' als reziprokes „doing gender while doing space"[4] in den Annoncen nachgegangen werden. Ausgehend von sechs Anzeigen, die in den Jahren 1903 und 1908 in den beiden Generalanzeigern *Berliner Tageblatt* (*BT*) und *Münchner Neueste Nachrichten* (*MNN*) von deutschen Männern geschaltet wurden, die angaben, in afrikanischen Gebieten zu leben, sollen die Einflüsse und Bedeutungen verschiedener öffentlicher Diskurse in der Kolonie sowie der Metropole[5] auf die in den Anzeigen vorgenommenen Personendarstellungen untersucht werden.

2 Über die Gebräuchlichkeit der Heiratsannoncen schrieb bereits 1873 der nicht namentlich genannte Autor des Artikels: Die Ehezeitung. In: *Gartenlaube* 38 (1873), S. 613–615.

3 *Berliner Tageblatt und Handelszeitung*, 05.03.1908, Chiffre J. V. 8551 (im Folgenden BT-Kamerun).

4 Die Diskussion um Zusammenhänge von *doing space* und *doing gender* erfolgte im Kontext des DFG-Graduiertenkollegs 1599 „Dynamiken von Raum und Geschlecht" (http://www.raum-geschlecht.gwdg.de/ (Zugriff am 16.02.2017)).

5 Zum Wechselverhältnis zwischen den Konzepten von Kolonie und Metropole siehe Catherine Hall: *Civilising Subjects. Metropole and Colony in the English Imagination 1830–1867*. Oxford: Polity 2002.

Dabei wird in einem Zusammenspiel aus theoretischen Elementen und gesellschaftlichen Einflussfaktoren eine detaillierte Analyse der konkreten Anzeigeninhalte vorgenommen, die mit Befunden aus einer groß angelegten Untersuchung von Heiratsannoncen aus verschiedenen Zeitungen des Kaiserreichs verglichen werden, um Gleichförmigkeiten oder Abweichungen zu Heiratsannoncen ohne kolonialen Kontext herauszustellen.[6] Im letzten Teil werden diese Ergebnisse vor dem Hintergrund zeitgenössischer Diskurse von Geschlecht und Ethnie sowie den damit verwobenen Implikationen des kolonialen Lebens reflektiert.

Zwei der Annoncen wurden einleitend bereits vorgestellt. In einer weiteren Annonce aus dem *Berliner Tageblatt* vom 14. Juli 1908 inserierte ein deutscher „Plantagendirector“ aus dem damaligen Deutsch-Ostafrika. Neben seiner beruflichen Stellung gab er von sich lediglich ein ungefähres Alter preis (in den Dreißigern), formulierte jedoch für seine Wunschpartnerin umfangreiche Angaben: Sie sollte nicht unter 23 Jahren, gesund, hübsch, heiter, wirtschaftlich und in der Küche erfahren sein. Vermögen war erwünscht, jedoch nicht Bedingung. Der Inserent bat ausdrücklich um Antworten von Frauen, welche „sich der Einsamkeit in der Wildnis widmen wollen“, und sicherte Diskretion sowie die Zurücksendung der übermittelten Fotografie innerhalb von drei Monaten zu.[7]

Am 19. August 1903 erschien in den *Münchner Neuesten Nachrichten* die gemeinsam erstellte Heiratsannonce zweier Männer, die im damaligen Deutsch-Südwest-Afrika lebten. Über sich selbst gaben sie nur ihren Beruf (Farmer) und ihr Alter (27/29 Jahre) an. Sie waren auf der Suche nach „Lebensgefährtinnen mit einfachem, häusl[ichen] Sinn“ und betonten, dass auch Witwen mit Kindern als zukünftige Partnerinnen nicht ausgeschlossen seien. Zwei Zeilen ihrer Anzeige widmeten sie den Orts- und Zustandsbeschreibungen ihrer Farmen

6 Für das Dissertationsprojekt *„Strengste Verschwiegenheit auf Manneswort!“ Eine Analyse von Heiratsannoncen im Kaiserreich* (Universität Göttingen, 2017) wurden von der Autorin knapp 2.400 Heiratsannoncen aus 20 Zeitungen/Zeitschriften und sechs Untersuchungsjahren ausgewertet.

7 *Berliner Tageblatt und Handelszeitung*, 14.07.1908, Chiffre J. D. 5882 (im Folgenden BT-Direktor).

(Norden/„gesunde Gegend") und gaben an, diese bereits mehrjährig zu bewirtschaften. Auch sie erhofften Antworten mit Fotografien.[8]
Ebenfalls gemeinsam inserierten am 23. April 1908 zwei „Schutztruppler im Alter von 28 Jhr." Sie legten dar, sich als Farmer in Südwestafrika ansiedeln zu wollen, „von anständigem, edlen Charakter" und schon vier Jahre im Land zu sein. Über ihre Wunschpartnerinnen machten die beiden kaum Angaben, lediglich etwas Vermögen war erwünscht. Doch auch sie baten in ihrer Anzeige um eine Fotografie der Interessentinnen. Für den Briefverkehr „zu gegens. kennen lernen" sicherten auch sie „[r]eelle Verschwiegenheit" zu.[9]
Die Annonce eines im damaligen Deutsch-Ostafrika lebenden Manns zeigte mit über 30 Zeilen eine überdurchschnittliche Länge: Der Inserent leitete die Anzeige mit einer Selbstbeschreibung zur akademischen Bildung ein, gab dann Alter (26) und Größe (mittel) an und beschrieb sich als Person mit einem „sympathisch. Aeußeren, vornehm. Charakter und vorurteilsfreier Gesinnung". Auch verfüge er über eine feste Stellung sowie ein entsprechendes Gehalt (8000 M.) und erwarte überdies noch ein Vermögen. Der Akademiker hoffte auf einen Briefwechsel „mit eleg., wohlerzog., mit körperlichen wie geistigen Vorzügen ausgestatteter" Dame, die möglichst musikalisch sein sollte, „bis zu gleichem Alter" und die auch bereit sei, ihre „deutsche Heimat" mit einer „unvergleichbar schön. Gegend uns. Schutzgebietes zu vertauschen". Professionelle Vermittler lehnte er genauso ab wie anonyme Zuschriften. Auch er wünschte eine Fotografie, mit der er diskret verfahren und die er sofort zurücksenden würde, obendrein sicherte er Diskretion zu.[10]
In den Selbstbeschreibungen der sechs vorgestellten Anzeigen aus Übersee fällt auf, dass sich die Inserierenden vor allem der Elemente Anstellung bzw. Landbesitz und Alter bedienten, um sich selbst potentiellen Interessentinnen zu präsentieren. In fünf der sechs Annoncen wurde eine berufliche Tätigkeit genannt, lediglich der Inserent der

8 *Münchner Neueste Nachrichten*, 19.08.1903, Zweite Ausgabe, Chiffre K. H. 150 (im Folgenden MNN-Farmer).

9 *Münchner Neueste Nachrichten*, 23.04.1908, Erste Ausgabe, Chiffre R. L. M. Sch. (im Folgenden MNN-Schutztruppler).

10 *Münchner Neueste Nachrichten*, 14.06.1908, Dritte Ausgabe, Chiffre Ch. K. Z. 26 (im Folgenden MNN-Akademiker).

Anzeige MNN-Akademiker machte hierzu keine Angaben. Die Inserenten waren zwischen 20 und 30 Jahre alt und lagen somit im durchschnittlichen Heiratsalter der Zeit.[11]

Die Heiratsannonce als Kommunikationsraum

Durch die Lokalisation einer bestimmten Praktik, der Eheanbahnung, in einem medial bereitgestellten Kommunikationsangebot, der Zeitungsanzeige, bildet die Heiratsannonce einen speziellen Kommunikationsraum.[12] Die Zeitungsanzeige eröffnet den Inserierenden einen (öffentlichen) Raum, sich potentiell Interessierten vermittels kommunikativer Praktiken vorzustellen. Wie die sechs Annoncen belegen, trugen neben den direkten Angaben zur eigenen Person auch weitere Elemente der Anzeige zu dem Bild bei, das sich die Leserinnen und Leser von der Person hinter der Anzeige machen sollten – z. B. die Zusicherung von Diskretion und Aufrichtigkeit. Sie gehören damit ebenfalls zur Selbstdarstellung, die in der Anzeige vorgenommen wird. Für die Ausgestaltung dieser Selbstdarstellung lassen sich verschiedene Einflussfaktoren ausmachen, die zum einen aus dem Kontext einer Angebotsbereitstellung im medialen Kontext des Kaiserreichs resultierten, zum anderen aus der spezifischen Praktik, mit der das Angebot genutzt wurde – dem Heiratsmarkt. Um die Eheanbahnung durch Annonce erfolgreich praktizieren zu können, muss sich die Selbstdarstellung nach diesen verschränkten Bedingungen des Kommunikationsraums ausrichten. Durch diese Anpassungsleistung kann das hier präsentierte Selbst der Inserierenden als ‚verräumlichtes Selbst' bezeichnet werden.

Die Praktik der Eheanbahnung, mit der das Kommunikationsangebot der Heiratsannonce genutzt wurde, bringt Diskurse aus dem Heiratsmarkt des Kaiserreichs in den Kommunikationsraum ein. Auf dem Heiratsmarkt verorteten sich Personen gemäß ihres materiellen,

11 Josef Ehmer: *Heiratsverhalten, Sozialstruktur, ökonomischer Wandel. England und Mitteleuropa in der Formationsperiode des Kapitalismus.* Göttingen: Vandenhoeck & Ruprecht 1991, S. 292.

12 Vgl. das Kommunikationsraumkonzept von Karl Christian Führer: Öffentlichkeit – Medien – Geschichte. Konzepte der modernen Öffentlichkeit und Zugänge zu ihrer Erforschung. In: *Archiv für Sozialgeschichte* 41 (2001), S. 1–38, hier S. 6.

kulturellen, symbolischen und sozialen Kapitals mit dem Ziel,[13] sich selbst als ‚gute Partie' darzustellen, um umgekehrt ebenfalls eine möglichst ‚gute Partie' zu machen. Doch nicht mit allen zur Verfügung stehenden Attributen konnte der gleiche Positionsgewinn erzielt werden. Welche Kapitalsorten und Ausprägungen eine(n) ansprechende(n) Ehekandidaten bzw. Ehekandidatin ausmachen, sind in den Geschlechter- und Ehekonzepten der jeweiligen Zeit definiert, die je nach sozialer Zugehörigkeit auch divergieren konnten. Eine groß angelegte Analyse von Heiratsannoncen aus der Zeit des Kaiserreichs lässt die Interpretation zu, dass sich die Personendarstellungen zentral auf bürgerliche Geschlechternormen stützten.[14]
Bei der Überseeheirat kommt eine zusätzliche Dimension hinzu: Hier mischen sich Anforderungen aus der Metropole mit dem Kontext der Kolonien. Der oft diagnostizierte ‚Frauenmangel'[15] in den Kolonien machte die Zeitungen der Metropole zu praktischen Heiratsmärkten für die weit entfernt lebenden Männer. Durch ihre mediale Kommunikationsmöglichkeit besaßen die Zeitungen einen raumüberwindenden Charakter. Das Selbst der Inserenten bewegte sich im Raum der Annonce somit an zwei Orten zugleich. Das Topos des Frauenmangels war jedoch gleichzeitig mit weiteren Debatten verknüpft, die Auswirkungen auf das Bild des männlich-weißen

13 Kapitalsortenbegriff nach Pierre Bourdieu. Zu den Inhalten der Kapitalarten siehe Pierre Bourdieu: Ökonomisches Kapital, kulturelles Kapital, soziales Kapital. In: Reinhard Kreckel (Hrsg.): *Soziale Ungleichheiten*. Göttingen: Schwartz 1983, S. 183–198, hier S. 185; Katharine Manderscheidt: Pierre Bourdieu. Ein ungleichheitstheoretischer Zugang zur Sozialraumforschung. In: Fabian Kessl / Christian Reutlinger (Hrsg.): *Schlüsselwerke der Sozialraumforschung. Traditionslinien in Texten und Kontexten*. Wiesbaden: VS 2008, S. 155–168, hier S. 158.

14 Frey: *„Strengste Verschwiegenheit auf Manneswort"*.

15 Siehe dazu Sigrid Gränzer: „Die Kolonie braucht Frauen". Zur Migration deutscher Frauen nach Afrika (1884–1914). In: Monika Blaschke / Christiane Harzig (Hrsg.): *Frauen wandern aus. Deutsche Migrantinnen im 19. und 20. Jahrhundert*. Bremen: Universität Bremen 1990, S. 183–197; Birthe Kundrus: *Moderne Imperialisten. Das Kaiserreich im Spiegel seiner Kolonien*. Köln: Böhlau 2003; dies. (Hrsg.): *Phantasiereiche. Zur Kulturgeschichte des deutschen Kolonialismus*. Frankfurt am Main: Campus 2001; zur kolonialen Frauenfrage ebd. besonders Lora Wildenthal: Rasse und Kultur. Frauenorganisationen in der deutschen Kolonialbewegung des Kaiserreiches, S. 202–220; außerdem Katharina Walgenbach: *„Die weiße Frau als Trägerin deutscher Kultur". Koloniale Diskurse über Geschlecht, „Rasse" und Klasse im Kaiserreich*. Frankfurt am Main: Campus 2005.

Kolonialisten hatten. So beschreiben Birthe Kundrus und Katharina Walgenbach das Konstrukt des ‚Verkafferns', das zeitgenössischen Kolonialwissenschaftlern dazu diente, einen moralischen, materiellen und geistigen ‚Verfall' deutscher Männer zu postulieren, die sich zu sehr mit den Lebensgewohnheiten der Einheimischen identifiziert hätten.[16] Darunter fiel zum Beispiel eine kulturell ‚verwahrloste' Lebensführung durch Faulheit, Alkoholismus, Missachtung der Hygiene, allgemeine Unordentlichkeit oder eine indigene Sprachfärbung. Auch sexueller Kontakt zu Kolonisierten und ein damit verbundener „drohender Verlust einer weißen Identität" wurden als Schreckensbilder gehandelt.[17] Um sich als ansprechender Ehekandidat zu definieren, musste sich der koloniale Inserent also einerseits in die Diskurse der Metropole einschreiben und andererseits von solch negativen Zuschreibungen aus der Metropole abgrenzen.

Die Medienlandschaft des Kaiserreichs war gekennzeichnet von einer immer weiteren Ausdifferenzierung des Zeitungsmarkts und eine dadurch bedingte Auseinandersetzung zwischen traditionellen Parteizeitungen und immer erfolgreicher werdenden Generalanzeigern. Daraus resultierte ein Deutungskampf über die Ausrichtung der Zeitungen im Kaiserreich allgemein. Unterschiedliche Vorstellungen konkurrierten darüber, wie sich Zeitungen definieren, was sie beinhalten und welche Handlungsmuster in ihr vertreten sein sollten.[18] Neben skandalisierten Berichten aus Gerichtssälen und der städtischen ‚Halbwelt' war es gerade die Lokalisation des Heiratsmarkts am Ort der Annonce, um die sich eine breit geführte Diskussion entfachte. Sozialisten wie August Bebel lehnten sie als Ausdruck bürgerlicher, rein monetärer Ehemotive ab,[19] Sexualwissenschaftler wie Iwan Bloch verurteilten die Heiratsannonce als Hort der Unzucht,[20] und selbst bürgerliche Ratgeberliteratur empfahl andere Wege, um eine(n)

16 Kundrus: *Moderne Imperialisten*, S. 79–81.

17 Walgenbach: *Die weiße Frau*, S. 193.

18 Z. B. Karl Bücher: Entstehung und Evolution des Zeitungswesens. In: Ders.: *Auswahl der publizistikwissenschaftlichen Schriften*, hrsg. v. Hans-Dietrich Fischer / Horst Minte. Bochum: Brockmeyer 1981, S. 144.

19 August Bebel: *Die Frau im Sozialismus. Die Frau in Vergangenheit, Gegenwart und Zukunft*. Zürich: Verlag der Volksbuchhandlung 1879, S. 115.

20 Iwan Bloch: *Das Sexualleben unserer Zeit in seiner Beziehung zur modernen Kultur*. Berlin: Marcus 1908, S. 786–791.

Ehepartner*in zu finden.[21] Eingebettet werden können diese Kritiken in den Zusammenhang der breit geführten Debatten um Devianz, die um 1900 als ‚Krise der Gesellschaft' thematisiert wurden und ein – vom Bildungsbürgertum gefürchtetes – Sexualverständnis der unterbürgerlichen Schichten beinhaltete.[22] Gerade die großstädtischen Generalanzeiger, zu denen auch *BT* und *MNN* gezählt wurden, standen unter dem Verdacht, mit Darstellungen von Skandalgeschichten ein solches ‚deviantes' Sexualverhalten zu propagieren.[23] Vertrauensversichernde Textelemente zum Beispiel in Form gegenseitiger Diskretions- und Aufrichtigkeitsbekundungen, die in großem Maße in die zeitgenössischen Heiratsanzeigen des Kaiserreichs aufgenommen wurden, können deshalb als Versuch gedeutet werden, die Kritik und die Ängste abzumildern, die möglicherweise auf Interessentinnenseite in Bezug auf die Seriosität des Gesuchs bestanden. Doch auch direkte Beschreibungen des Charakters oder der sozialen Stellung sollten in diesem Rahmen in die Interpretation einbezogen werden. In Rückbezug auf die These der diskursiven Verschränkung von Krisendiskurs und Heiratsmarkt im medialen Kontext etablieren sich die rhetorischen Strukturen der Heiratsannonce in diesem

21 J. von Eltz: *Das goldene Anstandsbuch. Ein Wegweiser für die gute Lebensart zu Hause, in Gesellschaft und im öffentlichen Leben*. Essen: Fredebeul & Koenen 1903, S. 241.

22 Zum Krisendiskurs um 1900 siehe Wilhelm Erb: *Über die wachsende Nervosität unserer Zeit. Akademische Rede zum Geburtstagsfeste des höchstheiligen Großherzog Karl Friedrich am 22. November 1893.* Heidelberg: Hörning 1893; Ute Planert: Kulturkritik und Geschlechterverhältnis. Zur Krise der Geschlechterordnung zwischen Jahrhundertwende und „Drittem Reich". In: Wolfgang Hardtwig (Hrsg.): *Ordnungen in der Krise. Zur politischen Kulturgeschichte Deutschlands 1900–1933.* München: Oldenbourg 2007, S. 191–215; Ulrike Brunotte / Rainer Herrn: Statt einer Einleitung. Männlichkeit und Moderne. Pathosformeln, Wissenskulturen, Diskurse. In: Dies. (Hrsg.): *Männlichkeit und Moderne. Geschlecht in den Wissenskulturen um 1900.* Bielefeld: Transcript 2008, S. 9–25; Isabel V. Hull: The Bourgeoisie and Its Discontents. Reflections on „Nationalism and Respectability. In: *Journal of Contemporary History* 17 (1982), S. 247–268; Jens Flemming: „Sexuelle Krise" und „Neue Ethik". Wahrnehmung, Debatten und Perspektiven in der deutschen Gesellschaft der Jahrhundertwende. In: Helmut Scheuer / Michael Grisko (Hrsg.): *Liebe, Lust und Leid. Zur Gefühlskultur um 1900.* Kassel: Kassel Universitätspresse 1999, S. 27–55. Zur Definition des Begriffs „unterbürgerliche Schicht" siehe Wolfgang Kaschuba: *Lebenswelt und Kultur der unterbürgerliche Schichten im 19. und 20. Jahrhundert*. München: Oldenbourg 1990.

23 Siehe z. B. Stanislaus Swierczewski: *Wider Schmutz und Schwindel im Inseratenwesen*. Leipzig: Deutsche Kampf 1907.

Kommunikationsraum und können in ihrer Darstellung auch als Reaktion auf die gesellschaftlichen Problemlagen eingesetzt werden. Mit der Wahl von (Beschreibungs-)Elementen aus dem bürgerlichen Verhaltens- und Attributskatalog versuchten sich die Inserierenden vom Verdacht der Unsittlichkeit freizusprechen, indem der Eindruck einer bürgerlichen, mithin nicht-devianten Person erzeugt werden sollte.

Die Selbstbeschreibung kolonialer Inserenten

Wie bereits ausgeführt, fällt bei den Selbstbeschreibungen der vorgestellten Anzeigen aus Übersee auf, dass sich die Inserierenden potentiellen Interessentinnen vor allem über die Elemente Anstellung bzw. Landbesitz und Alter vorstellten. Da das Alter der Inserenten im durchschnittlichen Heiratsalter der Zeit lag,[24] scheint es also kaum der Fall gewesen zu sein, dass sie sich mit dem ‚Frauenmangel' der Kolonien arrangieren wollten. Stattdessen suchten sie frühzeitig aktiv nach einer geeigneten Partnerin. Nur die Hälfte der Anzeigen beinhaltete weitergehende Beschreibungselemente. So war die Anzeige MNN-Akademiker die einzige, in der Angaben zum körperlichen Erscheinungsbild gemacht wurden. Doch auch hier nutzte der Inserent Beschreibungen („mittelgroß"/„sympathisches Äußeres"), mit denen kein detailliertes Bild seiner Physis gezeichnet, sondern stattdessen der allgemeine Eindruck von Normalität transportiert wurde. Gerade das Fehlen körperlicher Angaben im Kontext des kolonialen Heiratsmarkts ist überraschend. Da das Bild männlicher Stärke, die durch körperlich ausgerichtete Arbeit nah an der Natur ‚revitalisiert' werden sollte, zum Kanon populärer kolonialer Fantasien der Zeit gehörte,[25] wäre eine Selbstpräsentation über körperliche Aspekte zu erwarten gewesen. Attribute wie Kraft und Ausdauer, aber auch eine Positionierung als Ernährer der Familie unter kolonialen Bedingungen hätten hier durchaus als persönliches Kapital eingesetzt werden können. Mit den für Heiratsannoncen des Kaiserreichs üblichen

24 Josef Ehmer: *Heiratsverhalten, Sozialstruktur, ökonomischer Wandel. England und Mitteleuropa in der Formationsperiode des Kapitalismus*. Göttingen: Vandenhoeck & Ruprecht 1991, S. 292.

25 Vgl. Kundrus: *Moderne Imperialisten*, S. 93; Walgenbach: *Die weiße Frau*, S. 124.

Angaben von Anstellung, Einkommen, Besitz und relativer Jugendlichkeit wurden jedoch gerade keine speziellen Ausrichtungen auf die Lebensbedingungen im kolonialen Afrika geliefert. Stattdessen bauten die Inserierenden das bürgerliche Bild des männlichen Ernährers auf und folgten damit dem Muster, das auch auf dem Heiratsmarkt in der Metropole vorherrschte.

Besonderer Informationswert, mit dem auf die Eignung für das Leben in den Kolonien eingegangen wurde, kann in den Annoncen MNN-Farmer und MNN-Schutztruppler dagegen einem anderen Element zugeordnet werden. Mit den Angaben, ihre Farm bereits schon über Jahre hinweg zu bewirtschaften bzw. über einen längeren Zeitraum in den Kolonien zu leben, konnten sich die Inserenten als erfolgreiche Kolonisten darstellen. Es wirkte – wenn auch nicht als zentrales Element der Selbstbeschreibung – doch auf die Selbstdarstellung ein. Auf diese Weise machten sie ihre Erfahrung zu Kapital, mit dem sie das Bild vermittelten, auch im kolonialen Leben als Familienernährer bestehen zu können. Sich als soliden und verlässlichen Ehepartner auszuweisen, kann damit als eines der Leitmotive der Inserate ausgemacht werden.

Der Hinweis auf den eigenen Arbeitseifer und Tüchtigkeit in der Anzeige BT-Kamerun gehörte auch außerhalb des kolonialen Kontexts zum häufig genutzten Repertoire der Selbstbeschreibungen und kann zugleich als Ausdruck eines bürgerlichen Leistungsdenkens interpretiert werden.[26] Doch erhält die Angabe in einer Umgebung, die von den kolonialen, männlichen Siedlern eine hohe Arbeitsintensität forderte, noch einmal besonderes Gewicht. Während sich BT-Kamerun einer Beschreibung aus dem primär ökonomischen Spektrum bediente, fügten sich die beiden Inserenten der Annonce MNN-Schutztruppler mit „anständig" und „edel" in ein dezidiert moralisches Bezugssystem ein. Auch diese Begriffe finden sich in Heiratsannoncen der Zeit immer wieder. Neben dem Ausdruck einer bürgerlichen Sittlichkeit lässt sich ein besonderes Motiv der Abgrenzung vom oben dargelegten Schreckensbild des ‚Verkafferns' erkennen. Gerade als Schutztruppler gehörten sie einer Gruppe an, die auf

26 Vgl. zum Konzept des bürgerlichen Leistungsethos Gunilla-Friederike Budde: *Auf dem Weg ins Bürgerleben. Kindheit und Erziehung in deutschen und englischen Bürgerfamilien 1840–1914*. Göttingen: Vandenhoeck & Ruprecht 1994, S. 113.

Grund ihres jahrelangen Kampfs im Kolonialgebiet als besonders anfällig für den Prozess des ‚Verkafferns' und des damit verbundenen „drohenden Verlust einer weißen Identität"[27] gehandelt wurde.[28] Mit der Selbstbeschreibung „anständig" und „edel" konnten die Inserenten diesem Verdacht entgegenwirken und ihre Person mit zeitgenössischen, westlich konnotierten Tugenden verbinden. Ihr Wunsch, das Schutztruppler-Leben aufzugeben und stattdessen als Farmer zu arbeiten, wirkt in diesem Sinne weiter. So wird ein unstetes und abhängiges Leben mit häufigen Abwesenheiten gegenüber dem als besonders edel angesehenen autonomen Leben auf und mit dem Land getauscht.

Die Beschreibung der Wunschpartnerinnen: Absicherung von Identität und Kultur

Im Anzeigenelement „Partnerinnenbeschreibung" war die Bandbreite der hier benutzten Beschreibungselemente der Inserenten vielfältiger. In vier der Annoncen wurde ein Alter bzw. ein Altersbereich, in dem die Wunschpartnerin sein sollte, dezidiert angegeben. Neben dem unspezifischen Begriff „jung" fand sich die Angabe, die zukünftige Partnerin soll nicht unter 23 Jahren bzw. bis zu 26 Jahre zu sein. Gründe für diese Altersspanne können im Vergleich mit den Vorgaben bestimmter Missionskomitees, die für die ihnen unterstellten Missionare Ehefrauen suchten, herausgearbeitet werden: Hinter deren Forderung, ein Alter von Mitte 20 nicht zu überschreiten, standen Überlegungen der Gebär- und Anpassungsfähigkeit der Frauen.[29] Bei den Heiratsannoncen aus dem kolonialen Raum überrascht jedoch die Inklusion von Witwen mit Kindern in den Kreis potentieller Ehefrauen. Zum einen handelten die Inserenten hier im Gegensatz zu herrschenden Vorstellungen der Deutschen Kolonialgesellschaft: In diesen Programmen waren Witwen mit Kindern ausgeschlossen.[30] Zum anderen kam es auch in den Heiratsannoncen der Metropolen nur selten vor, dass ausdrücklich Witwen mit Kindern in den

27 Walgenbach: *Die weiße Frau*, S. 193.

28 Ebd., S. 203.

29 Dagmar Konrad: *Missionsbräute. Pietistinnen des 19. Jahrhunderts in der Basler Mission*. Münster: Waxmann 2001, S. 55.

30 Kundrus: *Moderne Imperialisten*, S. 84.

Kreis potentieller Ehefrauen aufgenommen wurden. In weit größerem Maß wurden hier kinderlose Witwen gewünscht, weshalb der explizite Einschluss von Witwen mit Kindern eine Besonderheit des Heiratsmarkts in den Kolonien darstellt. Kinder wirkten hier somit weniger als Makel, der die Chancen einer (Wieder-)Verheiratung für Frauen senkte, sondern wurden eventuell als zusätzliche Arbeitskräfte auf den Farmen begrüßt. In dieser Rolle konnten sie das Kapital der Frauen erhöhen.

Die Frauenprofile, die die Deutsche Kolonialgesellschaft bzw. ihr Frauenbund für eine Entsendung in die Koloniegebiete suchten, waren auf das kleinbürgerliche Milieu ausgerichtet, dem auch viele Kolonisten entstammten.[31] So wurden bevorzugt „anspruchslose" und „leistungsfähige" Frauen vom Land gesucht, von denen angenommen wurde, dass sie mit den Bedingungen des einfachen Lebens in den Kolonien besser zurechtkommen würden.[32] Doch gerade häusliche Tugenden blieben nicht nur auf die kleinbürgerlichen Schichten beschränkt, sondern nahmen in allen zeitgenössischen Ratgeber- und Benimmbüchern für junge Damen einen zentralen Stellenwert ein.[33] Häuslichkeit, Fleiß und Anpassungsfähigkeit gehörten zu den wichtigsten Attribuierungen von Weiblichkeit im (klein-)bürgerlichen Milieu. Deshalb muss auch der Wunsch in der Anzeige BT-Direktor nach einer Frau, die wirtschaftlich haushaltet und „von der Küche etwas versteht", nicht als Beschreibung verstanden werden, die speziell auf die kolonialen Lebensbedingungen ausgerichtet war. Stattdessen bildeten diese Angaben die allgemein bürgerliche Geschlechterideologie des Deutschen Kaiserreichs ab.[34] Während sich die Inserenten in ihren Anzeigen selbst als Familienernährer präsentierten, wurden Frauen als ihr häusliches Gegenstück beschrieben, die mit den bürgerlichen Vorstellungen von spezifisch weiblichen Fähigkeiten, nämlich die Familie

31 Kundrus: *Moderne Imperialisten*, S. 91.

32 Ebd., S. 83.

33 Z. B. Elise Polko: *Unsere Pilgerfahrt von der Kinderstube bis zum eigenen Herd*. Leipzig: Amelang 1865; Anny Wothe (Hrsg.): *Der Hausschatz. Ein Freund und Ratgeber für die Frauenwelt. Unter Mitwirkung hervorragender Männer und Frauen*. Oranienburg: Freyhoff 1886.

34 Zur Hausideologie im Kaiserreich vgl. Karin Hausen: Die Polarisierung der Geschlechtscharaktere. Eine Spiegelung der Dissoziation von Erwerbs- und Familienleben. In: Werner Conze (Hrsg.): *Sozialgeschichte der Familie in der Neuzeit Europas. Neue Forschungen*. Stuttgart: Klett 1976, S. 363–394.

im Inneren zusammenzuhalten, einhergingen. Doch erhielt dieses allgemein bürgerliche Ideal weiblicher Identität gerade im kolonialen Raum noch eine besondere Akzentuierung: Weiblichkeit stand hier nicht nur für einen spezifischen Bereich der weiblichen Haushalts- und Familienarbeit, sondern sie diente in direktem Bezug der kommunikativen Versicherung und praktischen Absicherung nicht nur einer allgemein bürgerlichen, sondern auch der speziell weißen Identität.[35] Das gesellschaftliche Ideal einer bürgerlichen Weiblichkeit wurde so zu einem Garanten für die westlich konnotierte Kultur im Allgemeinen.[36] Diese doppelte Zuschreibung von Geschlecht und kultureller Identität verstärkte sich im männlichen Selbstbild des familiären Ernährers. Ökonomische Unabhängigkeit und soziale Stellung gehörten zum Ideal bürgerlicher Männlichkeit. Der Mann musste in der Lage sein, die eigene Ehefrau von der Erwerbsarbeit außer Haus freizustellen. Der Wunsch nach einer vermögenden Partnerin stand dazu in keinem Gegensatz. Zwar kann zumindest bei der Angabe in der Anzeige MNN-Schutztruppler davon ausgegangen werden, dass das Vermögen zum Aufbau der landwirtschaftlichen Lebensgrundlage verwendet werden sollte. Doch dass gerade in den Anzeigen BT-Direktor und MNN-Akademiker, die bezüglich des Umfangs und der inhaltlichen Angaben auf ein gehobenes Herkunftsmilieu schließen lassen, ein Vermögen gewünscht wurde, ohne es jedoch zur Bedingung zu machen, lässt den Eindruck entstehen, dass dieses Element eher die Funktion einer sozialen Versicherung zum Zweck der Endogamie einnahm.

Durch ihre Angaben zu Stellung, Einkommen und akademischer Bildung präsentierten sich diese beiden Inserenten als der administrativen Führungselite zugehörig. Es erstaunt deshalb kaum, dass auch die Beschreibung ihrer Wunschpartnerin in einem bildungsbürgerlichen Spektrum rangierte. So legte der Akademiker Wert auf eine gute Erziehung und referierte explizit auf die Musikalität seiner künftigen Gemahlin. Beide Elemente fungierten als Abgrenzungselemente zu den unterbürgerlichen Schichten, waren doch in einer gut

35 Vgl. Anette Dietrich: Rassenkonstruktionen im deutschen Kolonialismus. ‚Weiße Weiblichkeiten' in der kolonialen Rassenpolitik. In: Marianne Bechhaus-Gerst / Mechthild Leutner (Hrsg.): *Frauen in den deutschen Kolonien*. Berlin: Links 2009, S. 176–188, S. 186.

36 Walgenbach: *Die weiße Frau*, S. 119, 197.

situierten Familie die (weiblichen) Mitglieder ausreichend von zeitaufwendiger Erwerbsarbeit freigestellt, um Erziehung und musikalische Bildung weitergeben bzw. aufnehmen zu können und diese wiederum als Zeichen von Wohlstand nach außen zu repräsentieren.

Die Beschreibung „charakterfest" in der Anzeige BT-Besitzer bildet eine interessante Unregelmäßigkeit zur typischen Heiratsannonce der Zeit. Das Adjektiv wurde in zeitgenössischen Heiratsannoncen häufig für die Beschreibung eines Manns genutzt. Für Beschreibungen weiblicher Personen wurden sie jedoch nur sehr selten verwendet. Im Vergleich mit der Metropole zeigt sich im kolonialen Raum somit eine Verschiebung in der Attribuierungen von Geschlechtern. Wie etwa Kundrus darlegt, entwickelte sich in Teilen der Deutschen Kolonialgesellschaft sowie im Kolonialen Frauenbund eine Opposition zur offiziellen Strategie, ‚einfache Frauen' wie Dienstmädchen in die Kolonien zu entsenden.[37] Stattdessen sollten Frauen des gehobenen Mittelstands in den Kreis der Anwärterinnen aufgenommen werden, da davon ausgegangen wurde, dass sie durch ihre Bildung auch ‚Charakterstärke' entwickelt hätten. Die Verwendung der oben genannten Charakterbeschreibungen könnte mit dem neuen Idealbild des gut situierten, gebildeten Kolonisten und einer ebensolchen Partnerin zusammenhängen, von der angenommen wurde, dass sie durch den in einem gehobenen Herkunftsmilieu ausgebildeten Charakter eine besondere Stütze für den Mann sein könne.[38] Sowohl im religiösen Bezugssystem der Missionare als auch in der Diskussion im Umfeld der Kolonialgesellschaften wurde die besondere Rolle der Frau, die unter den speziellen Lebensbedingungen der Kolonien als Seelenpartnerin, Kameradin und Gehilfin für den Mann fungieren sollte, herausgestellt.[39] Dass in der Anzeige BT-Besitzer mit dem Wunsch nach einer ‚charakterfesten' Frau auch das Partnerschaftsbild, des in „Freud und Leid" verbundenen Pflanzerpaars formuliert wurde, verweist ebenfalls auf den Deutungszusammenhang des Kameradenpaars. Gleichzeitig wurden den Bewerberinnen damit auch die Bedingungen des kolonialen Lebens nicht vorenthalten. Etwaige vorhandene koloniale Utopien wurden zwar nicht zerstört, aber doch mit warnenden Momenten

37 Kundrus: *Moderne Imperialisten*, S. 88–90.

38 Ebd., S. 77, 92.

39 Konrad: *Missionsbräute*, S. 58; Kundrus: *Moderne Imperialisten*, S. 77.

versehen. Interessentinnen sollten sich somit selbst hinterfragen können, ob sie über genügend ‚Charakterfestigkeit' verfügten, um in einer Kolonie dauerhaft bestehen zu können. Ähnlich interpretiert werden kann die Angabe des BT-Direktors, der in seinem Inserat seine Leserinnen mit der Frage konfrontierte, ob sie sich „der Einsamkeit in der Wildnis widmen" möchten. Bereits das Verb „widmen" verweist hier auf vollkommene Hingabe und auf die Bereitschaft, einer Sache in voller Überzeugung und Leidenschaft zu dienen. Doch kann gerade die postulierte Einsamkeit auch als eine koloniale Utopievorstellung gelesen werden, denn das Leben in der als hektisch und nervenaufreibend diskutierten Metropole war begleitet von der Sehnsucht nach einer in früheren Zeiten vorherrschenden Ruhe.[40] Letztlich wurde damit auch die populäre Vorstellung von der „Erneuerung des Deutschtums an der Peripherie" angesprochen.[41] Auch MNN-Akademiker wies seine Leserinnen ausdrücklich auf die Konsequenz einer Antwort auf sein Gesuch hin. Denn ihn zu heiraten, hieße auch, die Heimat aufzugeben und dauerhafte in das ‚Schutzgebiet' überzusiedeln. Doch gleichzeitig pries der Autor der Annonce die schöne Gegend an, in der er sich niedergelassen habe. Die beiden Inserenten der Anzeigen MNN-Farmer beschreiben ihren Wohnort sogar als „gesunde Gegend", womit sie wahrscheinlich versuchten, möglichen Ängsten auf Seiten der Leserinnen gegenüber einer gesundheitsschädlichen Wirkung der Kolonialgebiete entgegenzuwirken.[42] Die Darstellungen des eigenen Lebensumfelds rangiert so zwischen den Bildern positiv besetzter kolonialer Fantasien und negativ besetzter Lebensumstände in den Kolonien.

Dass in den Inseraten eine robuste Gesundheit von den in die Kolonien reisenden Frauen gefordert wurde, traf sich sowohl mit Vorstellungen aus dem zivilen als auch religiösen Kontext. Von religiöser Seite wurde eine stabile gesundheitliche Konstitution mit einer starken Frömmigkeit gleichgesetzt.[43] Ebenso ließ sich die Deutsche

40 Vgl. z. B. Max Lenz: Jahrhunderts-Ende vor hundert Jahren und jetzt. In: *Cosmopolis. Revue internationale* 4,10 (1896), S. 271–289.

41 Sebastian Conrad: *Deutsche Kolonialgeschichte*. München: Beck 2008, S. 56.

42 Vgl. Hiltrud Lauer: Die sprachliche Vereinnahmung des afrikanischen Raums im deutschen Kolonialismus. In: Ingo Warnke (Hrsg.): *Deutsche Sprache und Kolonialismus. Aspekte der nationalen Kommunikation 1884–1919*. Berlin: de Gruyter 2009, S. 203–235, hier S. 227.

43 Konrad: *Missionsbräute*, S. 49.

Kolonialgesellschaft einen tadellosen Gesundheitszustand über ärztliche Atteste versichern, bevor Frauen für das Kolonieprogramm zugelassen wurden.[44] Überraschend ist, dass es nicht die kleinbürgerlichen Farmer waren, die ihre potentiellen Ehepartnerinnen über körperliche Attribute ansprachen, wie es der landwirtschaftliche Arbeitskontext vermuten ließe. Vielmehr bezogen sich die beiden dem gehobenen Milieu angehörenden Inserenten MNN-Akademiker und BT-Direktor auf den Körper der Wunschpartnerin. Doch auch hier referierte nur der Plantagendirektor auf eine „gesunde" Frau, während der Akademiker unspezifisch von „körperlichen Vorzügen" schrieb, die auch eine allgemeine Attraktivität beschreiben könnten. Dazu kommt der Begriff „elegant", der der Partnerinnenbeschreibung neben dem Hinweis auf Erziehung und Musikalität eine weitere bürgerliche Attribuierung hinzufügt. Neben der Abgrenzung zur unteren Schicht in der Metropole konnte so auch eine rassistische Abgrenzung hergestellt und zusammen mit der ebenfalls geforderten Haushaltsfähigkeit der Nimbus einer „weißen Herrin" geschaffen werden, die die Kolonisierten im Haus zur Arbeit erziehen kann.[45]

Eine Zurückhaltung gegenüber körperlichen Angaben zeigte sich auch bei der Auswertung von Heiratsannoncen ohne kolonialen Bezug. Das äußerliche Erscheinungsbild wurde jedoch über ein anderes Element, das sich außerhalb der Personenbeschreibungen befand, wieder in den Auswahlprozess eingeschlossen. Jede der sechs Anzeigen beinhaltete den Wunsch nach einer Fotografie. So wurden körperliche Kriterien nicht in der Annonce selbst behandelt, sondern auf einen nachgelagerten Auswahlschritt verschoben. Der Wunsch nach Fotografien tauchte in ca. jeder dritten Heiratsannonce der Zeit auf. Dass sie sogar in allen der hier beschriebenen Inserate gewünscht wurden, lässt darauf schließen, dass sich die kolonialen Bedingungen auf diesen Wunsch fördernd auswirkten. Dies kann zwei Gründe haben: Während in der Metropole ein persönlicher Kontakt zwischen Inserent und Interessentin schnell hergestellt werden konnte, war dies bei der Überseeheirat nicht möglich. Hatten die Kolonisten nicht vor, auf Heimaturlaub zu gehen, erfolgte der erste personale und damit auch körperliche Kontakt tatsächlich zum Zweck der Heirat, wenn

44 Kundrus: *Moderne Imperialisten*, S. 83.

45 Walgenbach: *Die weiße Frau*, S. 126.

die ausgewählten Frauen als Bräute in die Kolonien reisten. Deshalb musste der Informationsaustausch auch über körperliche Aspekte erfolgen, und hier wirkte eine Fotografie verlässlicher als geschriebene Worte. Eine weitere Erklärung knüpft an Susan Greyzels Forschungen zu Brieffreundschaften mit Soldaten des Ersten Weltkriegs an. Diese epistorale Praxis sollte dazu dienen, die Moral der Soldaten durch Zuwendung durch eine Frau aufrechtzuerhalten.[46] In Anbetracht der Diskussion, dass Frauen die gleiche Wirkung auf die Männer in den Kolonien haben sollten, könnte auch die Übersendung einer Fotografie dazu beitragen haben, die dortigen Männer mit der Metropole in Kontakt zu halten und einer ‚Verkafferung' vorzubeugen.

Bürgerliche Erfolgsnarrative und koloniale Degenerationsszenarien

Allgemein finden sich in den sechs hier untersuchten Inseraten Formen der Selbstbeschreibung, die sich in den zentralen Elementen zunächst wenig von der typischen Heiratsannonce der Metropole unterscheiden. Die Angaben der direkten Selbstbeschreibungen umfassten mit Darstellungen des ökonomischen Kapitals oder eines soliden und wirtschaftlichen Charakters Elemente, die auch ohne einen kolonialen Kontext in den Heiratsannoncen genutzt wurden. Auf besondere, in der Kolonie notwendige Fähigkeiten wurde nicht direkt referiert, sondern in Form eines von der direkten Personenbeschreibung abgetrennten Erfahrungskapitals. Auf dem von Männerüberschuss geprägten kolonialen Heiratsmarkt versuchten die Heiratswilligen nicht, sich durch quantitativ oder qualitativ hervorstechende Annoncen herauszustellen. Stattdessen schien es ihnen ein Anliegen, der allgemeinen Zurückhaltung der Frauen, in die Kolonien zu gehen, entgegenzuwirken, beispielsweise durch eine positive und romantisierende Darstellung des Wohnorts. Gerade in Anbetracht des Frauenmangels mag es verwundern, dass die meisten der Inserenten eine Bandbreite konkreter Anforderungen an ihre zukünftige Partnerin stellten. Doch die räumliche Trennung zwischen Kolonie und Metropole, die dazu führte, dass der weitere Auswahlprozess nicht im

46 Susan R. Grayzel: Mothers, Marraines, and Prostitutes. Morale and Morality in First World War France. In: *International History Review* 19 (1997), S. 66–82.

Rahmen eines persönlichen, sondern rein brieflichen Kontakts stattfand, zwang die Inserenten bereits zu Beginn des Prozesses, deutliche Ansprüche zu formulieren.

Die Selbstdarstellung der Inserenten in den Anzeigeelementen folgte wie auch bei den Heiratsannoncen der Metropole dem bürgerlichen Erfolgsnarrativ: Über das Bild des Ernährers und der Hausfrau wurden polare, doch auf Ergänzungen ausgerichtete Geschlechterdispositive der Jahrhundertwende ins Zentrum der direkten Personenbeschreibungen gerückt. Dazu kamen die Zusicherungen von Diskretion und Aufrichtigkeit – absichernde Elemente, die ebenfalls in zwei Dritteln der Heiratsannoncen eingesetzt wurden. Diese allgemeine Übereinstimmung der Inhalte weist nicht nur darauf hin, dass die Annoncen zur Überseeheirat durch die Mechanismen und Diskurse der Metropolen beeinflusst waren, sondern macht auch die geistige Verwandtschaft des bürgerlichen Diskurses um die „Krise der Gesellschaft" mit den kolonialen Degenerationsszenarien deutlich.[47] In beiden Diskursen wurde ein ‚Anderes' konstituiert, von dem es galt, sich abzugrenzen. Wie dargestellt wurde, war es den Inserierenden in den verschiedenen Elementen der Anzeige wichtig, sich im Rahmen einer als gelungen angesehenen Bürgerlichkeit darzustellen. So wurde dem Verdacht einer Unter-Bürgerlichkeit auf Grund ihrer Partizipation an der umstrittenen Praktik der Eheanbahnung durch Annonce entgegengewirkt, die mit dem ‚Anderen' einer als deviant angesehenen ‚Unterschicht' verbunden wurde. Die hier greifenden Zuschreibungen von Faulheit, Schmutz und Laster sowie ungezügelter Sexualität wurden im kolonialen Kontext auf den ethnisch ‚Anderen' übertragen.[48] Die Inserenten aus den Kolonien sahen sich deshalb in der Situation, ihre Selbstdarstellung so ausrichten zu müssen, dass sie sich sowohl zum ‚eigenen Anderen' im Sinne der unterbürgerlichen Schichten der Metropolen als auch zu den im gleichen Deutungsmuster konstruierten ‚fremden Anderen' abzugrenzen hatten. Nur so konnten sie zum einen beweisen, dass sie Personen waren, die zum Bezugskreis bürgerlicher Verhaltensstandards und damit zum Kreis der gelungenen Ehekandidaten gehörten, und zum anderen, dass sie sich dem kolonialen Einfluss im Sinne eines ‚Verkafferns' erfolgreich entzogen hatten. In

47 Zu dieser Verbindung siehe Walgenbach: *Die weiße Frau*, S. 203.

48 Ebd., S. 204.

der Selbstdarstellung von Inserenten aus Übersee wurden so diskursive und lebensweltliche Bezugssysteme aus der Kolonie aufgenommen und mit den universalen Gesetzen einer gelungenen Heiratsannonce verbunden, um erfolgreich sein zu können. So brachten Heiratsannoncen ein nach den speziellen Bedingungen und Anforderungen des Kommunikationsraums ausgestaltetes, mithin ‚verräumlichtes Selbst' hervor. In den Inhalten ihrer Annoncen führten die Inserenten aus kolonialen Gebieten so nicht nur ein einfaches *doing space while doing gender* aus, sondern erweiterten es zu einem *doing race while doing class while doing space while doing gender.*

Begegnungsräume

Dagmar Bruss

Gesprächsräume

Wege zwischen Selbst und Anderem

2006 ging der chinesische Konzeptkünstler Ai Weiwei erstmals mit dem von ihm selbst betriebenen Blog online. In dem ursprünglich als spontanes Experiment gedachten Blog stellt der Künstler sein Leben in Echtzeit, als Onlinetagebuch, dar und macht es einer zuvor ungeahnten Zahl von Nutzer*innen zugänglich. Für viele von ihnen, so Ai Weiwei, sei der Blog längst zu einem festen Bestandteil ihres Lebens geworden. So warteten sie mitunter die ganze Nacht darauf, dass er den Blog aktualisiere, um dann einen sogenannten *shafa*-Kommentar platzieren zu können – *shafa* ist chinesisch und bedeutet Sofa. Der Begriff wird verwendet für den zu den Blogeinträgen jeweils ersten eintreffenden Kommentar, um den die Nutzer*innen bei populären Blogs geradezu wetteifern.

Hinter der Etikettierung als *shafa*-Kommentar steht also die sehr konkrete Vorstellung eines in einem Zimmer befindlichen Sofas: Um die Chance eines möglichst unmittelbaren Kontakts zu dem bekannten Künstler zu bekommen, muss man es schaffen, als Erste oder als Erster in das Zimmer zu kommen und auf dem Sofa Platz zu nehmen.[1]

1 Vgl. Ai Weiwei / Hans Ulrich Obrist: *Ai Weiwei spricht. Interviews mit Hans Ulrich Obrist*, aus d. Engl. v. Andreas Wirthensohn. München: Hanser 2011, S. 13–14, 17.

Raum und Selbst im Gespräch

Gegenstand des vorliegenden Beitrags ist der wechselseitige Zusammenhang zwischen Räumlichem und der Konstitution des Selbst im Gespräch. Es ist deshalb interessant zu erfahren, dass das im einleitenden Abschnitt Beschriebene von Ai Weiwei selbst im Rahmen eines Interviews geäußert wurde. Das Interview ist wiederum Teil einer ganzen Serie von Interviews, die der Kurator Hans Ulrich Obrist[2] mit Künstler*innen geführt und unter dem Titel *The Conversation Series* in Buchform herausgegeben hat.[3] Interessant ist es auch deshalb, weil die sich innerhalb der *Conversation Series* zwischen Obrist und den jeweiligen Künstler*innen entfaltenden Gespräche dem von mir hier zugrundegelegten Gesprächsbegriff sehr nahe kommen. Wie noch näher zu zeigen sein wird, handelt es sich dabei um einen Begriff von Gespräch, bei dem nicht allein kontrastierende, im Vorhinein feststehende Positionen ausgetauscht werden. Vielmehr hat das Gespräch im Gegensatz zum Dialog im engeren Sinn den Charakter des Ereignisses.[4]

Neben dem oben genannten, besonders plakativen Beispiel von Blog und ‚Sofa-Kommentar' findet man im digitalen Netz immer wieder räumliche Metaphern wie beispielsweise *chatroom*, wenn es darum geht, das reale Moment einer virtuellen Begegnung zu unterstreichen. Damit wird Bezug genommen auf ein offenbar auch ganz unabhängig vom Internet bestehendes Bedürfnis, Begegnungen und Gespräche in einem wie auch immer gearteten Räumlichen zu verorten, von dem der virtuelle Raum nur eine Ausformung unter anderen darstellt. Als Beleg dafür kann der Bezug auf Räumliches gelten, der der Bezeichnung für das Führen von Gesprächen in verschiedenen europäischen Sprachen anhaftet: Sowohl die deutschen Wörter *sich unterhalten* und *Unterhaltung* als auch das französische *entretenir*, das italienische *intrattenere* oder das spanische *mantener una conversación* stellen eine Verbindung des Verbs *halten* mit den Präpositionen *unter* bzw.

2 Hans Ulrich Obrist, 1968 in der Schweiz geboren, ist ein renommierter Kunsthistoriker und Kurator für zeitgenössische Kunst. Zurzeit ist er künstlerischer Direktor der Londoner Serpentine Galleries.

3 *The Conversation Series* erscheint seit 2006 in unregelmäßigen Abständen im englischen Original bei König in Köln.

4 Der Gesprächsbegriff wird im weiteren Verlauf des Beitrags entfaltet beziehungsweise näher erläutert.

zwischen dar. Beide lassen dabei eine räumliche Ausdehnung in horizontaler Richtung anklingen – entweder im Sinne einer Hin-und-her-Bewegung zwischen zwei Individuen, zumindest aber als irgendwie zu überbrückender Zwischenraum. Der Begriff *Konversation* wiederum rekurriert auf die Bedeutungen „verkehren, Umgang haben" – zwei Begriffe, die ihrerseits auf „sich hin und her bewegen" (*versari*) aus dem 16. Jahrhundert verweisen.[5]

Während das Wort *Umgang* auf eine umkreisende, *Verkehr* dagegen auf eine eher ungeordnete, auch gegenläufige Bewegung im Raum verweist, hebt das die anderen Begriffe stützende Verb *halten* auf die Subjekte der Gesprächsführung ab. Diese sind es, die für das verstetigende Moment der Unterhaltung zu sorgen haben, indem sie sicherstellen, dass der sie trennende Zwischenraum durch beiderseitiges Halten des Gesprächsfadens überbrückt wird: So dürfen einzelne Pausen nicht zu hemmenden Unterbrechungen oder gar zu einem Abbruch des Gesprächs führen.

Von diesen Überlegungen ausgehend werde ich im weiteren Verlauf meines Beitrags der Rolle und Bedeutung nachgehen, die dem Raum im Kontext von Gesprächen bei der Bildung des Selbst zukommen. Zentral ist dabei zum einen die Überlegung, dass sich das Selbst bei einer Unterhaltung erst im Wechselspiel der Äußerungen herausbildet, zum anderen die Annahme, dass dieses Wechselspiel eines Raums bedarf, der wiederum von den Subjekten ‚bespielt' werden muss.

Das gesprochene Wort

Im fernöstlichen Verständnis stellt die Begrüßungsformel am Eingang eines Gesprächs ein Zeremoniell dar, bei dem sich beide Partner*innen sehr tief, in Richtung ‚Grundlosigkeit', voreinander verbeugen. Mit dieser Art der Verbeugung ist nach Shizuteru Ueda, dem ehemaligen Direktor des Instituts für Religionsphilosophie der Universität Kyoto, der ‚Raum' des ‚Zwischen' bezeichnet, zwischen Selbst und Anderem, „in dem das Einandergegenüber – vom Nichts

5 Konversation. In: *Kluge. Etymologisches Wörterbuch der deutschen Sprache*, bearb. v. Elmar Seebold. Berlin / Boston: de Gruyter 2011, S. 529. Die Wahl des Beispiels *Konversation* abstrahiert zunächst von den Bedeutungsdifferenzen zwischen *Gespräch*, *Dialog*, *Unterhaltung* und *Konversation*.

durchdrungen – in eine unendliche Offenheit erschlossen wird".[6] Erst aus dieser ursprünglichen Tiefe des ‚Nichts' heraus ergibt sich aus Sicht des Zen-Buddhismus die Möglichkeit von Dualität, bei der das Ich und Du der Gesprächspartner*innen von der Ununterschiedenheit des „Weder Ich noch Du"[7] durchdrungen sind. Und erst in diesem Raum des „offenen Zwischen"[8] entfaltet sich die ganze Erfahrung der Ich-Du-Beziehung, nämlich einmal als eigenes Selbst aktiv im Reden, dann wieder – ganz selbstlos, dem Du überlassen – im passiven Zuhören. Es werden also verschiedene Phasen des Gesprächs durchlaufen, die in der Dynamik von Frage und Erwiderung, Hören und Sprechen liegen.[9]

Anders als in dem Konzept fernöstlicher Begegnung, das seinen Ausgang in der ‚Grundlosigkeit' des Nichts nimmt, stellt das Wortpaar Ich-Du für Martin Buber eines der beiden Grundworte dar. Bei der Beziehung zwischen Ich und Du handelt es sich um eine umfassende, auf das ganze Wesen des jeweils anderen zielende Beziehung. „Der Mensch", so Buber, „wird am Du zum Ich".[10] Erst über wiederholte „Beziehungsereignisse"[11] zu jeweils unterschiedlichen Du-Partnern wird das „Bewußtsein des gleichbleibenden Partners, das Ichbewußtsein"[12], geschärft. Ungeachtet dieser Unterschiede zwischen Zen-Buddhismus und Buber'schem Ansatz gibt es zwischen den beiden Denkweisen jedoch auch Parallelen: Nimmt man nämlich die Beziehung, wie sie Buber beschreibt, in ihrem Wirken, ihrer Funktionsweise, in den Blick und klammert deren ontologischen Status aus, so kann man durchaus zahlreiche Entsprechungen zu der

6 Shizuteru Ueda: Das Gespräch und das ‚Mon-Dô' im Zen-Buddhismus. In: Ernesto Grassi / Hugo Schmale (Hrsg.): *Das Gespräch als Ereignis. Ein semiotisches Problem*. München: Fink 1982, S. 45–57, hier S. 50.

7 Ebd.

8 Ebd., S. 51.

9 Ebd., S. 49–51.

10 Martin Buber: *Ich und Du* [1923], mit einem Nachw. v. Bernhard Casper. Stuttgart: Reclam 1995, S. 28. Buber verdeutlicht den umfassenden Charakter der Ich-Du-Beziehung anhand des Unterschieds zur sogenannten Ich-Es-Beziehung. Diese erlaubt die Einordnung der Dinge in eine Kette von Wechselwirkungen und damit die Ordnung von Welt, steht aber im Gegensatz zu der durch die Ich-Du-Beziehung begründeten „Weltordnung" (ebd., S. 31). Es handelt sich dabei um eine organisch-präsentische Erfahrung von Welt.

11 Ebd., S. 29.

12 Ebd.

beschriebenen fernöstlichen Sicht auf das Gespräch feststellen. Denn auch für Buber vollzieht sich die Begegnung im Spannungsfeld von Sprechen und Zuhören, Tun und Erleiden, von Aktion und Passion.[13] So spricht er in seinem späten Vortrag „Das Wort, das gesprochen wird" aus dem Jahr 1962 von der schöpfenden Kraft, die von den Dialogpartner*innen herrührt – auch und gerade in der Literatur. Es geht dabei darum, „aus dem Bestand der Sprache [zu schöpfen]"[14]; Bestand sieht Buber dabei im Gegensatz zum Besitz. Er macht darauf aufmerksam, dass sich „nicht bloß ‚an' und ‚in' uns, sondern auch ganz real, zwischen uns etwas begeben kann", dass das „Gesprochensein [...] das Zwischen zum Ort" hat.[15]

Was aus diesen Schilderungen hervorgeht, ist der wiederholte Rekurs auf räumliche Vorstellungen im Gespräch. Selbst dort, wo solche nur in Gesten angedeutet sind und also sprachlich implizit bleiben, kann man von der Idee des Räumlichen sprechen. Und in Bezug auf diese unterscheiden sich der Buber'sche Ansatz und das auf den Zen-Buddhismus zurückgehende Denken über Begegnungen und Gespräche meines Erachtens kaum. Gemeinsam ist beiden die Ereignishaftigkeit,[16] gemeinsam auch der Akzent auf das Zwischen als eines Zwischen-RAUMS, innerhalb dessen sich die Ereignisse des Ansprechens und Angesprochenwerdens abspielen.

Vorbestimmte Wege – abenteuerliche Parcours

Aus der Antike stammt die Verbindung von räumlichen Vorstellungen und Gedächtnisinhalten. In der Mnemonik werden Orte (*loci*) mit Bildern (*imagines*) verknüpft, um mitunter längere Reden oder Texte zu memorieren. Die ungeheuer starke Anziehungskraft, die Räume – auch oder schon – damals auf die Vorstellungskraft ausübten, wird von Cicero dem Einfluss der sinnlichen Wahrnehmung zugeschrieben, insbesondere dem des herausragenden Sinns, dem Gesichtssinn.[17]

13 Ebd., S. 11.

14 Martin Buber: Das Wort, das gesprochen wird. In: Bayrische Akademie der schönen Künste (Hrsg.): *Wort und Wirklichkeit. Sechste Folge des Jahrbuches Gestalt und Gedanke.* München: Oldenbourg 1960, S. 15–31, hier S. 17.

15 Buber: Das Wort, das gesprochen wird, S. 18.

16 Vgl. dazu insb. Grassi / Schmale (Hrsg.): *Das Gespräch als Ereignis.*

17 Vgl. Frances A. Yates: *Gedächtnis und Erinnern. Mnemonik von Aristoteles bis Shakespeare.* Weinheim: VCH 1990, S. 11.

So ist nach Frances A. Yates einer der gängigsten Typen des mnemonischen Ortssystems der an eine konkrete Architektur angelehnte:[18]

> Um im Gedächtnis eine Reihe von Orten zu bilden, erinnere man sich an ein möglichst geräumiges und komplexes Gebäude, an seinen Vorhof, den Wohnraum, die Schlafgemächer und Empfangsräume, nicht zu vergessen die Statuen und anderen Zierstücke, mit denen seine Räume ausgeschmückt sind. Die Bilder, mit deren Hilfe der Vortrag im Gedächtnis haften soll – nach Quintilian benutze man dafür beispielsweise einen Anker oder eine Waffe –, werden in der Vorstellung an die Orte in dem Gebäude gestellt, die man sich gemerkt hat. Ist man so verfahren, können alle diese Orte, sobald das Faktengedächtnis wiederbelebt werden muß, der Reihe nach aufgesucht und die dort verwahrten Pfänder zurückgefordert werden. Wir müssen uns das etwa so vorstellen, dass der antike Redner, *während* er seinen Vortrag hält, im Geist durch sein Erinnerungsgebäude geht und an allen erinnerten Orten die dort deponierten Bilder abnimmt.[19]

Wenn das Gedächtnis dabei „einem inneren Schreiben" gleicht,[20] dann entspricht das spätere Abrufen des Memorierten dem Lesen eines Texts. Die in dem vorgefertigten Text im zeitlichen Ablauf enthaltenen Argumente werden umgemünzt in einzelne Bilder an verschiedenen Orten und auf diese Weise dem Gedächtnis zugänglich gemacht. Ein bereits vorhandener, schwer zu vergegenwärtigender Gedächtnisinhalt wird also mittels visueller Hilfskonstrukte in Gestalt eines festgelegten Wegs verräumlicht und anschließend, um ihn wieder abzurufen, nach und nach in der vorher festgelegten Reihenfolge abgeschritten.
Das, was nun die Spezifik des Gesprächs ausmacht, lässt sich anschaulich in Analogie zu diesem Vorgehen beschreiben: Denn in einem tatsächlich stattfindenden Gespräch steht der zu durchlaufende Parcours den Sprechenden erst noch bevor. Man könnte sagen, das Gespräch entwickelt sich entlang unbekannter Pfade mit ungewissem Ausgang. Erst im Vollzug von Begegnung und wechselseitiger Rede werden diejenigen Wege beschritten und die Räume aufgespannt und ausgelotet, die dann im Rückblick – zum Beispiel im Modus des transkribierten

18 Yates: *Gedächtnis und Erinnern*, S. 12.
19 Ebd.
20 Ebd., S. 15.

Gesprächs – als Gesprächsverlauf beschreibbar werden. Die konkrete Gesprächspraxis entspinnt sich somit in dem noch unbeschriebenen, zwischen den beiden Gesprächspartner*innen erst im Entstehen befindlichen Raum, in den die einzelnen Alternativen und Gesprächspfade im Vollzug ihres Beschreitens gewissermaßen eingeschrieben werden.
Unabhängig davon, ob man die Analogie zu dem räumlichen Aspekt der antiken Mnemonik bis zu diesem offenen Sinn eines ganz und gar aus dem Nichts zu kreierenden Wegs zieht oder ob man von einer unendlichen und dennoch im Vorhinein kalkulierbaren Vielfalt an möglichen Gesprächsverläufen und deren Ergebnis ausgeht: Die Gegenüberstellung mit einer im Voraus festgelegten Rede und deren räumlich-visueller Anschauung stellt das räumliche wie auch das prozessual-kreative Moment des hier verwendeten Gesprächsbegriffs heraus, und es wird deutlich, dass sich im *Gesprächsverlauf* ein Raum aufspannt zwischen den Sprechenden, der später als *der* Gesprächsraum bezeichnet werden kann.

Raum und Sinnordnung bei Ernst Cassirer

Illustrationen des Räumlichen wie diese, die anhand von Imaginationen des empirischen Raums funktionieren, stellen jedoch nur einen Aspekt der möglichen Erscheinungsweisen von Raum dar. Besondere Relevanz gewinnt vor diesem Hintergrund der Ansatz Ernst Cassirers. Ihm zufolge sieht man sich mit der Pluralität von Vorstellungen des Raums und deren kultureller Determiniertheit konfrontiert.[21] Abweichend vom primären, alltäglichen Raumverständnis, demzufolge Raum nur als Behälter im Sinne eines geschlossenen Containers gesehen wird, sind Raumvorstellungen eben nicht auf dieses einzige, dem Alltag entnommene Konzept zurückführbar. Vielmehr ist von Raumkonzepten unterschiedlicher Provenienz auszugehen, ein Umstand, dem andere Sprachen zumindest ansatzweise Rechnung tragen: Im Englischen wird zwischen *room* für einen abgeschlossenen Raum und *space* für den unbegrenzten Raum oder Weltraum und, schließlich, *place* für den

21 Vgl. hierzu insb. Ernst Cassirer: Mythischer, ästhetischer und theoretischer Raum (1931). In: Jörg Dünne / Stephan Günzel (Hrsg.): *Raumtheorie. Grundlagentexte aus Philosophie und Kulturwissenschaft.* Frankfurt am Main: Suhrkamp 2006, S. 485–500; Jörn Bohr: *Raum als Sinnordnung bei Ernst Cassirer.* Erlangen: Filos 2008.

Ort differenziert – ähnlich wie im Französischen zwischen *espace* für Weltraum, *pièce* für Zimmer und *place* für Ort unterschieden wird. Nach Cassirer handelt es sich bei den Konzeptionen von Räumlichem um sogenannte Sinnordnungen: Räume sind nicht als substanzielle Entitäten, sondern als je verschiedene Auffassungsweisen von Räumlichem zu verstehen. Erst aus dem jeweiligen kulturell vorbestimmten Kontext werden die entsprechenden Sinnordnungen gebildet, wie Cassirer in seinem Vortrag „Mythischer, ästhetischer und theoretischer Raum" aus dem Jahr 1930 betont. Die Frage nach dem Sein und damit dem Grund der Dinge, wie sie von Martin Heidegger gestellt wurde, erfährt bei Cassirer eine Abwandlung: Er fragt stattdessen nach dem Sinn. Bezogen auf die vorliegende Fragestellung meint Sinn die jeweilige Erscheinungsweise von Raum. Dementsprechend liegt das wesentliche Moment des kulturphilosophischen Ansatzes in der Überzeugung, bei dem Menschen handele es sich um ein *animal symbolicum*, das sich die Welt durch Objektivation zugänglich machen und fortwährend erschaffen kann, wodurch es zum *homo symbolicus* wird. Erst durch seine herausgehobene Fähigkeit, dem ihm in der Welt Begegnenden eine symbolische Form[22] zu geben, kann der Mensch sich selbst und anderen ‚objektiv' werden. Damit einher geht immer eine Ent-Äußerung, also das Herausgehen aus der Innerlichkeit.[23]

> Statt der unmittelbaren ‚Wirklichkeit', statt der eigentlichen Existenz umgibt ihn jetzt nur noch eine Welt von Bildern, von Zeichen, von Symbolen – [...] von lauter Mittelbarkeiten und Uneigentlichem – der Übergang in die Welt der ‚Form' ist also der Verfall der Existenz u[nd] der Verfall des Lebens an diese Uneigentlichkeit.[24]

Was aus diesem Zitat hervorgeht, ist die Bedeutung, die dem kreativen Moment auch und besonders für das Zusammenspiel von Gespräch und Raum zukommt; nicht um das Sein geht es Cassirer also, sondern um die Formgebung. Verdeutlichen lässt sich dies weiter anhand der Redewendung, dass sich „ein Gespräch um etwas dreht"[25]. Erst vor

22 Zu den symbolischen Formen bei Cassirer gehören Mythos, Religion, Sprache und Kunst.

23 Bohr: *Raum als Sinnordnung*, S. 89–90.

24 Ernst Cassirer: *Heidegger-Vorl*[*esung*] (1929), Bl. 26r, zit. n. Bohr: *Raum als Sinnordnung*, S. 97.

25 Bohr: *Raum als Sinnordnung*, S. 12.

dem Hintergrund von Raum als Sinnordnung, wie ihn Ernst Cassirer beschreibt, erscheint es jetzt plausibel, diese Formulierung nicht nur als Metapher zu verstehen. Was im Gespräch geschieht, ist, dass

> ein thematisch gewordener Gegenstand stets aus seiner Umgebung herausgehoben, seinem bloßen Daliegen als Ding entrissen wird und überhaupt erst einen wirklichen Kontext erhält, indem er Gegenstand eines Gespräches [...] wird, das sich um ihn dreht und dabei seine vielfältigen Facetten abtastet.[26]

Wenn das Herausgehen aus der Innerlichkeit das menschliche Leben ganz allgemein nach Cassirer kennzeichnet, so gilt dasselbe für das Gespräch im Besonderen: Das Führen eines Gesprächs gleicht dem Herausgreifen eines ganz bestimmten Gegenstands aus der Vielheit an möglichen Gegenständen. Dieser wird anschließend in seiner ganzen Vieldimensionalität Facette für Facette abgetastet und erschlossen. Im Verlauf des Gesprächs wird dem erörterten Gegenstand gewissermaßen ein Stempel durch die Sprechenden aufgedrückt und dadurch die jeweils eigene Form gegeben.

Denkräume – Gesprächsräume

Wesentlich bei Cassirers Ansatz ist der Bezug auf Kontext und konkrete Situation: Erst indem ein Ding oder Problem aus seiner *allgemeinen* Formulierung heraus und in den je spezifischen situativen Zusammenhang eingebettet wird, erhält es seine Bedeutung für die am Gespräch Teilnehmenden. Insofern kann man den Gesprächsraum als einen Raum beschreiben, innerhalb dessen die unterschiedlichsten Perspektiven auf ein Problem oder Thema überhaupt erst zur Entfaltung kommen. Um ein Gespräch in dem hier verwendeten Sinn möglich zu machen, müssen die Sprechenden also erstens der Herausforderung begegnen, grundverschiedene Zugangsweisen zur Welt[27] aufeinandertreffen zu lassen. Zweitens stellt dieses Aufeinandertreffen selbst eine Herausforderung dar, denn festgefügte Anschauungen und Konzepte können dadurch leicht ins Wanken geraten.

26 Ebd.

27 Zum Aufeinandertreffen zweier Welten und der Eigenschaft von Gesprächen, deren Teilnehmer*innen dadurch zu verwandeln, vgl. auch Hans-Georg Gadamer: Die Unfähigkeit zum Gespräch (1972). In: Ders.: *Gesammelte Werke*, Bd. 2: Hermeneutik II. Tübingen: Mohr 1986, S. 207–215, hier S. 210.

Im Gegensatz zu einem Dialog, der in der Präsentation eines Themas besteht, die zwar äußerlich auf zwei Sprecher*innenrollen verteilt ist, in Wirklichkeit aber auf einer von vornherein abgeschlossenen Überlegung oder Argumentation beruht, trägt das Gespräch, wie es hier verstanden wird, den Charakter des Prozesshaften.[28] Dieser Eigenschaft entspricht es auch, wenn im Sich-Ereignen des Gesprächs erst Räume entstehen, man könnte auch sagen: gefunden oder *ein-ge-räumt* werden. Im Verlauf des Gesprächs werden die verschiedenen Auffassungen eines Themas dadurch erschlossen, dass für jede von ihnen der entsprechende Raum geöffnet oder, vielmehr, im Vollzug geschaffen wird. In dieser Perspektive ist ein beginnendes Gespräch nichts anderes als die Schnittmenge aufeinanderprallender, einander zunächst noch fremd gegenüberstehender Räume.
In der Pluralität verschiedener Auffassungsweisen von Raum scheint mir der Cassirer'sche Ansatz auch und gerade für das Verständnis der Möglichkeiten, die Gespräche bieten, fruchtbar zu sein. Der oftmals sehr unterschiedliche Hintergrund der Gesprächsteilnehmer*innen führt mitunter zu einer plötzlichen Konfrontation von Anschauungen, für deren Vermittlung das Gespräch die entscheidende Bühne liefern *kann*. In ihrem abrupten Aufeinanderprallen verschaffen sich die unterschiedlichen Anschauungen und Weltzugänge Raum in Gestalt der quasi erzwungenen Konfrontation. In einem so verstandenen Gespräch setzt die anfangs darin noch herrschende Unvermitteltheit dann sehr bald einen Prozess in Gang, in dessen Verlauf unverhoffte Kombinationen und neue Räume der Überblendung entstehen. Die Wucht des Aufpralls, so könnte man sagen, reflektiert zurück auf die am Gespräch Beteiligten, formt sie und macht einer Neugier Platz, die am ehesten mit dem suchenden Abtasten des Gegenstands beschrieben werden kann.
Was mithilfe des Cassirer'schen Ansatzes dargestellt wurde, macht das Beispiel des 2015 im Passagen Verlag erschienenen Bandes *Landschaft im Gespräch* anschaulich. Der Band vereint sechs Dialoge und einen Epilog, die der Architekturtheoretiker Albert Kirchengast

28 Die terminologische Unterscheidung zwischen *Dialog* und *Gespräch* wird unter dem nächsten Gliederungspunkt „Gesprächsorte und ein Blick in die Geschichte" weiter vertieft. Aufgrund unterschiedlicher anzutreffender Verwendungsweisen, die mein Text respektiert, wird im Folgenden jedoch bisweilen von einer strengen Unterscheidung abgewichen.

mit unterschiedlichen, jeweils namhaften Vertretern der Disziplinen Architektur, Philosophie und Literatur über Vorstellungen von Natur und deren Wirksamkeit in der heutigen Welt führt. Zwar taucht die Bezeichnung „Dialog" im Untertitel des Bandes auf – dennoch dient das genannte Beispiel der Illustration des von mir verwendeten Begriffs von ‚Gespräch', der vom Prozesshaften bestimmt wird. So heißt es im Vorwort:

> Was bedeutet Landschaft für das moderne Naturverständnis – dieses nur auf den ersten Blick so Allgemeine, jedem da draußen scheinbar vor Augen *Liegende*? Eigentümliche Präzision erreichen derartige *Zusammentreffen* dann, wenn *Unabgeschlossenes* immer wieder aufs Neue *aus dem Gesprächshintergrund hervorgeholt* wird – die Frage nach der ästhetischen Dimension von Landschaft für unsere *Gegenwart*.[29]

In dem Zitat wird das auf den konkret-empirischen Raum bezogene Thema der Landschaft in einen gemeinsamen Raum des Gesprächs eingebettet. Von diesem aus werden Türen geöffnet, d.h. Zugänge geschaffen, zu den Denkräumen der einzelnen Gesprächsteilnehmer*innen. Aus deren jeweiligem disziplinären Hintergrund wird dann zum Thema Passendes, nur Angedachtes oder noch Unfertiges hervorgeholt und von unterschiedlichen Seiten beleuchtet. „Indirekt", so Kirchengast, kann aus einem „[s]olch kolloquialen Vorgehen" ein „Konzept von Landschaft" erwachsen, zum Beispiel:

> dem sich an unserer eigenen Natur stets Entziehenden nicht unähnlich (Honneth); Form, die wir voraussetzen müssen, um ein – ökologisches – Ethos zu entwickeln (Schäfer); [...] schließlich Grund und Aufruf zu poetischem Widerstand (Maier).[30]

Hervorheben möchte ich den zuletzt Genannten, den Schriftsteller Andreas Maier. Im Verlauf des Gesprächs bringt er ganz offen seine Skepsis gegenüber den Möglichkeiten von Gesprächen selbst zum Ausdruck. Im Gegensatz zu den von ihm als kontingent empfundenen

29 Albert Kirchengast: *Landschaft im Gespräch. Sechs Dialoge und ein Epilog.* Wien: Passagen 2015, S. 15.
30 Ebd.

Äußerungen in einem Interview führt er die Potentiale von literarischen Texten an: Nur in ihnen sei es möglich, eine „komplette Darlegung einer Person, wie sie in ihrem Kern ist",[31] zu geben; nur über den literarischen Stil könne das, was Arthur Schopenhauer als die „Physiognomie unseres Geistes"[32] bezeichnet, vermittelt werden. Maier setzt also voraus, dass das Erfassen der Persönlichkeit nur mit den Mitteln der Literatur zu erreichen sei, die auf einem kalkulierten Einsatz sämtlicher Register von Inhalt und Stil beruhen. Vor allem aber sei nur die Literatur in der Lage, das abzugeben, was man mit dem Bild einer 360-Grad-Sicht auf die Persönlichkeit beschreiben könne.

Nimmt man aber an, dass Raum und Selbst sich im Gespräch immer neu formieren und wechselseitig bedingen, dann bietet ausgerechnet diese Kontingenz des Gesprächsverlaufs ungeahnte Möglichkeiten, die sonst versteckten Facetten der Persönlichkeit zu enthüllen. Denn gerade in der spontanen Äußerung zeigt sich, was Buber meint, wenn er sagt, der Mensch wohne in der Sprache. Das Gespräch mit Maier ist selbst Beweis dafür. Gewissermaßen *malgré soi*, ohne das geplante Zutun des Sprechenden, stellt sich beim Lesen des Gesprächs ein äußerst plastischer Eindruck von Maiers „Physiognomie des Geistes" ein, der dem, was Albert Kirchengast in seinem Vorwort als „Möglichkeit eines gelungenen Gesprächs" bezeichnet – nämlich „die darin verwickelten Persönlichkeiten hinter den Sätzen hervorscheinen zu lassen"[33] –, sehr nahe kommt. Zentral ist hier das kreative Moment; in diesem Sinn schreibt Jörn Bohr in Bezug auf Cassirers kulturell bestimmtes Wahrnehmungskonzept: „Ursprünglich gegeben ist dem Menschen *nichts*, nicht einmal der Raum."[34] Zwischen der von Andreas Maier angesprochenen „komplette[n] Darlegung einer Person, wie sie in ihrem Kern ist", und der Silhouette oder Physiognomie der Persönlichkeit, wie sie sich im spontanen Fließen von Rede und Gegenrede abzeichnet, ist der Unterschied nicht so sehr ein inhaltlicher; vielmehr ist die sich im Gespräch zeigende Physiognomie der Persönlichkeit von Grund auf fluide. So, wie im obigen Zitat auch der Raum selbst auf bestimmte Weisen der Wahrnehmung

31 Kirchengast: *Landschaft im Gespräch*, S. 28.

32 Zit. n. ebd.

33 Ebd., S. 15.

34 Bohr: *Raum als Sinnordnung*, S. 192.

angewiesen ist, ist auch das Selbst Gegenstand fortwährender Neu- und Umbildungen. So liegt in dem genannten Interview der überwiegende Redeanteil eindeutig bei dem Schriftsteller Maier, und dieser ihm zugebilligte ‚Rede-Raum' öffnet seinerseits den Raum, in dem sein Selbst, in Andeutung seiner ganzen Komplexität und mit zahlreichen Widersprüchen, hervortreten kann.

Die „schwingende Sphäre zwischen den Personen, die Sphäre, d[ie] ich [Buber] das Zwischen nenne und die wir niemals in den beiden Teilnehmern aufgehen lassen können",[35] schafft einen Raum, in dem sich Ich und Du, Selbst und Anderer ihrer selbst vergewissern und überhaupt erst an Kontur gewinnen. Und im Unterschied zu der geschriebenen, literarischen Sprache liegt die Besonderheit des gesprochenen Wortes darin, dass „es nicht bei seinem Sprecher bleiben will. Es greift nach einem Hörer aus, es ergreift ihn, ja es macht ihn selber zu einem, wenn auch vielleicht nur lautlosen Sprecher".[36] Dem möglichen Einwand, Denken sei ja bereits ein Sprechen des Menschen mit sich selbst, begegnet Buber mit dem Hinweis, dass die Wirklichkeit, an die damit gerührt werde, unvollständig bleibe. Für ihn entbehrt ein solches Monologisches des Überraschungsmoments. Erst in der Spannung zwischen völliger Identität der Auffassungen und absolutem Missverständnis vollzieht sich menschliche Kommunikation; sie basiert auf der Spannung, die sich im Gespräch bei Abweichen gewisser Begrifflichkeiten ergibt und die durchaus – solange sie nicht zu groß wird – fruchtbar sein kann.[37] Im Ringen um den zum Thema gemachten Gegenstand wird ein Raum aufgespannt zwischen den Sprechenden mit den sich unterscheidenden Begriffen. Indem der Gegenstand gedreht und gewendet wird, kann eine Annäherung stattfinden oder gar eine Übereinstimmung an einem vorher unbestimmten Punkt des Raums erzielt werden. Kommt es zu solchen Perspektivverschiebungen auf den Gegenstand, so bleiben diese nicht ohne Auswirkung auf die Sprechenden: Mit der neu gewonnenen Erkenntnis sind auch sie nicht mehr ganz dieselben wie zuvor.

35 Buber: Das Wort, das gesprochen wird, S. 18.

36 Ebd., S. 17–18.

37 Ebd., S. 19–21.

Gesprächsorte und ein Blick in die Geschichte

In ihrem in Gesprächsform angelegten Buch *Das Gespräch als Ereignis. Ein semiotisches Problem* von 1982 heben Ernesto Grassi und Hugo Schmale einen wesentlichen Unterschied zwischen einer mittelalterlichen *disputatio*, einem sophistischen Gespräch in der griechischen Antike und dem, was sie selbst unter einem Gespräch verstehen, hervor. Während bei der *disputatio* von bestehenden Prämissen ausgehend die formal-logischen Folgerungen gezogen werden, verstehen sie das sophistische Gespräch insofern als teleologisch orientiert, als darin auf ein vorbestimmtes Erkenntnisziel hingeführt wird. Im Gegensatz zu diesen beiden Formen der Unterhaltung ist das von ihnen als semiotisches, also bedeutungsstiftendes Ereignis begriffene Gespräch eins, in dem es „um die jeweilige konkrete historische Bekundung des Seins" geht.[38]

Im Hinblick auf das Thema des verräumlichten Selbst scheint mir diese Unterscheidung zentral zu sein. Geht man davon aus, dass der Mensch aufgrund des Bruchs, der sich mit der bloßen organischen Welt ergibt, über das Medium Sprache eine Objektivierung der Welt schafft, also eine *Distanz* zwischen Subjekt und Objekt einzieht, ist die Dimension Raum gerade im Gespräch, das ja über die Sprache stattfindet, immer schon anwesend. Neben diesem bisher als Gesprächsraum Bezeichneten rückt das wechselseitige Zusammenspiel von Selbst und Raum in seiner jeweiligen situativen Einbettung aber noch einen anderen Raum in den Fokus: den realen, empirischen Ort, an dem Gespräche stattfinden. Die Gegenüberstellung von *disputatio* oder rational basiertem Dialog auf der einen und offenem Gespräch auf der anderen Seite kann ebendiese Bindung an den konkreten Gesprächsort plausibel machen. Denn während eine sich in vorab festgelegten formallogischen Volten vollziehende Erörterung, die nur äußerlich in dialogischer Form gehalten ist, auf eine räumliche Situierung verzichten kann, ist das Gespräch in seiner ergebnisoffenen und bedeutungschaffenden Form notwendig an die jeweils persönliche, zeitliche wie örtliche Situierung gebunden.

38 Ernesto Grassi / Hugo Schmale: Das Gespräch als semiotisches Ereignis – Komödie oder Tragödie? Ein Abschlussgespräch zwischen den Herausgebern. In: Dies. (Hrsg.): *Das Gespräch als Ereignis*, S. 195–198, hier S. 196. Bei Buber ist derselbe Gedanke in den Begriff „aktuelles Begebnis" im Gegensatz zum „präsenten Bestand" und dem „potentialen Besitz" der Sprache gefasst (Buber: Das Wort, das gesprochen wird, S. 15).

Anschauliche Beispiele hierfür findet man, wenn man den Blick von der bislang rein synchronen auf eine diachrone Betrachtung hin ausweitet. So etwa, wenn sich in der räumlichen Situierung fiktiver Renaissance-Dialoge die epistemologische Kontingenz in der Wahl jeweils konkreter Schauplätze wie Villen, Gärten oder Säulenhallen manifestiert:[39] Die Absage an die eine, ewige Wahrheit, wie sie noch für die mittelalterlichen Dialoge kennzeichnend war, macht dort der Pluralität möglicher Standpunkte Platz; unterstrichen wird dies eben durch die Wahl unterschiedlicher, stets profaner Gesprächsstandorte. Im 17. und 18. Jahrhundert setzt sich diese Tendenz fort und mündet in die örtlich ganz konkret stattfindenden Konversationen einer aristokratischen und Geisteselite in den Salons dieser Zeit. Ab dem 19. Jahrhundert erlebt der inzwischen längst zur Institution gewordene Salon dann seinen Niedergang – zum einen aufgrund der zunehmenden Ausdifferenzierung und Spezialisierung des verfügbaren Wissens, zum anderen durch die Fragmentarisierung einer zur Masse gewordenen Gesellschaft.[40] So beschreibt Georg Simmel in seiner *Philosophie des Geldes* die Tendenz der Gesellschaft zur potentiell unendlichen Multiplikation sozialer Kontakte am beginnenden 20. Jahrhundert: Bindungen werden zunehmend austauschbar, denn der moderne Großstadtmensch steht in abstrakter, durch Geld vermittelter Beziehung zu anderen. Vor diesem Hintergrund einer grundsätzlichen, unüberwindlichen Distanz zwischen den Individuen der Moderne entwirft Simmel seinen Typus des Fremden.[41] Dieser ist innerhalb

39 Vgl. dazu Marc Föcking: Orte des Denkens, Orte des Redens. Zur Funktion des Raums im italienischen Dialog des Quattrocento. In: Rudolf Behrens / Rainer Stillers (Hrsg.): *Orientierungen im Raum. Darstellungen räumlichen Sinns in der italienischen Literatur von Dante bis zur Postmoderne.* Heidelberg: Winter 2008, S. 83–101; Wolfgang G. Müller: Dialog und Dialogizität in der Renaissance. In: Ders. / Bodo Guthmüller (Hrsg.): *Dialog und Gesprächskultur in der Renaissance.* Wiesbaden: Harrassowitz 2004, S. 17–32.

40 Vgl. dazu exemplarisch Roberto Simanowski: Einleitung. Der Salon als dreifache Vermittlungsinstanz. In: Ders. / Horst Turk / Thomas Schmidt (Hrsg.): *Europa – ein Salon? Beiträge zur Internationalität des literarischen Salons.* Göttingen: Wallstein 1999, S. 8–39.

41 „Es ist hier also der Fremde nicht in dem bisher vielfach berührten Sinn gemeint, als der Wandernde, der heute kommt und morgen geht, sondern als der, der heute kommt und morgen bleibt – sozusagen der potenziell Wandernde, der, obgleich er nicht weitergezogen ist, die Gelöstheit des Kommens und Gehens nicht ganz überwunden hat." (Georg Simmel: *Soziologie. Untersuchungen über die Formen der Vergesellschaftung.* Leipzig: Duncker & Humblot 1908, S. 685.)

eines bestimmten Raums angesiedelt – wobei der Raum als „Tätigkeit der Seele“[42] begriffen wird –, bringt aber in ihn von draußen kommende Qualitäten ein. Ist das Verhältnis zwischen Menschen grundsätzlich von der Spannung zwischen Nähe und Distanz geprägt, so Simmel, bedeutet „Fremdsein“ nichts anderes, als „dass der Ferne nah ist“.[43]
Für den Zen-Buddhismus gleicht der Raum des Zwischen einem leeren Brunnen, aus dessen Ununterschiedenheit die Entfaltung der Ich-Du-Beziehung erst möglich wird; für Buber ist das gemeinsame Schöpfen der Gesprächspartner*innen aus dem Reichtum und Bestand der Sprache zentral – auf je eigene Weise betonen also beide die produktive Kraft und Möglichkeit einer Ausgestaltung des Zwischenraums. Dagegen ist die Distanz aus der Simmel'schen Makroperspektive eine grundsätzlich andere: Der moderne Mensch lebt in entfremdeten, weil kalkulierenden und abstrakten Beziehungen, die nur ein Neben-, jedoch kein Miteinander zulassen. In einem solchen Szenario abstrakt vermittelter Beziehungen kann es nötig werden, das bisher skizzierte Verhältnis von Raum und Selbst neu zu definieren. Vor diesem Hintergrund ergibt sich die Frage: Wie kann oder muss die Überbrückung eines solchen Nebeneinanders beschaffen sein? Welche Spielräume kommen einer Vermittlung durch das Gespräch dann noch zu?

Brüche, Räume, Schrift

Wendet man sich wieder der Metaphorik von *sich unterhalten* zu, das auf das aktive *Halten* des Gesprächsfadens durch die Teilnehmer*innen verweist, stellt sich erneut die Frage nach Subjekt und Selbst.[44] Dem optimistischen Glauben an die Möglichkeiten von Dialog und Verständigung steht dabei ein grundsätzlicher Zweifel entgegen, wie er unter anderem von Jacques Derrida formuliert wurde. Der Zweifel an Autorität und Deutungshoheit, die dem Subjekt im Hinblick auf die von ihm und seinem Gegenüber erzeugte Bedeutung bei

42 Simmel: *Soziologie*, S. 685.

43 Ebd.

44 Die Rolle der Psychoanalyse bei der Unterminierung des ‚starken Subjekts‘ ist hier implizit, kann aber nicht gesondert vertieft werden.

Hans-Georg Gadamer zukommt, speist sich aus der Wahrnehmung Derridas, der Dialog versande immer wieder in einem Meer an möglichen, sich permanent multiplizierenden Zeichen. Verständigungsschwierigkeiten, Stockungen und Brüche in der Kommunikation sind die Folge, die Derrida zum Ausgangspunkt seines Nachrufs auf den Tod Hans-Georg Gadamers aus dem Jahr 2003 nimmt. In Gestalt eines inneren Dialogs mit dem verstorbenen Weggefährten gehalten, der nicht ohne Missverständnisse und Abbrüche denkbar ist, setzt sich Derrida mit Gadamers Hermeneutik als einer Methode des verstehenden Aufschließens von Texten auseinander. Entgegen Gadamers „Appell an den guten Willen und die absolute Verbindlichkeit im Bestreben nach Verständigung", das „sogar noch das Auftreten von Streit und Mißverständnis [regelt]", führt Derrida den Zweifel an einer „Metaphysik des Willens" ins Feld; eine solche Bestimmung gehöre einer „vergangenen Epoche" an.[45] Das Bemühen, einen endgültigen Sinn festschreiben zu wollen, muss notwendig in den Verdacht geraten, sich den gänzlich Anderen anzueignen und dadurch auszulöschen.

Stattdessen betont Derrida die Unterbrechungen oder Brüche im Dialog, auch und zuvörderst als paradoxe Bedingung für ein Verstehen. Die Unterbrechung gewinnt nun im Zusammenhang mit dem Anlass des Nachrufs – Gadamers Tod und dem Tod überhaupt – ihre eigentliche Pointe: Denn der Tod, dieser endgültige Bruch mit der Welt des anderen, nicht „*nur ein* Ende", sondern „jedesmal einzigartig, [...] jedesmal unendlich, nichts weniger als ein Ende *der* Welt", lässt den Überlebenden „*weltlos*" zurück.[46] Ihm wächst die Verantwortung zu, „sowohl den anderen als auch *dessen* Welt weiterzutragen, den verschwundenen anderen und *die* verschwundene Welt".[47] Als einer von mehreren Anknüpfungspunkten, den bereits zu Lebzeiten unterbrochenen Dialog zu Gadamer wiederaufzunehmen, gilt Derrida

45 Jacques Derrida: Guter Wille zur Macht (I). Drei Fragen an Hans-Georg Gadamer, aus d. Franz. v. Friedrich A. Kittler. In: Ders. / Hans-Georg Gadamer: *Der ununterbrochene Dialog*, hrsg. v. Martin Gessmann. Frankfurt am Main: Suhrkamp 2004, S. 51–54, hier S. 51–52.

46 Jacques Derrida: *Der ununterbrochene Dialog. Zwischen zwei Unendlichkeiten das Gedicht*, aus d. Franz. v. Martin Gessmann / Christine Ott / Felix Wiesler. In: Ders. / Gadamer: *Der ununterbrochene Dialog*, S. 7–50, hier S. 15 (Herv. i. Orig.).

47 Ebd. (Herv. i. Orig.).

die Lyrik Paul Celans. Es ist der Schlussvers eines der Gedichte Celans, der vor dem Hintergrund der empfundenen „Weltlosigkeit“ ins Zentrum der Aufmerksamkeit rückt: „Die Welt ist fort, ich muss dich tragen.“[48] Der Vers dient in mehrfacher Hinsicht als Bindeglied zwischen Derrida und Gadamer. Einmal, weil Celan von den beiden Denkern gleichermaßen geschätzt wurde, aber auch, weil sich an der Interpretation seiner Gedichte der Dissens zwischen ihnen entzündet hat.

Worum es mir für meinen Zusammenhang geht, ist der Begriff ‚tragen‘: Indem er ein tragendes Subjekt impliziert, das mit der Last eines anderen, getragenen Subjekts eine gerichtete Bewegung vollzieht, erinnert er an das ‚Halten‘ des Gesprächs, unterscheidet sich aber gleichzeitig von diesem. Nicht das Gleichmäßige, das gegenseitige Einvernehmen und Verstehen, sondern das Asymmetrische, der Bruch rücken hier in den Vordergrund in Gestalt einer Verantwortung, die der Tragende für den Getragenen und, womöglich, für dessen Vermächtnis übernimmt. Der zu Lebzeiten unterbrochene Dialog setzt sich im Inneren des Überlebenden in Gestalt einer unendlich weiter irrenden Spur fort.[49] So sehr ein solcher Dialog eines konkreten empirischen Orts entbehrt, gibt es dennoch einen deutlichen Bezug auf Räumliches. Er ergibt sich im Besonderen und als Parallele über den Hinweis auf Gadamers Interpretation des genannten Celan-Gedichts, die in ihrer Unentschiedenheit jegliche Festschreibung von Bedeutungen in der Schwebe hält und damit ungeahnte Wege der immer neu ansetzenden und nicht endenden Deutungen beschreibt. Dem zeitlich „endlosen Charakter des Dialoges“[50] analog vollzieht sich eine Bewegung im Raum der Schrift, der sich seinerseits „aufspannt“ wie der „Text“ eines Gedichts von Celan.[51]

Der Verweis auf das Gedicht als Bindeglied ist bezeichnend. Nicht nur, weil es sich hierbei, so zumindest die rückblickende Interpretation von Derrida, um einen Punkt maximaler Nähe zwischen den beiden Denkern handelt. Sondern auch, insofern es sich dabei um ein

48 Das Celan-Gedicht, das mit dem Vers „Große glühende Wölbung“ beginnt, stammt aus der Sammlung *Atemwende*. In: *Gesammelte Werke*, Bd. 2: Gedichte 2. Frankfurt am Main 2000, S. 97.

49 Derrida: Der ununterbrochene Dialog, S. 13, 23–24.

50 Ebd., S. 23. Derrida führt den Begriff aus *Wahrheit und Methode* ein.

51 Ebd., S. 22.

aus Worten gefügtes Kunstwerk handelt. Ohne das Gedicht mit dem Text „Der ununterbrochene Dialog" gleichsetzen zu wollen, kann man auch in diesem eine ästhetisierte Form der Schrift sehen, in die das mäandernde, ausgreifende Moment des imaginären Dialogs gekleidet ist. Bei der Verbindung von Freundschaft und Text ist man überdies versucht, an Montaignes Essays zu denken. In „De l'amitié" wird ein von Montaignes Freund La Boétie geschriebenes Büchlein zunächst zum Mittler und später, nach dessen Tod, zum Stellvertreter des abwesenden Freunds. Was der Essay vollzieht, ist die schrittweise Annäherung zwischen Schreibendem und Beschriebenem, wie Montaignes Essays[52] auch in ihrer Gesamtheit als Versuch verstanden werden können, „Freundschaft gegenwärtig zu machen im unendlichen Gespräch, in dem der Freund als Abwesender anwesend ist".[53] Das Unterwegssein zur Freundschaft ist also eines, das sich mittels der Sprache entfaltet, die Beziehung wird *in* der Sprache vergegenwärtigt.[54]

Folgt man noch einmal Cassirer, der der ästhetischen gegenüber der mythischen Raumordnung größere Freiheitsgrade zuschreibt, so kann der ästhetische Raum verstanden werden als „Inbegriff möglicher Gestaltungsweisen, in deren jeder sich ein neuer Horizont der Gegenstandswelt aufschließt".[55] Dieser Gedanke des *ästhetischen* Raums lässt sich auch auf die verschriftlichte Form des Gesprächs übertragen, und gleichzeitig soll hier der Versuch unternommen werden, diese im Kontext der modernen Entfremdung von Beziehungen als Möglichkeit und Form der „unterbrochenen Überbrückung" zu beschreiben. Bei dem Gespräch in seiner verschriftlichten Form handelt es sich nämlich um eine doppelte Distanznahme: Einmal wird der Gesprächsraum *zwischen* den Sprechenden geschaffen, dann wird dieser im Zuge eines Medienwechsels in die Textform überführt, welche beim Rezipieren einen weiteren, ästhetischen Raum aufspannt und

52 Michel de Montaigne: *Essais*, aus d. Franz. v. Hans Stilett. 3 Bde. München: dtv 2002.

53 Maria Moog-Grünewald: Die Gegenwärtigkeit der Freundschaft. In: Katharina Münchberg / Christian Reidenbach (Hrsg.): *Freundschaft: Theorien und Poetiken*. München: Fink 2012, S. 137–151, hier S. 143.

54 Ebd. Vgl. dazu auch den Titel der Tagung, auf die sich der gesamte Band bezieht: „Unterwegs zur Freundschaft – Acheminement vers l'amitié", die vom 24. bis 26. September 2010 an der Universität Luxembourg stattgefunden hat.

55 Cassirer: Mythischer, ästhetischer und theoretischer Raum, S. 499.

in der sprachlichen Anordnung selbst sein zweites Gegenüber findet. Die schriftlich-sprachliche Gestaltung setzt das mündliche Gespräch gewissermaßen fort und gestaltet es doch um, indem sie neue Räume des Ästhetischen erschafft, die eine Vergegenwärtigung des Anderen erst über den Umweg der reflexiven Distanznahme leisten.[56]

Mit der Anwendung von Ernst Cassirers Ansatz zur kulturellen Determiniertheit von Raumordnungen auf Gespräche lässt sich zeigen, dass eine Wendung wie „ein Gespräch dreht sich um etwas" nicht nur als Metapher zu verstehen ist. Vielmehr wird in einem Gespräch in dem hier verstandenen Sinn aus der Vielzahl an möglichen Gegenständen ein einziger herausgegriffen und nach allen Seiten hin beleuchtet. In Rede und Gegenrede wird dann, im Zuge der gegenseitigen Annäherung oft divergierender Sichtweisen und aus dem Bestand der Sprache schöpfend, ein je unverwechselbares Muster an Wegen im Zuge ihres Beschreitens geschaffen. Der Ereignischarakter des Gesprächs ist so unauflösbar mit der Überblendung individueller und der Kreation gemeinsamer Räume verbunden. Gleichzeitig verändert sich mit der Perspektive auch das Selbst: Indem es Drehungen und Öffnungen mitmacht, unterliegt es fortwährenden Verschiebungen, Anpassungen und Brüchen. Selbstbildung und Raumbildung bedingen sich gegenseitig. Besonders anschaulich ist der räumliche Aspekt in Gestalt des empirischen Gesprächsorts – nur eine von zahlreichen Auffassungsweisen von Raum. Fehlt ein solcher Ort der persönlichen Begegnung, sei es von Angesicht zu Angesicht oder im virtuellen Raum, kommt es zu einer weiteren Distanzierung in Form von Schriftlichkeit. Die wechselseitige Formung und Schaffung von Räumen ist nicht mehr unmittelbar gegeben. Umso mehr schafft sich das Selbst in der Schrift seinen Raum in der Zeit.

56 Vgl. dazu Cassirers Bemerkung, dass es sich bei dem ästhetischen Raum im Unterschied zum theoretischen um einen echten „Lebensraum" handelt (Cassirer: Mythischer, ästhetischer und theoretischer Raum, S. 498).

Christoph Paret

Erving Goffman über Konstruktionsweisen des *personalen Raums*

Der Einzelne, wie er steht und geht, nimmt ein bestimmtes Raumvolumen ein. Diese Feststellung ist trivial. Begriffe wie *Privatsphäre*, *personaler Raum* (*personal space*) oder *persönlicher Freiraum* zeigen jedoch an, dass es auch ein weniger banales Verhältnis zwischen Raum und Selbst geben könnte.[1] Sie beziehen sich auf die wohl intimste Verbindung, die Selbst und Raum unterhalten können. Doch was ist mit dem personalen Raum gemeint? Verweist der Begriff etwa auf besondere Räume, die es gestatten, dass man in ihnen persönlicher sein kann als anderswo? Oder ist damit ein seelischer innerer Bereich benannt, der den Kern unserer Persönlichkeit ausmacht? Nein, der eigentliche Ausgangspunkt der Rede vom personalen Raum bildet die Begegnung mit dem Anderen – und die Gefahr, die daraus erwächst. Der personale Raum stellt für die Persönlichkeit des Einzelnen zunächst einmal jenen Schutzraum dar, der nicht ohne Weiteres übertreten werden kann, ohne dass dies „eine Lädierung des Ich in seinem Zentrum bedeutet", so Georg Simmel.[2] Der personale Raum legt dem Gegenüber somit unbedingte Zurückhaltung auf. In einer Bemerkung, die von Erving Goffman vielfach aufgegriffen werden sollte, spricht Simmel von der

1 Vgl. Raymond Geuss: *Privatheit. Eine Genealogie,* aus d. Engl. v. Karin Wördemann. Frankfurt am Main: Suhrkamp 2013, zu Goffman S. 34–36.

2 Georg Simmel: Psychologie der Diskretion. In: Ders.: *Schriften zur Soziologie,* hrsg. v. Heinz-Jürgen Dahme / Ottheim Rammstedt. Frankfurt am Main: Suhrkamp 1983, S. 151–158, hier S. 152.

> wirkungsvollen Empfindung, daß um jeden Menschen eine ideelle Sphäre liegt, nach verschiedenen Richtungen und verschiedenen Personen gegenüber freilich ungleich groß, in die man nicht eindringen kann, ohne den Persönlichkeitswert des Individuums zu zerstören. Einen solchen Bezirk legt die Ehre um den Menschen; sehr fein bezeichnet die Sprache eine Ehrenkränkung als ‚zu nahe treten', der Radius jener Sphäre sozusagen bezeichnet die Distanz, deren Überschreitung durch eine fremde Persönlichkeit die Ehre kränkt.[3]

Freilich ist bereits Simmel unentschieden hinsichtlich der Frage, ob die Persönlichkeit des Individuums das primäre Faktum ist, das in einem zweiten Schritt mit Diskretion beschützt werden muss, oder ob nicht vielmehr der Schutz des personalen Raums erst die Bedingung dafür ist, dass sich die Persönlichkeit – oder auch nur der Eindruck einer solchen – einstellen kann. Es gibt laut Simmel Ausnahmemenschen, deren Persönlichkeit derart wandlungsreich ist, dass der Schutzraum des personalen Raum für sie entbehrlich ist: „Ohne Gefahr können nur diejenigen Menschen sich ganz geben, die sich überhaupt gar nicht ganz geben *können*, weil der Reichtum ihrer Seele in fortwährenden Weiterentwicklungen besteht".[4] Diejenigen dagegen, die nicht mit derartiger seelischer Unausschöpflichkeit gesegnet sind, müssen sich darauf verlassen, dass mittels des personalen Raums ihre Persönlichkeit weniger gewahrt als vielmehr in jenes Halbdunkel getaucht wird, in welchem ihr Mangel an Persönlichkeit nicht offen zu Tage liegt. Der personale Raum wird in diesem Fall für das Gegenüber zum Projektionsraum, in welchem es einem zuliebe jene Persönlichkeit hineindeponieren kann, die man vielleicht gar nicht besitzt:

> Der andere soll uns nicht nur eine hinzunehmende Gabe schenken, sondern auch die Möglichkeit, ihn zu beschenken, mit unseren Idealisierungen und Hoffnungen, mit seinen verborgenen Schönheiten und ihm selbst unbewußten

3 Georg Simmel: *Soziologie. Untersuchungen über die Formen der Vergesellschaftung. Gesamtausgabe*, Bd. 2. Frankfurt am Main: Suhrkamp 1992, S. 396. Vgl. Erving Goffman: *Wir alle spielen Theater. Die Selbstdarstellung im Alltag*, aus d. Engl. v. Peter Weber-Schäfer. München / Zürich: Piper 1969, S. 64; ders.: Über Ehrerbietung und Benehmen. In: Ders.: *Interaktionsrituale. Über Verhalten in direkter Kommunikation*, aus d. Engl. v. Renate Bergsträsser / Sabine Busse. Frankfurt am Main: Suhrkamp 1986, S. 54–105, hier S. 70.

4 Simmel: Psychologie der Diskretion, S. 156.

Reizen. Der Ort aber, an dem wir all dies von uns deponieren, ist der undeutliche Horizont seiner Persönlichkeit, das Zwischenreich, in dem der Glaube das Wissen ablöst.[5]

So oder so lässt sich das, was Simmel „Persönlichkeitswert“ nennt, nicht auf den Begriff bringen, entweder weil sich die Persönlichkeit des Betreffenden aufgrund ihrer fortwährenden Weiterentwicklung nicht positiv fixieren lässt oder aber weil der Wert der Persönlichkeit in dem Maße hoch im Kurs steht, als man sich von ihr „fernhält“.[6]
Wie metaphorisch oder wie konkret ist Simmels Rede von dieser „ideellen Sphäre“ zu verstehen? Soll man sie so auffassen, dass man tatsächlich von einem bestimmten physischen Raum umschlossen ist? Sicherlich wäre es unzureichend, sie ausschließlich wortwörtlich zu nehmen. Das wird deutlich, wenn Simmel in obigem Zitat die Rede auf die „Ehrenkränkung“ bringt: Man kann, heißt es dort, jemandem beispielsweise mit indiskreten Worten „zu nahe treten“, ohne sich ihm deshalb im Raum genähert zu haben. Doch ist die Redeweise von dem „Bezirk“, der um den Einzelnen gelegt ist, auch nicht nur metaphorisch in dem Sinne, dass man diesem Menschen ohne Weiteres wortwörtlich ‚auf die Pelle rücken‘ dürfte. Dass dieser einzuhaltende Abstand auf eine sehr konkrete und keineswegs übertragene Weise zu verstehen ist, lässt sich dem Umstand entnehmen, dass die Disziplin, die sich vornehmlich mit dieser ideellen Sphäre befasst hat, die Ethologie ist, welche die Frage der Territorialität und des Gegenseitig-Abstand-Haltens vornehmlich am Tierverhalten studiert hat.[7]
Zudem lässt sich fragen, inwiefern die ideelle Sphäre Ausweis von Macht- und Statusdifferenzen ist oder ob sie nicht vielmehr jenen Bereich bezeichnet, in dem man vor den schädlichen Auswirkungen solcher Differenzen geschützt sein sollte. Denn einerseits ist besagte Sphäre, so Simmel, abhängig von der Person und ihrem Rang „ungleich groß“.[8] Und Erving Goffman berichtet von einem Fall, wo

5 Ebd., S. 157.

6 Ebd., S. 151.

7 Erving Goffman: Die Territorien des Selbst. In: Ders.: *Das Individuum im öffentlichen Austausch. Mikrostudien zur öffentlichen Ordnung*, aus d. Engl. v. Rolf Wiggershaus / Renate Wiggershaus. Frankfurt am Main: Suhrkamp 1982, S. 54–96, hier S. 58.

8 Simmel: *Soziologie*, S. 396.

respektvolles Abstandwahren auch Verhaltensweisen abverlangt, die nichts Würdevolles an sich haben. Königin Victoria habe etwa bestimmt,

> daß jeder, der sie kommen sah, wenn sie auf dem Palastgelände in ihrem Ponywagen fuhr, nach der anderen Seite schauen oder in eine andere Richtung zu gehen hatte; infolgedessen mußten bedeutende Politiker manchmal ihre Würde preisgeben und hinter ein Gebüsch springen, wenn sich die Königin unerwartet näherte.[9]

Andererseits steht mit dieser ideellen Sphäre laut Simmel immer auch der Persönlichkeitswert des Betreffenden auf dem Spiel. Deshalb gemahnt die Rede von der ideellen Sphäre, die zu würdigen sei, an das liberale Mantra, dass die Freiheit des einen Menschen dort ende, wo die Freiheit des anderen beginne. So hat etwa Wolfgang Kersting von einer „egalitären Parzellierung des Interaktionsraumes" gesprochen: Jeder „besitzt eine gleich große Freiheitsparzelle, in der er vor dem Eingriff des Staates und den Übergriffen seiner Mitmenschen sicher sein kann und die er nach eigenem Gutdünken, gemäß der eigenen Fähigkeiten und gemäß der eigenen Mittel ausstatten kann".[10] Dass der persönliche Raum Ergebnis von Machtunterschieden ist als auch jenen Schutzraum bildet, der Interaktionspartnern Grenzen setzt, hat eine merkwürdige methodische Konsequenz: Sicherlich geht es mir im Folgenden mit Erving Goffman auch um eine mikrosoziologische Perspektive auf das Selbst und seinen personalen Raum, deren Konstitution als soziale Praxis verstanden werden kann. Ein derartiger Blickwinkel hat immer ein kritisches Element: Etwas als sozial konstruiert zu beschreiben, besagt stets auch, dass es anders hätte konstruiert werden können. Die Konstruktionsweisen des personalen Raums jedoch fallen aus dem Rahmen, insofern hier das kritische Moment in die Praktiken selbst eingelassen ist. Meine These lautet: Die Konstruktionsweisen des personalen Raums stellen jene sozialen Praktiken dar, die das Selbst in dem Maße konstruieren, als sie

9 Goffman: *Wir alle spielen Theater*, S. 111.

10 Wolfgang Kersting: Der liberale Liberalismus: Notwendige Abgrenzungen. In: *Freiburger Diskussionspapiere zur Ordnungsökonomik* 05/13 (2005). https://www.econstor.eu/bitstream/10419/4360/1/05_13bw.pdf (Zugriff am 02.02.2017), S. 1–24.

es außen vor halten. Die „fortwährenden Weiterentwicklungen" des Ich, der „undeutliche Horizont" der Persönlichkeit, von denen Simmel spricht[11], bezeugen sich in diesem Fall also weniger im ständigen Neuaushandeln sozialer Praktiken, sondern in jenen besonderen Praktiken, mittels derer der personale Raum errichtet wird. Anders formuliert: Statt lediglich mit kontingenten Praktiken hat man es hierbei mit einer Praxis der Kontingenz zu tun. Das bildet wohl auch den Grund für Erving Goffmans starkes Interesse an Georg Simmel und dessen Theorie der Diskretion, den er überraschenderweise viel häufiger zitiert als etwa George Herbert Mead und andere Mitglieder der Chicagoer Schule. Mit Simmel verbindet Goffman das Interesse an folgender Frage: Wie kann der Einzelne vergesellschaftet werden, ohne dadurch vereinnahmt zu werden? Wenn Erving Goffman also den personalen Raum verhandelt, dann konzipiert er das Selbst nicht als eines, das durch soziale Kontrolle hervorgebracht wird, sondern er fragt nach den besonderen Institutionen, die das Selbst, anstatt es unter Kontrolle zu bringen, aus dem Spiel halten. Wobei Erving Goffman Simmel in der Annahme folgt, dass es unter Umständen schwer festzustellen ist, ob das Selbst vielleicht nur deshalb aus dem Spiel gehalten wird, um keine Zweifel an seiner Existenz aufkommen zu lassen.

Zwei Schwierigkeiten, den personalen Raum zu respektieren

Die Besonderheit von Erving Goffmans Behandlung der Simmel'schen ideellen Sphäre besteht darin, dass er sich nicht damit begnügt, ihre Achtung zu empfehlen. Er belässt es also nicht bei dem Plädoyer, den personalen Raum oder die Freiheitsparzellen Einzelner zu respektieren. Das Vorhaben, ein Gegenüber unbehelligt zu lassen, bedarf nach Goffman keineswegs lediglich einer Form der Enthaltsamkeit. Es erfordert mehr als nur den Entschluss, bestimmte Dinge *nicht* zu tun. Vielmehr sind stattdessen positive Fertigkeiten nötig. Simmel hatte von den negativen Auswirkungen berichtet, die es haben kann, wenn man ungebeten in den Radius oder die ideelle Sphäre eines anderen eintritt.[12] Vorausgesetzt war dabei jedoch, dass Distanznahme

11 Simmel: Psychologie der Diskretion, S. 156.

12 Simmel: *Soziologie*, S. 396.

überhaupt möglich ist. Nur, wie lassen sich derartige Grenzübertritte überhaupt vermeiden? Mit dieser Frage geht Goffman über Simmel hinaus: Beim Versuch, Diskretion zu wahren, ergeben sich ihm zufolge zwei konkrete Probleme, die Simmel nicht bedachte.[13] Das erste Problem findet sich in dem (1967 von Paul Watzlawick prominent gemachten) Umstand, dass man nicht nicht kommunizieren kann.[14] Goffman schreibt bereits vier Jahre vor Watzlawick und dessen Kollegen: „Obwohl ein Mensch aufhören kann zu sprechen, kann er nicht aufhören, mit seinem Körper zu kommunizieren; er [...] kann [...] nicht gar nichts sagen".[15] So wünschenswert es also bisweilen auch sein mag, in einer zwischenpersönlichen Situation auf ein Gegenüber keinen Einfluss auszuüben, so undurchführbar scheint dieser Wunsch zunächst einmal zu sein. Wenn selbst Schweigen etwas Sprechendes an sich hat, stellt sich die Frage, wie man einen Anwesenden denn überhaupt in Ruhe lassen kann?

Als zweites Problem führt Goffman an, dass jeder Versuch, zu jemandem respektvollen Abstand zu wahren, zu dem Missverständnis Anlass gibt, man meide sie oder ihn in Wahrheit aus Selbstschutz: „So wie jemand ein Objekt meiden kann, um es nicht zu beschmutzen oder zu entehren, so kann er es ebenso meiden, um von ihm nicht beschmutzt oder entehrt zu werden."[16] Wie markiert man dann aber die Differenz zwischen respektvoller, ehrfürchtiger Scheu und Abscheu oder Furcht? Wer respektvolles Verhalten gegenüber einem anderen Menschen an den Tag legen möchte, wird „von zwei einander widersprechenden Neigungen erfasst [...] – nämlich

13 Die Probleme, die sich Simmel zufolge beim Versuch einstellen, diskret zu sein, bestehen darin, dass man nebenbei und unabsichtlich in der Interaktion mit einem Gegenüber mehr Dinge über es erfährt, als es von sich aus preisgeben würde. Simmels eigentlicher Einsatzpunkt besteht aber in einem Plädoyer für mehr Diskretion in Bereichen, wo man am ehesten auf sie zu verzichten können glaubt, in der Freundschaft und der Ehe (vgl. Simmel: Psychologie der Diskretion).

14 Paul Watzlawick / Janet H. Beavin / Don D. Jackson: *Menschliche Kommunikation. Formen, Störungen, Paradoxien,* aus d. Engl. u. bearb. v. Paul Watzlawick. Bern: Huber 1969, S. 58–60.

15 Erving Goffman: *Interaktion im öffentlichen Raum*, aus d. Engl. v. Hanne Herkommer. Frankfurt am Main / New York: Campus 2009, S. 51.

16 Goffman: Über Ehrerbietung und Benehmen, S. 78. Hier hat die Kategorie der sogenannten Ambivalenz des Heiligen ihren systematischen Platz. Für eine Kritik vgl. Giorgio Agamben: *Homo sacer. Die souveräne Macht und das nackte Leben*, aus d. Ital. v. Hubert Thüring. Frankfurt am Main: Suhrkamp 2002, S. 85–90.

maximale Entfernung von den anderen einzuhalten und sich gleichzeitig nicht wie jemand zu verhalten, der andere meidet, was Anstoß erregen könnte“.[17]
Von diesen beiden Problemen – der Unumgänglichkeit der Einmischung und dem Schillern der Zurückhaltung zwischen Ehrbezeugung und Abgestoßensein – sind allerdings nur unmittelbar Anwesende betroffen, welche sich gemeinsam in Riech-, Hör- und Sichtweite aufhalten. Bei diesen Problemen kommt die räumliche Nähe der Betreffenden zum Tragen. Doch dann liegt eine Lösung auch schon auf der Hand: Um aus dem Blickfeld des Gegenübers zu geraten, könnte man sich hinter Wände zurückziehen. Es bietet sich an, den personalen Raum mittels architektonischer Abschirmungen zu wahren.

Architektonische Abschirmungen

Wenn Goffman von „unserer von Wänden durchzogenen westlichen Gesellschaft“ spricht,[18] erinnert dies daran, dass eine naheliegende Möglichkeit, die Simmel'sche ideelle Sphäre zu respektieren, darin besteht, Sichtblenden und Scheidewände einzuziehen. Für den Rückzug hinter Wände, wo man vor den Blicken anderer sicher ist, spielen architektonische Innovationen wie zum Beispiel die Erfindung des Korridors 1597 und seine allgemeine Durchsetzung im 19. Jahrhundert eine wichtige Rolle. Der Korridor hatte den Effekt, dass man nicht mehr jedes einzelne Zimmer beim Gang durch das Haus passieren musste. Das Haus wurde in zwei gesonderte Sphären aufgeteilt, „in ein inneres Refugium bewohnter, voneinander getrennter Räume und in einen unbewohnten Bewegungsbereich aus Korridoren und Treppen“.[19] Dabei ist systematisch unklar, was historisch zuerst kommt: Ein schutzbedürftiges Selbst, auf dessen Bedürfnisse der Korridor antwortet, oder ein Korridor, dessen Effekt die ideelle Sphäre ist, welche das Selbst umschließt. Robin Evans schreibt: „Heute ist schwer

17 Goffman: Die Territorien des Selbst, S. 59.

18 Goffman: *Interaktion im öffentlichen Raum*, S. 33.

19 Robin Evans: Menschen, Türen, Korridore, aus d. Engl. von Fritz Schneider. In: *Arch+. Zeitschrift für Architektur und Städtebau* 134/135 (1996), S. 85–97, hier S. 91.

zu sagen, was zuerst privater wurde: der Wohnraum oder die Seele?“[20] Das eine hat sich nicht ohne das andere herausbilden können. Allerdings ist die architektonische Lösung der Abschirmung für Goffman aus mehreren Gründen unzureichend, wenn es um den Schutz der ideellen Sphäre geht. Zum einen wird das Problem der Unumgänglichkeit der Einmischung dadurch weniger gelöst als vielmehr verschoben – und zwar an die Schwellen von öffentlichen Räumen zu den Räumen privater Abgeschiedenheit:

> Wenn Außenseiter bewußt eine solche Region betreten, geben sie oft den bereits Anwesenden ein Warnzeichen in Form einer Mitteilung, oder indem sie anklopfen oder hüsteln, so daß ihr Eindringen, wenn nötig, aufgeschoben oder die Bühne schnell aufgeräumt werden kann und die Anwesenden den passenden Gesichtsausdruck annehmen können.[21]

Überdies ist es gleichermaßen problematisch, sich aus der Gesellschaft anderer in die Abgeschiedenheit zurückzuziehen, wie das Eindringen anderer in die eigene Abgeschiedenheit auszuschließen. Um den Verdacht zu zerstreuen, der Rückzug erlaube, anstatt Respektbezeugung zu sein, Rückschlüsse auf eine gewisse Feindseligkeit, ein Misstrauen oder eine Abscheu gegenüber denjenigen, die man verlässt, sind Abschiedszeremonien vonnöten, die ein schlechtes Gewissen demonstrieren („Entschuldigen Sie mich bitte“[22]) oder den bloß vorübergehenden Charakter des Rückzugs unterstreichen („Auf Wiedersehen“, „Bis dann“, „Auf bald“).[23] Im selben Maß, wie es heikel ist, sich aus jemandes Gegenwart zu entfernen, ist es heikel, anderen den Zugang zu sich zu verwehren: Das Schlaf- und das Badezimmer sind überhaupt die einzigen Orte, in die „jemand, der allein ist, sich wirklich einschließen darf, ohne die Form zu verletzen“.[24] Selbst in diesem Fall ist es jedoch bekanntlich eine verzwickte Angelegenheit, als ungebetener Eindringling seine Aufmerksamkeit auf den Umstand

20 Evans: Menschen, Türen, Korridore, S. 91.

21 Goffman: *Wir alle spielen Theater*, S. 208.

22 Derartige zeremonielle Entschuldigungen wären ein Anlass, die These zu überdenken, Schuld sei *per se* etwas Innerliches.

23 Erving Goffman: Der bestätigende Austausch. In: Ders.: *Das Individuum im öffentlichen Austausch*, S. 97–138, hier S. 122–123.

24 Goffman: *Interaktion im öffentlichen Raum*, S. 55.

zu richten, dass jemand hinter sich abgesperrt hat (etwa indem man an eine verschlossene Tür anklopft).
Zugleich sind gerade das Bade- und Schlafzimmer, welche die entschiedenste Antwort auf die Frage geben, wie jemandes ideelle Sphäre zu respektieren sei, die Orte, an denen diese Sphäre hochgradig gefährdet ist. Einerseits stellen sie nämlich jene Privaträumlichkeiten dar, welche am ehesten Respekt gebieten, andererseits bilden sie die Stätten der am wenigsten respektablen oder zumindest banalsten Handlungen und Vorgänge, wobei die Palette von Ausscheidungen über sexuelle Handlungen bis hin zu der Tatsache reicht, dass man sich hier jener Passivität des Schlafs überantwortet, welche der sonst geforderten „diffuse[n] Aufmerksamkeit", dem „Interaktionstonus", entgegensteht.[25] Aus diesem Grund ist es auch eine solch heikle Angelegenheit, sich gehen zu lassen, wenn man sich allein in einem Zimmer oder einer Wohnung aufhält. Selbst in völliger Abgeschiedenheit ist es eine offene Frage,

> ob man sich im Extremfall „aus dem Spiel" ausklinken darf, wenn man völlig allein ist. So wird jemand, der ganz allein und völlig entspannt ist und von einem spontanen Besucher überrascht wird, nicht minder verlegen sein als sein Gast. Der Überraschte hat offenbar nicht ganz das Recht, für eine Weile nicht korrekt bekleidet zu sein, und der Eindringling hat offenbar nicht ganz das Recht, den andern bei seiner Unkorrektheit zu ertappen.[26]

Es ist in diesem Fall auf sonderbare Art und Weise unentschieden, wer es ist, der letztlich das Sakrileg begeht. Ist es derjenige, der respektlos in jemandes ‚Heiligstes' eindringt, oder derjenige, der sich dort in einem wenig respektablen Aufzug erwischen lässt und damit offenbart, dass es gar kein ‚Heiligstes' gibt? Die Rede von einer ‚Heiligkeit' entspricht Goffmans eigener Wortwahl. Nach Goffman fungiert das Selbst in der Mittelschicht als „zeremonielles, geheiligtes Objekt":

> Es ist vielleicht wichtig zu erkennen, dass das Selbst zum Teil ein zeremonielles, geheiligtes Objekt ist, das man mit angemessener, ritueller Sorgfalt behandeln muss. Als Mittel zur Etablierung dieses Selbst benimmt sich das

25 Ebd., S. 40; vgl. ders.: *Wir alle spielen Theater*, S. 112.
26 Ebd., S. 56.

> Individuum angemessen im Kontakt mit anderen und wird von ihnen mit Ehrerbietung behandelt. Man muss sich aber darueber im Klaren sein, dass der Boden dafür vorbereitet werden muss, dass dieses geheiligte Spiel stattfinden kann.[27]

Hat man dies so zu verstehen, dass hier eine ursprüngliche Heiligkeit zeremonieller Vorkehrungen bedarf, oder ist diese Heiligkeit vielmehr ein zeremonieller Effekt? Im ersteren Fall hätten besagte Zeremonien lediglich Schutzfunktion, im letzteren Fall dagegen entspräche die Logik des Selbst dem Sakralen, welches Niklas Luhmann zufolge kein natürliches Vorkommnis sei, sondern durch Geheimhaltung konstituiert wird. Die „heiligen Knochen“ werden demnach nicht zufällig außer Reichweite der Gläubigen aufbewahrt. „Andernfalls würde man natürlich rasch herausbekommen, dass die heiligen Knochen bloß Knochen sind.“[28] Ähnlich Goffman: Was in Form des Geschehens auf der „Hinterbühne“[29] den Blicken der Zuschauer verborgen ist, ist oft schlicht die Tatsache, dass es nichts zu verbergen gibt:

> Das Publikum wähnt hinter der Darstellung Mysterien und geheime Mächte, und der Darsteller ahnt, dass seine entscheidenden Geheimnisse unbedeutend sind. Wie zahlreiche Volksmärchen und Initiationsriten zeigen, ist das Geheimnis, das hinter dem Mysterium steht, oft die Tatsache, daß es in Wirklichkeit kein Mysterium gibt.[30]

Allerdings gibt es trotz – oder wegen – des Status des Selbst als „geheiligtes Objekt“[31] eine Narzissmus-Stoppregel, die verhindert, dass man als sein eigener Priester fungieren kann:[32]

27 Goffman: Über Ehrerbietung und Benehmen, S. 100. Goffman verweist immer wieder darauf, lediglich das Verhalten der Mittelschicht beschreiben zu wollen. Im Gegensatz zu Pierre Bourdieu hat dieses Mittelschicht-Verhalten bei ihm nicht vorrangig den Zweck, dass man sich mittels feiner Unterschiede von niederen Schichten abgrenzt, sondern es bildet einen Kosmos, der sich zunächst einmal selbst genügt. Der andere Raum, in dem man landen kann, wenn man sich nicht an die Regeln der Mittelschicht hält, bildet bei ihm die psychiatrische Anstalt

28 Niklas Luhmann: *Die Gesellschaft der Gesellschaft*. Frankfurt am Main: Suhrkamp 1997, S. 234.

29 Vgl. Goffman: *Wir alle spielen Theater*, S. 104–128.

30 Ebd., S. 65.

31 Goffman: Ehrerbietung und Benehmen, S. 100.

32 Vgl. aber die missverständliche Formulierung ebd., S. 105.

> Jemand kann sich Ehrerbietung wünschen, sie erwerben und verdienen, aber im Algemeinen darf er sie sich nicht selbst erweisen, sondern ist gezwungen, sie von anderen zu erstreben. [...] Dadurch bekommt die Gesellschaft eine zusätzliche Garantie, daß ihre Mitglieder [...] in Beziehung zueinander treten. Wenn man sich selbst die Ehrerbietung erweisen könnte, die man wünscht, dann könnte die Gesellschaft dahin tendieren, sich in Inseln aufzulösen, bewohnt von einzelnen kultischen Menschen, jeder in ständiger Anbetung seines eigenen Schreins.[33]

So kommt es, dass für die Wahrung der Simmel'schen ideellen Sphäre die Vorgänge, die sich im Privaten fernab aller Blicke abspielen, viel weniger wichtig sind als die Zeremonien, die vollführt werden müssen, um diese abgeschirmten Gefilde von der Öffentlichkeit her anzuspielen. Relevant für die Frage, wie die ideelle Sphäre oder der persönliche Freiraum zu wahren sind, sind somit vornehmlich Vorgänge im öffentlichen Raum. Öffentlichkeit ist für Goffman nun aber keine Habermas'sche Diskursarena moderner Gesellschaften, wo Privatleute jenseits von Staat und Markt über Fragen von allgemeinem Interesse diskutieren,[34] sondern jene Räume, wo man einander in erhöhtem Maße ausgesetzt ist: „Gemeinsame Anwesenheit macht Menschen in einzigartiger Weise erreichbar, verfügbar und wechselseitig angreifbar."[35] Doch welche Schutzmaßnahmen lassen sich gegen dieses wechselseitige Ausgeliefertsein ergreifen, wenn es keine befriedigende Lösung ist, sich hinter Wände zu verziehen? Wie kann man der offenkundig paradoxen Anforderung gerecht werden, sich „in sozialer Berührung [zu] befinden, ohne sich zu berühren"?[36]

Abstand wahren im öffentlichen Raum

In der Öffentlichkeit muss man sich mangels echter Wände mit einem verhaltensmäßigen Abschirmungssubstitut begnügen. Diese Funktion erfüllt Goffman zufolge der Takt. Bei Takt handelt es sich um das demonstrative Ablegen der eigenen Sinneswerkzeuge: Um

33 Ebd., S. 65.

34 Vgl. Jürgen Habermas: *Strukturwandel und Öffentlichkeit*. Frankfurt am Main: Suhrkamp 1990.

35 Goffman: *Interaktion im öffentlichen Raum*, S. 38.

36 Goffman: Der bestätigende Austausch, S. 108.

durch seine eigene schiere Anwesenheit die Gegenseite nicht zu hemmen, wird man deren Aufmerksamkeit von sich abziehen wollen. Das geschieht dadurch, dass man *sich selbst* ihr gegenüber möglichst unaufmerksam gibt:

> Wenn die Interaktion in Gegenwart von Außenseitern stattfinden muss, bemerken wir häufig, dass jene sich aus Takt uninteressiert, unbeteiligt und unaufmerksam geben. Dadurch wird eine wirksame Isolierung erzielt, wenn schon nicht durch räumliche Trennung mittels Wänden oder Entfernung, dann wenigstens auf Grund von Konventionen. Wenn zwei Personengruppen in einem Restaurant am benachbarten Tisch sitzen, erwartet man, dass keine der beiden Gruppen die tatsächlich gegebene Möglichkeit ausnutzt, die andere Gruppe zu belauschen.[37]

Goffman bezweifelt allerdings die Wirksamkeit solcher Isolierung und berichtet von Reparaturmaßnahmen zur Aufrechterhaltung des Abstands:

> Um einen solchen Rückzug [Isolierung] zu unterstützen, können diejenigen Teilnehmer an der Interaktion, die wissen, daß man ihre Gespräche hören kann, aus ihren Reden und Handlungen alles ausschließen, was diesen taktvollen Entschluß der Außenseiter erschweren könnte, und sie könnten gleichzeitig genügend halbvertrauliche Tatsachen einflechten, um zu beweisen, daß sie dem Schauspiel des Rückzugs, das die Außenseiter bieten, nicht mißtrauen.[38]

Gemäß des Watzlawick'schen Diktums kommt niemand umhin, sich einzumischen und somit zu einem unfreiwilligen Störfaktor zu werden. Deshalb sei es, so Goffman, geboten, wenigstens so zu tun, als ob man *geistes*abwesend ist. Jene Geste, die auf der gegenüberliegenden Seite Unbefangenheit ermöglichen soll, ist jedoch nur dann von Erfolg gekrönt, wenn diese Unbefangenheit zumindest teilweise wieder aufgezehrt wird: Der Rückzug des Taktvollen ermöglicht der Gruppe gerade kein unbekümmertes Betragen. Vielmehr muss die Gruppe ihm durch ihre Diskretion diesen Rückzug einerseits ermöglichen,

37 Goffman: *Wir spielen alle Theater*, S. 209.
38 Ebd., S. 212.

andererseits ihm das Gelingen seines Rückzugs durch bewusst gestreute (und doch eigentlich taktlose!) Indiskretion bestätigen. Die gegenseitige Isolation der beiden Parteien ist nicht der Effekt einer räumlichen Trennung, sondern eines bestimmten Handelns. Dabei setzt diese Isolation den intensiven wechselseitigen Austausch der Isolierten voraus, womit die Isolation zugleich zersetzt wird.
Das zeigt sich auch an einem anderen Fall, den Goffman diskutiert: Wenn sich in modernen westlichen Gesellschaften auf einer nicht sonderlich überfüllten Straße zwei einander Fremde begegnen, dann ist das in der Regel der Anlass für eine bestimmte Zeremonie, die bezeugt, dass es anscheinend unmöglich ist, umstandslos aneinander vorbeizugehen. Erfahrungsgemäß wäre es gleichermaßen aggressiv, den Entgegenkommenden in dieser Situation unverwandt zu mustern wie ihn gar keines Blicks zu würdigen.[39] Genauso unschicklich wäre es, seinem Gegenüber zu verstehen zu geben, dass man ihn aus Angst oder Abscheu meiden möchte und ihn damit in die Position des Aggressors bringt. Als Lösungsstrategie kommt „höfliche Gleichgültigkeit" zum Einsatz, welche

> in der besonderen Form vonstatten gehen [kann], dass man die andere Person ins Auge fasst, bis sie sich auf etwa drei Meter genähert hat – in dieser Zeit werden die weiteren Gehwege durch unauffällige Gebärden geregelt. Während man an den anderen vorbeigeht, schlägt man die Augen nieder, man blendet quasi ab.[40]

An diesem Beispiel zeigt sich, dass die Wahrung des persönlichen Raums eine spezifische Praktik in realen Räumen nötig werden lässt. Schon die wahrscheinlich rudimentärste Form des gegenseitigen Ausweichens im Raum, des Umeinander-herum-Gehens, entpuppt sich

39 Wobei Goffman klar macht, dass der Grund, weshalb es bisweilen zu derlei Taktlosigkeiten kommt, nicht notwendigerweise darin besteht, dass sie den Betreffenden unfreiwillig unterlaufen würden. Bisweilen werden Taktlosigkeiten mit voller Absicht eingesetzt, um rassistischen Vorurteilen Ausdruck zu verleihen oder soziale Ungleichheiten zu markieren. Goffman erwähnt den durchdringenden „Hassblick", den der rassistische Südstaatler einem vorbeigehenden Afroamerikaner zuwirft, und das hochmütige Ignorieren von „Unpersonen", etwa von Dienstpersonal (Goffman: *Interaktion im öffentlichen Raum*, S. 97, 57).
40 Ebd., S. 98.

also bereits als eine Form des Miteinander-Umgehens. Dies erfordert eine spezifische Könnerschaft, die offenbar gelernt werden musste, ohne dass man genau zu sagen wüsste, wer sie einem beigebracht oder in welchem Augenblick man sie gelernt hat. Und so, wie es intrikat ist, aneinander vorüberzugehen, so ist es auch problematisch, nebeneinander zu warten:

> Sich an einem nahezu leeren Ort neben einen Fremden zu stellen oder zu setzen, ist zweifellos zudringlicher, als wenn man dies an einem gedrängt vollen Ort tut, wo jeder sehen kann, daß nur noch dieser eine Platz frei ist. [...] In der Mittelstandsgesellschaft verhält es sich nun so, daß eine Ankunft jeweils eine Neuverteilung bewirkt, während der Weggang zu einem etwas komplexeren Verhalten führt, denn ein Individuum, das seinen bisherigen Platz verläßt, um einen freigewordenen einzunehmen, zeigt offen, daß es nicht gewillt ist, sich weiterhin so dicht neben seinem Nachbarn aufzuhalten wie bisher. [...] Folglich kann nach einem Weggang ein leerer Platz zurückbleiben und eine Veränderung der Anordnung unterbleiben. Zumindest aber wird wahrscheinlich einer, der sich auf den Platz setzen will, einige taktvolle Augenblicke warten, um dann erst den frei gewordenen Platz in Beschlag zu nehmen.[41]

Besonders zentral scheint mir an dieser Stelle Goffmans Beobachtung, dass man sich nicht allzu auffällig und überhastet aus der Nähe einer Mitwartenden entfernen darf, um einen freigewordenen Platz einzunehmen. Während es einerseits geboten ist, sich wortwörtlich ‚distanziert' zu verhalten bzw. den ‚rechten' Abstand zu wahren, darf man andererseits dieser Norm nicht *erkennbar* folgen. Andernfalls würde man dem Gegenpart zu verstehen geben, man scheue die Begegnung mit ihm und würde im doppelten Wortsinn ‚einen Bogen um ihn machen'. Hier wird also nicht nur vorgeschrieben, was zu tun ist, sondern auch, wie es auszuführen ist. So sehr das Abstandhalten geboten ist, so sehr hat es im Modus der Geräuschlosigkeit zu erfolgen: Die Selbstdarstellung, die diesem Distanznehmen zugrunde liegt, lässt sich also keiner „Ökonomie der Aufmerksamkeit" zurechnen,[42]

41 Goffman: Die Territorien des Selbst, S. 57–58.

42 Georg Franck: *Ökonomie der Aufmerksamkeit. Ein Entwurf.* München: Hanser 1998.

sondern gehorcht einer Ökonomie der Unaufmerksamkeit. Anders formuliert: Man kann schwerlich heucheln, taktvoll zu sein und nicht ohne Weiteres taktvoller erscheinen, als man ist, weil es zum Wesen des Takts gehört, nicht zum Vorschein zu kommen.

Gleichwohl gilt auch, aus einer Verletzung der Norm des Abstandhaltens kein großes Aufheben zu machen – und zwar gerade dann nicht, wenn man glaubt, der Geschädigte zu sein. Es gehört zur Logik des Takts, eine mutmaßlich taktlose Störung durch einen anderen zu übersehen. Dass es, wie Goffman schreibt, eine derartig heikle Angelegenheit ist, sich von jemandem zurückzuziehen, bedeutet nämlich, dass die Betreffenden nicht nur dem Gebot unterworfen sind, sich gegenseitig nicht zu stören, sondern auch, sich nicht gestört zu zeigen – was der Fall wäre, wenn sich einer von ihnen überhastet zurückzöge. Statt also ein Gegenüber lediglich unbehelligt zu lassen, sollte man es überdies nicht in die Situation bringen, als Störfaktor zu erscheinen, der in den eigenen persönlichen Raum eingedrungen ist. Es ist somit Teil der Norm des Distanzhaltens, ihre Übertretung nicht wahrzunehmen und sich eine eventuelle Belästigung nicht anmerken zu lassen. Goffman selbst äußert sich zu dieser Frage nicht, doch man darf mutmaßen, dass Verletzungen der Distanzregel unter anderem deshalb heruntergespielt werden sollen, weil sie nicht zur vollen Befriedigung befolgt werden kann.

Der Chiasmus im Normensystem der Mittelschicht

Bei den drei behandelten Formen des Abstandhaltens im öffentlichen Raum (beim gemeinsamen Aufenthalt im Restaurant, beim Passieren auf der Straße, beim gemeinsamen Warten) kommen drei besondere Umgangsweisen in den Blick, die den Versuch darstellen, sich in jemandes Nähe aufzuhalten, als wäre man nicht da, und Abstand zu wahren, ohne den Eindruck zu erwecken, man nähme am anderen Anstoß. Goffmans weitergehende These lautet jedoch, dass es nicht nur die Funktion dieser besonderen Umgangsformen, sondern die Funktion von Umgangsformen im Allgemeinen ist, sich selbst als Quelle von Störungen auszuschalten. Die bereits zitierte Stelle lautet demnach vollständiger:

> Obwohl ein Mensch aufhören kann zu sprechen, kann er nicht aufhören, mit seinem Körper zu kommunizieren; er muss damit entweder das Richtige oder das Falsche sagen, kann aber nicht gar nichts sagen. Paradoxerweise besteht die Möglichkeit, so wenig wie möglich an Informationen über sich zu geben – obwohl diese auch dann noch beträchtlich sind – darin, sich anzupassen und so zu agieren, wie man es von einem erwartet. (In der Tatsache, dass man Informationen über sich auf diese Weise zurückhalten kann, liegt ein Motiv für die Pflege von Anstandsformen.)[43]

Wenn auch gilt, dass man nicht „gar nichts sagen" kann, eröffnen einem Anstandsformen zumindest den überraschenden Ausweg, annähernd nichtssagend zu sein, in dem Sinne, „so wenig wie möglich an Informationen über sich zu geben". Darüber hinaus ist das Befolgen von Anstandsformen nicht nur ein Mittel, als Störgröße aus dem Gesichtskreis eines Gegenübers zu verschwinden, es verschafft einem zusätzlich das Anrecht, unbehelligt zu bleiben und sich unter dem Radar fremder Blicke wegzuducken: „Angemessenheit auf der einen Seite wird höfliche Gleichgültigkeit auf der anderen sichern; extremes Fehlverhalten dagegen trägt entweder neugierige Blicke ein oder wird absichtlich übersehen."[44]

Bislang wurde die Wahrung des sogenannten personalen Raums bzw. des persönlichen Freiraums anhand von Praktiken in den Blick genommen, die selbst räumlicher Natur waren – anhand architektonischer Abschirmungsversuche oder anhand von Begegnungen im öffentlichen Raum, die nicht von räumlichen Sichtgrenzen unterteilt sind, welche deshalb durch eine Reihe von Handlungen substituiert werden. Ein Rätsel, das bislang keine Berücksichtigung fand, blieb jedoch umformuliert: Bei diesen Praktiken steht nichts weniger auf dem Spiel als der „Persönlichkeitswert"[45] des Individuums. Es mag nun erstaunen, dass zur Wahrung dieses Persönlichkeitswerts nicht das schwere Geschütz der Moral aufgefahren, sondern lediglich die vergleichsweise geringfügigere Etikette in Anschlag gebracht wird. Wie kann es sein, dass Miniaturzeremonien, wie sie oben beschrieben werden, die etwa genauestens regeln, auf welche Art und Weise

43 Goffman: *Interaktion im öffentlichen Raum*, S. 51.
44 Ebd., S. 101.
45 Simmel: *Soziologie*, S. 396.

man einen Entgegenkommenden auf der Straße anblickt, bei der Konstitution von etwas so Bedeutendem wie dem Persönlichkeitswert eine entscheidende Rolle spielen? Um diese Frage nach der Konstitution und Aufrechterhaltung jenes besonderen Raums, den der persönliche Freiraum bildet, zu beantworten, frage ich mich, weshalb ein „Verhalten von nur geringem Gewicht“[46], wie es die Etikette zu sein scheint, für den personalen Raum so sehr ins Gewicht fallen kann. Ich bleibe also beim personalen Raum, verlasse aber Verhaltensweisen mit deutlich räumlichen Charakter.

Oben habe ich ausgeführt, weshalb nach Goffman das Befolgen der Etikette den willkommenen Effekt haben kann, so wenig Information wie möglich über sich preiszugeben. Das Befolgen von Anstandsformen wirkt für Erving Goffman ungefähr so, als hätte man sich einen Tarnmantel umgelegt, der es einem gleichermaßen erlaubt, unbehelligt zu bleiben wie andere unbehelligt zu lassen. Dabei stellt sich allerdings die Frage, ob dieser Tarnmantel leicht genug ist, dass man ihn sich ohne Weiteres überwerfen möchte? Was verhindert, dass sich Anstandsformen in ein Korsett oder gar eine Zwangsjacke verwandeln? Es wäre wenig geholfen, wenn man vor dem Einfluss anderer um den Preis gefeit ist, stattdessen rigiden Regeln unterworfen zu sein. In einer zentralen Passage formuliert Goffman eine Antwort auf dieses Problem:

> Die Verhaltensregeln, die den Handelnden und den Empfänger miteinander verbinden, sind die Bindungen der Gesellschaft. Aber viele Handlungen, die durch diese Regeln geleitet werden, werden selten durchgeführt oder bedürfen langer Zeit zu ihrer Durchführung. Möglichkeiten, die moralische Ordnung der Gesellschaft zu bejahen, können deshalb selten sein. *Hier haben zeremonielle Regeln ihre soziale Funktion, da viele der Handlungen, die von diesen Regeln bestimmt werden, jeweils nur einen kurzen Augenblick dauern, keinen inhaltlichen Beitrag verlangen und in jeder sozialen Interaktion durchgeführt werden können.*[47]

Goffman spielt hier zunächst auf eine Art Verhaltensregeln an, die in seinem Œuvre eigentlich keine Rolle spielen. Dabei wird auch

46 Goffman: *Interaktion im öffentlichen Raum*, S. 25.

47 Goffman: Über Ehrerbietung und Benehmen, S. 100 (Herv. Ch. P.).

deutlich, warum sie das nicht tun: Es handelt sich, wie man einer anderen Textstelle entnehmen kann, um „Tugenden von höherem und vornehmerem Rang".[48] Als Beispiele führt Goffman die Gerechtigkeit und Standhaftigkeit an. Diese sind allerdings mit dem Nachteil versehen, dass sie entweder lediglich in Ausnahmesituationen zur Anwendung kommen oder zu ihrer Verwirklichung einen langen Atem benötigen. Gäbe es nur diese seltenen und hochfliegenden Verhaltensregeln, wäre es dem Einzelnen kaum einmal möglich, „die moralische Ordnung der Gesellschaft zu bejahen"[49]. Hier kommen die „zeremoniellen Regeln" ins Spiel. Was versteht Goffman darunter? Wenn Goffman von Zeremonien spricht, weicht er ausdrücklich vom üblichen Sprachgebrauch ab, wonach unter einer Zeremonie „eine höchst ausgedehnte Sequenz symbolischer Handlungen" verstanden wird, „die von hohen Persönlichkeiten bei feierlichen Anlässen zelebriert werden".[50] Es geht ihm weniger um hohe Persönlichkeiten als vielmehr um die Erhöhung einer jeden Persönlichkeit, und das auch nicht bei feierlichen, sondern bei alltäglichen Anlässen. Was den Ausdruck Zeremonie rechtfertigt, ist für Goffman zweierlei: erstens der rein expressive Charakter dieser Handlungen, deren ausschließlicher Zweck in der Aufrechterhaltung des Selbst der betreffenden Individuen liegt. Zweitens begründet er die Wahl des Ausdrucks „Zeremonie" mit der Tatsache, dass diese kleinen Zeremonien den Persönlichkeitswert des oder der Einzelnen erschaffen. Diese kleinen symbolischen Handlungen entfalten und bestätigen laut Goffman nämlich „eine Art Heiligkeit", die „dem Individuum in unserer urbanisierten, säkularisierten Welt zugesprochen wird".[51] Es sind gerade die kleinsten Handlungen, die die größte Aufgabe erfüllen. Was man an diesen Zeremonien üblicherweise bemängelt – dass es sich um ein „Verhalten von nur geringem Gewicht, nur um eine Frage der Etikette und des guten Benehmens"[52] handelt –, erweist sich aber als ihr entscheidendes Plus. Eingangs habe ich gesagt, dass Goffmans Erkenntnisinteresse darin besteht, zu verstehen, wie es möglich ist, den Einzelnen zu vergesellschaften, ohne

48 Goffman: *Interaktion im öffentlichen Raum*, S. 25.

49 Goffman: Über Ehrerbietung und Benehmen, S. 100.

50 Ebd., S. 62.

51 Ebd., S. 54.

52 Goffman: *Interaktion im öffentlichen Raum*, S. 25.

ihn zu vereinnahmen. Er fragt nach der Existenz von Institutionen, die das Selbst in dem Maß konstruieren, als sie es außen vor halten. Die Antwort stellen nun die Miniaturzeremonien der Etikette dar. Diese warten laut obigem Zitat mit drei Vorzügen auf: Für sie spricht erstens, dass sie schnell erledigt sind. Sie verlangen zweitens „keinen inhaltlichen Beitrag“[53], sind also wortwörtlich nichtssagend hinsichtlich der Überzeugungen des Einzelnen. Und schließlich können sie, drittens, in verschiedensten sozialen Gegebenheiten zur Anwendung kommen. Alles in allem verlangt ihre Durchführung keinen hohen Preis: „Viele Götter sind abgeschafft worden, aber der Mensch selbst bleibt hartnäckig als eine wichtige Gottheit bestehen. Er schreitet mit Würde einher und ist Empfänger vieler kleiner Opfer.“[54] Dass diese Opfer einer „wichtigen“ Gottheit gelten, macht es nicht erforderlich, dass sie groß sein müssen, viele kleine Opfer reichen aus.

In der Tatsache, dass man „nur einen kleinen Tribut an die Konvention“[55] zahlen muss, kann man einen egalitären Zug der Etikette erblicken: Er versteht sie also keineswegs als jene „feinen Unterschiede“, die den Anlass dafür bilden, auf subtile Weise soziale Gräben aufzureißen.[56] Egalitär sind sie – denn wer könnte sich Ehrbezeugungen in dieser Miniaturform nicht leisten, und vor allem: Wer könnte sie nicht verdient haben? Überdies hat die Bedeutungsleere der Anstandsformen einen befreienden Effekt, insofern das Innere der Beteiligten – ihre Einstellungen, Überzeugungen und Wünsche – außen vor gelassen wird und dem Einzelnen durch die Anstandsformen auch keinerlei Festlegungen abverlangt werden. Insofern haben die Anstandsformen konstitutiven Charakter für den personalen Raum. Man sollte die Etikette aufgrund der dort anzutreffenden Aufmerksamkeit für Belangloses und Unerhebliches also keineswegs ihrerseits als belanglos und unerheblich halten. Die „Gesten, die uns manchmal leer erscheinen, sind vielleicht die inhaltsreichsten überhaupt“.[57]

53 Goffman: Über Ehrerbietung und Benehmen, S. 100.

54 Ebd., S. 104–105.

55 Goffman: *Interaktion im öffentlichen Raum*, S. 251.

56 Vgl. Pierre Bourdieu: *Die feinen Unterschiede. Kritik der gesellschaftlichen Urteilskraft*, aus d. Franz. v. Bernd Schwibs / Achim Russer. Frankfurt am Main: Suhrkamp 1982.

57 Goffman: Über Ehrerbietung und Benehmen, S. 100.

Was die Etikette kennzeichnet, ist aber nicht nur die Tatsache, dass sie die Aufmerksamkeit auf momentane, leere, zahlreiche, kleinformatige Dinge lenkt, sondern auch von schwerwiegenden Angelegenheiten ablenkt: In den Anstandsformen der Mittelschicht, wie sie von Goffman beschrieben werden, ist ein *Chiasmus* am Werk: Während es sich schickt, über die Triumphe, Katastrophen und Glücksfälle des Lebens gnädig-gelangweilt hinwegzusehen, werden Nichtigkeiten aufgebläht, so dass die Betroffenen darüber fast (aber natürlich nie ganz) die Fassung verlieren sollen.[58] In Bezug auf das, was einem selbst oder anderen wichtig ist, hat man sich also unbeeindruckt zu geben, wohingegen Geringfügigem höchste Wichtigkeit einzuräumen ist. In dieser Hinsicht ergibt sich auf doppelte Weise der Effekt eines personalen, von außen unzugänglichen Raums: So sehr mit dem dezidierten Fokus auf Äußerlichkeiten ein Inneres demonstrativ ausgeklammert wird, so sehr gehört es sich, alles, was einem selbst nahegeht, als bloße Äußerlichkeit abzutun, mit der man sich nicht identifiziert. Vielleicht sind ja die leeren Gesten deshalb „die inhaltsreichsten überhaupt", weil sie Inhalt, Innerlichkeit überhaupt, suggerieren, ohne diese zu spezifizieren:[59] Sie sind ein Mittel, durch öffentliche und beobachtbare Vorgänge darauf aufmerksam zu machen, dass es etwas Nichtöffentliches gibt, etwas, was in ihnen nicht aufgeht.[60] Man weiß nicht recht, ob ein unabhängig davon existierender persönlicher Raum der Einzelnen dadurch geschützt oder ob die Vorstellung eines solchen dadurch erst erzeugt wird.

Frappierend ist hierbei Goffmans Beobachtung, dass es geboten ist, den „Eindruck von geziemendem Desinteresse"[61] zu erwecken. Dass „der Einzelne vom sozialen Anlass, in dem er sich befindet, beherrscht wird", bedeute nämlich keineswegs, dass „Wohlverhalten in Situationen schon durch die volle Hingabe des Ich an ein dem Anlass entsprechendes Kernengagement garantiert" ist.[62] Während einerseits Regelbefolgung erwartet wird, ist andererseits „volle Hingabe"

58 Vgl. Asfa-Wossen Asserate: *Manieren*. Frankfurt am Main: Eichborn 2003, S. 123.

59 Goffman: Über Ehrerbietung und Benehmen, S. 100.

60 Vgl. Robert Schmidt: Zur Öffentlichkeit und Beobachtbarkeit von Praktiken der Subjektivierung. In: Andreas Gelhard / Thomas Alkemeyer / Norbert Ricken (Hrsg.): *Techniken der Subjektivierung*. München: Fink 2013, S. 93–105.

61 Goffman: *Interaktion im öffentlichen Raum*, S. 74.

62 Ebd., S. 75; vgl. auch ebd., S. 41.

an das Gebotene unerwünscht. Wer Goffman als einen Theoretiker oder Beobachter der Konformität abtut, muss Folgendes bedenken:[63] Man beträgt sich seiner Meinung nach nicht zuletzt dadurch korrekt, dass man davon absieht, eifrig zu bekunden, es ginge einem vornehmlich darum, sich korrekt zu betragen. In den Mittelschichten, die er im Blick hat, muss man seinen Pflichten im Gestus der Überlegenheit – oder gar Geringschätzung – gegenüber diesen Pflichten nachkommen.

So wenig es angebracht ist, den Eindruck zu vermitteln, man würde sich der Erfüllung seiner Pflichten in ungebrochener Weise hingeben, so wenig ist es angemessen, in der Erfüllung seiner Wünsche aufzugehen. Goffman führt dies am Beispiel der Nahrungsaufnahme aus: Ein Gutteil elementarer angloamerikanischer Tischmanieren besteht darin, „dass der Einzelne relativ langsam essen soll, keine Nahrung vom Teller seines Tischgenossen nehmen und sich im Allgemeinen so verhalten soll, als sei es ganz bestimmt nicht das Wichtigste in der Welt, satt zu werden".[64] Demnach hat nicht nur die Erfüllung äußerer Pflichten, sondern auch die Befriedigung der eigenen Wünsche im Modus ostentativen Desinteresses zu erfolgen.[65] Um sich beispielsweise gegenseitig davor zu bewahren, gerade dann allzu sehr „von sich eingenommen zu sein", wenn man eine „Verbesserung"[66] an sich vorgenommen hat, sind die anderen in die Pflicht genommen, einem die eigene Begeisterung abzunehmen. Was Goffman aus einer psychiatrischen Klinik berichtet, gilt deshalb auch außerhalb der Anstaltsmauern: „Neue Kleidung, neue Frisuren, ‚Herausgeputztsein' pflegte eine ganze Reihe von Komplimenten hervorzurufen, unabhängig davon, was die Gruppe von der Verschönerung hielt."[67]

63 Alvin Gouldner: *Die westliche Soziologie in der Krise*, Bd. 2, aus d. Engl. v. Ernst von Kardorff / Michael Kohlhammer. Reinbek: Rowohlt 1974, S. 453–466.

64 Goffman: *Interaktion im öffentlichen Raum*, S. 76.

65 Zur Scham als „Hüterin personaler Identität, insofern sie der Regression eines Menschen auf seine pure Bedürftigkeit einen Riegel vorschiebt", vgl. Axel T. Paul: Die Gewalt der Scham. Elias, Duerr und das Problem der Historizität menschlicher Gefühle. In: Michaela Bauks / Martin F. Meyer (Hrsg.): *Zur Kulturgeschichte der Scham*. Hamburg: Meiner 2011, S. 195–216, hier S. 202.

66 Goffman: Über Ehrerbietung und Benehmen, S. 80.

67 Ebd. In der psychiatrischen Klinik, so Goffmans methodische Prämisse, erfährt man besonders viel über Anstandsformen, weil sie Menschen versammelt, welche sich dadurch charakterisieren, dass sie Anstandsformen vernachlässigen.

Darüber hinaus soll man neben der Pflicht- und Wunscherfüllung, so Goffman weiter, auch seinen eigenen Zielen mit demonstrativem Gleichmut nachgehen. Wer sich dagegen derartig in seine Ziele verbeißt, dass er darüber alle Contenance verliert, gerät in peinliche Situationen, welche korrigierende Miniaturinszenierungen nötig werden lassen:

> Wenn sich jemand voll verausgabt, um den Bus noch zu erreichen, [...] kann er optimistisch seinen Körper aufrecht und steif halten, ein peinlich berührtes kleines Lächeln auf den Lippen, als wolle er sagen, dass ihm die Sache ja gar nicht so wichtig sei und er sich, durchaus der Situation angemessen, in der Hand habe.[68]

Die eigenen Ziele können einen jedoch nicht nur in die Bredouille bringen, wie das bei demjenigen der Fall ist, der dem Bus nachhetzt: Um zu seiner aktuellen Situation eine gewisse Distanz zu wahren, kann das zumindest augenscheinliche Verfolgen von Zielen auch von großem Nutzen sein, indem es einen sichtbar von den gegenwärtigen Umständen entbindet. Wenn es also hierbei einen Schein zu wahren gilt, dann ist es der eines gerade nicht zum Vorschein kommenden Ziels, welches einen davor bewahrt, sich der aktuellen Situation rückhaltlos hinzugeben. Deutlich wird das wiederum beim Verhalten auf offener Straße:

> Die Zurschaustellung von ‚zielgerichtetem Unterwegs-Sein', die Miene ‚als komme man von irgendwoher oder als gehe man irgendwohin' impliziert das Verfolgen eines vorrangigen Ziels, das den gegenwärtigen Brennpunkt der Aufmerksamkeit für andere Dinge vernachlässigt. Das Ziel und damit das dominante Engagement liegen außerhalb der Situation.[69]

Goffman ist also weit entfernt davon zu behaupten, dass wir alle bestimmte Ziele verfolgen, dabei jedoch, um uns nicht in die Quere zu kommen, bestimmte Regeln zu beachten hätten.[70] Er benennt

68 Goffman: *Interaktion im öffentlichen Raum*, S. 75.

69 Ebd., S. 71.

70 Vgl. aber den missverständlichen Vergleich der Anstandsformen mit Verkehrsregeln ebd., S. 24.

umgekehrt die Regel, dass der Eindruck zu erwecken sei, man verfolge auf geradlinige Art und Weise bestimmte Ziele, anstatt sich vom Geschehen auf der Straße bestimmen zu lassen. Entscheidend an dieser Stelle ist wieder einmal weniger der Umstand, dass die kleine Inszenierung energetischer Zielverfolgung in einem bestimmten physischen Raum – auf der Straße – stattfindet, sondern dass sie die Vorstellung eines bestimmten Raums weckt – des inneren und unbeobachtbaren personalen Raums –, den sie als inneren nach außen trägt und als unbeobachtbaren beobachtbar werden lässt.
Dass es geboten ist, „geziemendes Desinteresse“[71] bei Pflicht- und Wunscherfüllung, beim Verfolgen der eigenen Ziele und gegenüber der Situation, in der man steckt, zur Schau zu stellen, betrifft allerdings nur die eine Seite des angesprochenen Chiasmus, jene nämlich, die darin besteht, Gewichtiges herunterzuspielen. Dahingegen spielt die andere Seite, Leichtwiegendes ernst zu nehmen, keine Rolle. Nun finden sich bei Goffman unter dem Begriff des „bestätigenden Austauschs“ aber auch zwei Handlungsformen, deren Besonderheit darin besteht, dass bei ihnen in verdichteter Form der Chiasmus vollständig verwirklicht ist, darin, dass sowohl Schwerwiegendes leichtgenommen als auch Leichtwiegendes für gewichtig erachtet werden: Diese beiden Handlungsformen sind das Schenken und das Grüßen.
Nach Goffman gehorcht die Logik der Gabe in der Mittelschicht folgender Formel: „Kleine Gefälligkeiten werden angenommen, als wären es große, und große werden – wenn überhaupt – in der Erwartung angeboten, daß sie abgelehnt werden.“[72] Der Chiasmus, wonach das Geringfügige als wichtig, das Wichtige als geringfügig behandelt werden sollen, ist unschwer zu erkennen. Ähnliches gilt für das Grüßen: Indem jemand einen „Gruß erwidert, wenn er gegrüßt wird“, bezeugt er, „daß er in genügendem Maße Herr der Situation ist, in der er sich befindet, um sich für einen Augenblick dem Grußaustausch widmen zu können“.[73] Dadurch, dass man sich einen Gruß leisten kann, bekundet man demnach, weder von seinen aktuellen Umständen und Empfindungen noch vom Grüßen selbst in Beschlag

71 Ebd., S. 74.

72 Ebd., S. 102. Zu Angeboten, die ausgesprochen werden, um abgelehnt zu werden, vgl. auch Slavoj Žižek: *Lacan. Eine Einführung*, aus d. Engl. v. Karen Genschow / Alexander Roesler. Frankfurt am Main: Fischer 2008, S. 23–24.

73 Goffman: Der bestätigende Austausch, S. 113.

genommen zu sein: vom Grüßen nicht, weil es sich lediglich um eine Minimalhandlung von geringfügigem Gewicht handelt, aber auch nicht von seinen momentanen Tätigkeiten, seinem gegenwärtigen Gefühlshaushalt und anliegenden Aufgaben, weil man ja offenbar immer noch Luft hat, nebenbei zu grüßen. Hier ist wieder der bekannte Chiasmus am Werk: Eine kleine Geste gewinnt große Wichtigkeit, indem sie bezeugt, dass für einen umgekehrt das augenscheinlich Wichtige zumindest so klein ist, um sich noch um solche Kleinigkeiten wie das Grüßen zu bemühen. Auch für das Grüßen (und in geringerem Maß auch für das Schenken) gelten die drei bereits erwähnten Vorzüge der Etikette: Sie können im Grunde von durchgeführt werden und das in nahezu „jeder sozialen Interaktion"[74], ohne den Grüßenden bzw. Schenkenden Festlegungen, Bekenntnisse und Offenbarungen über ihr Innerstes abzuverlangen. Ihr personaler Raum wird auf diese Weise geschützt, wenn nicht gar erst konstituiert und in letzterem Fall in seiner Hervorbringung geschützt.

Gegenstand vorausgegangener Überlegungen war jene besondere Liaison zwischen Selbst und Raum, die im persönlichen Freiraum bzw. im personalen Raum zur Geltung kommt. Erving Goffman hat mindestens zwei Erklärungen parat, wie dieser innere Raum oder dieser Raum des Inneren entsteht und gewahrt wird: durch Takt und durch Etikette. Takt konzentriert sich auf räumliche Praktiken im strengen Sinn – seien es bauliche Abschirmungen oder seien es Verhaltensvorschriften, die regeln, auf welche Weise man symbolische Wände errichtet, wie man sich im Raum ausweicht oder im Raum aufteilt, um sich nicht ins Gehege zu kommen. Mit der Etikette verweist Goffman darauf, dass der personale Raum durch Anstandsformen zumindest geschützt, wenn nicht gar konstituiert wird. Bei diesen Anstandsformen handelt es sich um zeremonielle Handlungen von geringem Gewicht: Sie sind umstandslos zu erledigen, kommen häufig zum Einsatz und drücken keine inneren Überzeugungen aus. Man kann sie mit großem Engagement durchführen, ohne dass einem irgendein inneres Engagement abverlangt würde. Indem sie alles Persönliche außen vor lassen, schützen sie es zumindest oder rufen es gar erst in die Wirklichkeit. Sie geben dem Persönlichen Raum.

74 Goffman: Über Ehrerbietung und Benehmen, S. 100.

Birte Lipinski

„Die trügerischen Erkenntnisformen des Raumes, der Zeit und also der Geschichte"

Die Neukonzeption des Literaturmuseums Buddenbrookhaus als Denkraum

In Thomas Manns erstem Roman *Buddenbrooks. Verfall einer Familie* (1901) erlaubt sich der Protagonist Thomas Buddenbrook einen Moment der Flucht aus seinen bürgerlichen, kaufmännischen und politischen Pflichten, aus den Sorgen um Firma und Familie, vor allem aber aus den ständigen Repräsentationsaufgaben. Die Schopenhauer-Lektüre im Garten des Hauses ist es, die ihm eine andere Welt eröffnet – eine Welt nach dem Tode allerdings, in der alle Vorgaben des Lebens bis hin zu Personen- und Ortsgrenzen aufgelöst sind. Arthur Schopenhauers *Die Welt als Wille und Vorstellung* (1819) verspricht der Romanfigur Überindividualität, Freiheit und Ewigkeit. Die Lektüre befreit Thomas Buddenbrook für einen Moment aus den festen Lebensformen, die ihm seine Vaterstadt, seine Familie, seine soziale Herkunft und sein Charakter vorgeben:

> Die Mauern seiner Vaterstadt, in denen er sich mit Willen und Bewußtsein eingeschlossen, thaten sich auf und erschlossen seinem Blicke die Welt, die ganze Welt, [...] die der Tod ihm ganz und gar zu schenken versprach. Die trügerischen Erkenntnisformen des Raumes, der Zeit und also der Geschichte, die Sorge um ein rühmliches, historisches Fortbestehen in der Person von Nachkommen, die Furcht vor irgendeiner endlichen historischen Auflösung und Zersetzung, – dies Alles gab seinen Geist frei und hinderte ihn nicht mehr, die stete Ewigkeit zu begreifen. Nichts begann und nichts hörte auf. Es gab nur eine unendliche Gegenwart, und diejenige Kraft in ihm, die mit einer so schmerzlich süßen, drängenden und

> sehnsüchtigen Liebe das Leben liebte, und von der seine Person nur ein verfehlter Ausdruck war – sie würde die Zugänge zu dieser Gegenwart immer zu finden wissen.[1]

Thomas Buddenbrook möchte an diesem Bild festhalten – doch schon am nächsten Morgen schämt er sich seiner zeitweiligen „geistigen Extravaganzen" (B, S. 726): „Das öffentliche, geschäftliche, bürgerliche Leben in den giebeligen und winkeligen Straßen dieser mittelgroßen Handelsstadt nahm seinen Geist und seine Kräfte wieder in Besitz" (B, S. 727). Es ist dezidiert die Vaterstadt, das literarisierte Lübeck, das ihn *in Besitz* nimmt. Abwege vom bürgerlich-kaufmännischen Leben des Patriziats verbietet Thomas sich in Folge, doch der Widerspruch in seiner Figur bleibt.[2] Hinter der bürgerlichen Fassade gärt das verfeinerte Denken des Décadent, das auch die Brücke zur Intellektualität und zum Künstlerischen schlägt. Der *Verfall einer Familie*, so der Romanuntertitel, zeigt solche Prozesse nicht nur in der Figur des Thomas Buddenbrook, sondern auch in anderen Figuren, allen voran der des kleinen Hanno.
Mit dem scheinbaren Widerspruch von Bürgerlichkeit und künstlerischer Neigung ist nicht nur ein *literarisches* Lebensthema Thomas Manns benannt. Bei aller Vorsicht, die vonnöten ist, wenn literarische und biographische Motive in Beziehung gesetzt werden: Das Thema hat den Autor Thomas Mann bekanntermaßen auch als Menschen beschäftigt. An die Frage nach dem Verhältnis von Bürgertum und Künstlertum schließen sich andere an – diejenige nach dem Verhältnis von Äußerem und sensiblem Inneren oder die Frage nach sozialer Anerkennung und dem gleichzeitigen Gefühl des Außenseitertums.

1 Thomas Mann: *Buddenbrooks. Verfall einer Familie. Große kommentierte Frankfurter Ausgabe*, Bd. 1.1, hrsg. u. textkritisch durchges. v. Eckhard Heftrich, unter Mitarb. v. Stephan Stachorski / Herbert Lehnert. Frankfurt am Main: Fischer 2002, S. 726. Zitate aus dieser Ausgabe von *Buddenbrooks* werden im Folgenden in Klammern mit der Sigle B angegeben.

2 Er investiert entsprechend viel Zeit in die Pflege seines Äußeren, sorgt sich um ‚die Fassade' seines Seins, sucht aber auch nach Möglichkeiten der inneren Stabilisierung: Christoph Schwöbel zeigt, wie Thomas Buddenbrook sich anschließend zur bürgerlichen Religion als sozial angemessene Lebens- und Glaubensform des Patriziats zurückwendet, die Zweifel aber bleiben bestehen. (Vgl. Christoph Schwöbel: *Die Religion des Zauberers. Theologisches in den großen Romanen Thomas Manns.* Tübingen: Mohr 2008; ders.: Thomas Mann und die religiöse Frage. https://www.ekd.de/ekd_texte70_2002_thomasmann3.html (Zugriff am 19.10.2017).)

Der vorliegende Essay geht von der These aus, dass die genannten Polaritäten und ihre Überwindung das Künstlerselbstbild Thomas Manns maßgeblich bestimmen. Sowohl das aus den genannten Dualismen resultierende Spannungsfeld als auch die Überwindung dieser Oppositionen ist für die Exzeptionalität des Künstlers bestimmend. Aus der produktiven Auseinandersetzung mit dem Spannungsverhältnis von Bürgertum und Künstlertum resultiert auch die Schaffenskraft des Autors Thomas Mann. Lübeck als Ort seiner Herkunft spielt dabei eine entscheidende Rolle. Die Topographie der Stadt, der bauliche und der soziale Stadtraum setzen Grenzen zwischen dem Bürgerlichen und dem Exzeptionellen, das das Außenseitertum ebenso wie das Künstlertum kennzeichnet. Thomas Mann übernimmt diese Brüche auch in seine fiktiven Welten. Sie bestimmen deshalb auch den Stadt- und Sozialraum in *Buddenbrooks*. Grenzüberschreitungen in der Topographie des fiktiven Lübecks werden zum Motor der Handlung. Diese Grenzüberschreitungen, die auf die Überbrückung sich ausschließender Vorstellungen gerichtet sind, zeigen sich bis in die Struktur und das Äußere des Hauses in der Mengstraße 4 hinein. Sie sind – wie das reale Haus – Teil der Fiktion in *Buddenbrooks*. Ein Museum, welches das Spezifische des Romans *Buddenbrooks* sowie wesentliche Ereignisse und Narrative im Leben seines Autors und dessen Familie zeigen soll, muss diese Brüche und Widersprüche herausarbeiten und als Basis der literarischen und biographischen Entwicklung zeigen. Eine Ausstellung, die dies leistet, kann keine Schau vermeintlicher Fakten und biographischer Gewissheiten sein. Sie sollte eine räumliche Inszenierung von Relationen sein, ein begehbarer Denkraum.[3]

3 So definiert Daniel Tyradellis die Ausstellung als einen Denkanreiz, der räumlich erfahrbar ist und über Relationen funktioniert, die im besten Sinne irritieren: „Das Medium Ausstellung ist – potenziell – ein Denken im Raum, weil es die unterschiedlichen Begriffe und Affekte, Argumente und Bilder nutzen kann, um Neigungen und Gewissheiten aufeinanderprallen zu lassen, die Überzeugungskraft des einen gegen die Irritation des anderen zu stellen“ (Daniel Tyradellis: *Müde Museen. Oder: Wie Ausstellungen unser Denken verändern könnten*. Hamburg: Körber-Stiftung 2014, S. 145). „Ausstellungen sind damit auch etwas, was in der Lage sein könnte, dem Denken eine bestimmte Form von Körperlichkeit zurückzugeben, den Körper und seine Affekte, die Körper in ihrer sozialen Koexistenz ins Denken hineinzuziehen und umgekehrt.“ (Ebd., S. 17.)

1. Parameter der Identitätsbildung: Grenzüberschreitungen in Lübeck

Der *Raum, die Zeit und also die Geschichte* bestimmen die Denk-, Wahrnehmungs- und Handlungsmuster der literarischen Figur Thomas Buddenbrook. Vornehmlich gilt seine Sorge dem sozialen Leben und Ansehen, nämlich *einem rühmlichen, historischen Fortbestehen in der Person von Nachkommen*. Identitätskonstruktion geht damit auch über die eigene Person hinaus, hängt mit der paternalen Generationenfolge zusammen, mit deren ‚Verwurzelung' in einem Beruf und an einem Heimatort, mit Familienehre und -pflichten. Dass Thomas Mann dies schon in jungen Jahren (der Autor schloss den Roman im Alter von nur 25 Jahren ab) zu einem zentralen Motiv seines Werks macht, lässt erahnen, dass er früh ein ausgeprägtes Bewusstsein für Form und Formbruch entwickelt. Er zeigt das Verhältnis von Form und Formbruch gerade nicht als einfache Gegensätze, sondern als Movens künstlerischer Wirksamkeit in steter Abhängigkeit voneinander. Thomas Mann präsentiert in seiner Selbstdarstellung deshalb konsequent die Ambivalenz von Bürgerlichkeit und Künstlertum. Das Motiv wird zu einem Basisnarrativ der Selbstdarstellung in autobiographischen Texten, aber auch zu einem zentralen Motiv der Künstlerdarstellungen in seinen literarischen Texten. Auffällig ist dabei, dass sich Thomas Mann sein ganzes Leben lang auf Lübeck als Heimatstadt bezieht. Die Lübecker Erfahrung trägt das Motiv des Bruchs und Grenzgangs in sich und wird so für die Selbst- und Identitätskonstruktion funktionalisiert. Die Stadt bleibt in Selbstäußerungen und in der Literatur stets präsent, weil sie das Widersprüchliche vereint, das für Thomas Mann die Voraussetzung einer eigenwilligen Form von künstlerischer Existenz darstellt. Man könnte diese als ‚Bürgerkünstler', im Sinne eines Künstlers in bürgerlicher Existenz, bezeichnen.

Einerseits bestimmen Orte unbewusst die Vorstellung von der eigenen Identität. Sie wirken unmittelbar auf das Individuum und binden es an eine ‚Heimat' und einen sozialen Standort. Andererseits können Orte auch bewusst zur Identitätsbildung oder -sicherung genutzt werden. In beiderlei Weise hat Thomas Mann das Haus seiner Großeltern in der Mengstraße 4, das spätere Buddenbrookhaus und heutige Museum, erfahren und gedeutet. Bekanntermaßen ist der Roman *Buddenbrooks* eine kunstvolle Fiktionalisierung eigener Erfahrung und recherchierter historischer Realität. Der Romanschriftsteller Thomas Mann greift bei der Anlage seines Romans auf seine eigene Familiengeschichte zurück. Allerdings handelt es sich bei *Buddenbrooks* nicht um einen simplen Schlüsselroman. Und dennoch scheint die konkrete Identitäts- und Brucherfahrung sowohl im Roman als auch in der eigenen Familiengeschichte eng an das Haus in der Mengstraße geknüpft. Dieses Haus fungiert schon für die Familie Thomas Manns als symbolisches Kapital. Die Position des Hauses im Altstadtgefüge und seine repräsentative Fassade verankern die Familie im sozialen System der Stadt an exponierter Stelle. Mit seiner Lage im geographischen und sozialen Stadtzentrum, direkt neben dem Rathaus und neben der imposanten Kaufmannskirche St. Marien, zudem mit einer baulich auffälligen, modernen und repräsentativen Fassade, war es geeignet, die Reputation von Thomas Manns Großvater auch topologisch zu sichern. Die Erbpraxis spielt in diesem Kontext eine wichtige Rolle: Die Firma des Großvaters wird in der Familie weitergegeben. Sein Sohn, Thomas Johann Heinrich Mann, erlangt zudem große politische Bedeutung. Als Senator für Wirtschaft und Finanzen darf er als ‚zweiter Mann der Stadt' gelten.[4] Obwohl er ein Haus in der Beckergrube baut und das Haus in der Mengstraße zu Thomas und Heinrich Manns Jugendzeiten nur noch als Wohnsitz der Großmutter fungiert, bleibt die Mengstraße 4 das Symbol für Firma und Familie. Abzulesen ist das unter anderem am Prunkbecher, der dem Senator und Kaufmann Mann zum hundertjährigen Firmenjubiläum geschenkt wird. Auf ihm ist noch 1890 das Haus in der Mengstraße 4 abgebildet.[5] Seine symbolische Bedeutung behält das Haus zeitlebens für Thomas Mann – selbst als er Lübeck längst verlassen hat: „Das

4 Hans Wißkirchen erläutert, dass diese Position im damals eigenständigen Staat Lübeck der Position eines Landesministers entsprach: „Politik wurde freilich von zuhause gemacht. Damit entstand für den jungen Thomas Mann schon ganz früh eine spezielle Verbindung des Öffentlichen und des Privaten, wie sie bezeichnend für die Mentalität in Lübeck war." (Hans Wißkirchen: Buddenbrooks. Die Stadt, der Autor und das Buch. In: Ders. (Hrsg.): *Die Welt der Buddenbrooks. Mit Beiträgen von Britta Dittmann, Manfred Eickhölter und Hans Wißkirchen*. Frankfurt am Main: Fischer 2008. S. 15–60, hier S. 19.)

5 Glaspokal/Prunkbecher, 1890. Archiv des Buddenbrookhauses / Heinrich-und-Thomas-Mann-Zentrum; Nr. o114.

alte Bürgerhaus [...] war mir das Symbol der Überlieferung, aus der ich wirkte."[6]

Das Haus wird zum Fixpunkt der Identitätsbildung, weil es erstens auf die gehobene Herkunft und den Einfluss der Familie in der Stadt hindeutet und den Autor damit als etwas Besonderes ausweist. So schreibt Thomas Mann am 8. Januar 1904 an seinen Bruder Heinrich:

> Du weißt nicht, wie hoch ich Dich halte, weißt nicht, daß, wenn ich auf Dich schimpfe, ich es doch immer nur unter der stillschweigenden Voraussetzung thue, daß neben Dir so leicht nichts Anderes in Betracht kommt! Es ist ein altes Lübecker Senatorssohnsvorurtheil von mir, ein hochmüthiger Hanseateninstinkt, *mit dem ich mich, glaub' ich, schon manchmal komisch gemacht habe, daß im Vergleich mit uns eigentlich alles Übrige minderwerthig ist.*[7]

Die Mengstraße 4 wird zweitens zum Fixpunkt der Identitätskonstruktion, weil sie für die soziale und kulturelle Bildung des Autors während seiner Kindheit steht. Thomas Mann beschreibt eine glückliche Kindheit mit Lektüre, Oper und – ganz in der Tradition Goethes – dem Spiel mit dem Puppentheater.[8] Im Sinne einer Poetologie, die auf der Darstellung des Eigenen beruht, werden die ersten Lebensjahre in Lübeck drittens zum Garanten für die Authentizität im Schreiben: „Ein Werk muß lange Wurzeln haben in meinem Leben, geheime Verbindungen müssen laufen von ihm zu frühesten Kindheitsträumen, wenn ich mir ein Recht darauf zuerkennen, an die Legitimität meines Tuns glauben soll",[9] so schreibt er 1942.

Lübeck steht für die ‚Wurzeln' der sozialen und kulturellen Identität, aber auch für prägende Erfahrungen aus Kindheit und Jugend.

6 Thomas Mann: Deutsche Hörer! (1940–1945). In: *Gesammelte Werke in dreizehn Bänden*, Bd. 11. Frankfurt am Main: Fischer 1990, S. 986–1123, hier S. 1035.

7 Thomas Mann an Heinrich Mann, 08.01.1904. In: Dies.: *Briefwechsel 1900–1949*, hrsg. v. Hans Wysling. Frankfurt am Main: Fischer 2005, S. 41–47, hier S. 45 (Herv. i. Orig.).

8 Thomas Mann: Kinderspiele. In: *Große kommentierte Frankfurter Ausgabe*, Bd. 14.1, hrsg. u. textkritisch durchges. v. Heinrich Detering, unter Mitarb. v. Stephan Stachorski. Frankfurt am Main: Fischer 2002, S. 79–81, hier S. 80.

9 Thomas Mann: Joseph und seine Brüder. In: Ders.: *Gesammelte Werke in dreizehn Bänden*, Bd. 10, S. 654–669, hier S. 661.

Dazu gehört ferner die vom Autor betonte Mischung aus nordischer Bürgerlichkeit von Seiten des Vaters mit der Sinnlichkeit und Kunstaffinität seiner Mutter, die die Tochter eines deutschen Plantagenbesitzers und einer Brasilianerin ist und bis zu ihrem siebten Lebensjahr in Brasilien lebte. Von ihr, so glaubt Thomas Mann, habe er die Fabulierlust geerbt.[10] Doch nicht alle Erfahrungen sind angenehmer Natur. Sieht man sich Thomas Manns Lübecker Zeit an, so ist schnell zu erkennen, dass sie auch von (sanfter) Rebellion, von tiefen Verunsicherungen und Verletzungen geprägt sein muss. Er empfindet die Stadt als eng und ruft auf zum Kampf gegen die „Fülle von Gehirnverstaubtheit und Ignoranz und bornierten, aufgeblasenen Philistertums“[11]; Thomas Mann eckt auch auf dem Gymnasium an, und man darf ihn ohne Übertreibung als Schulversager bezeichnen. Schon früh ist dem Jungen außerdem klar, dass er die väterliche Firma nicht weiterführen und somit seine Eltern enttäuschen wird. Bei den Feierlichkeiten zum hundertjährigen Firmenjubiläum erkennt der junge Thomas Mann, „daß ich nicht der Nachfolger meines Vaters und meiner Väter sein, wenigstens nicht in der Form, wie man es stillschweigend von mir verlangte, und daß ich die alte Firma nicht weiter in die Zukunft führen würde“.[12]

Ob es eine Erleichterung oder eine Kränkung ist, dass der Vater in seinem Testament die Firma aufzulösen verfügte, weil er seinen Söhnen eine Weiterführung nicht zutraute? Auf jeden Fall bedeutet der Tod des Vaters 1891 einen massiven Einschnitt in der Lebensführung. Der 16-jährige Junge muss mit der Mutter die repräsentative Stadtvilla in der Beckergrube verlassen und ein Haus vor den Stadttoren Lübecks beziehen. Wie zuvor der soziale Aufstieg, so manifestiert sich auch der soziale Abstieg im Raum: Vom topographischen und sozialen Mittelpunkt Lübecks zieht die Familie nun in die Peripherie. Später wechselt Julia Mann mit den jüngeren Kindern nach München; Thomas Mann wird in Pension gegeben. Der Sohn des geachteten Senators ist zum

10 Auch hier wird über die Topographie die Dichteridentität erklärt. Der Süden, in diesem Falle Südamerika, wird in der Deutung der eigenen Biographie, aber auch in fiktionalen Werken zum Ursprung des Künstlerischen erklärt.

11 Thomas Mann: Frühlingssturm. In: *Große kommentierte Frankfurter Ausgabe*, Bd. 14.1, hrsg. u. textkritisch durchges. v. Heinrich Detering, unter Mitarb. v. Stephan Stachorski. Frankfurt am Main: Fischer 2002, S. 17–18. Vgl. hier S. 18.

12 Thomas Mann: Hundert Jahre Reclam. In: Ebd., S. 239–259, hier S. 239.

Außenseiter geworden. Gerade das aber macht er zum Ausgangspunkt seiner Autorenidentität: Die Gewissheit, etwas Besonderes zu sein und damit auch einen exzeptionellen Blick auf die Welt zu haben, baut gleichermaßen auf der sozial gehobenen Herkunft und den Familienidealen auf wie auf dem Gefühl der Rebellion und des Außenseitertums. Thomas Mann beginnt, Geschichten zu schreiben, in denen am Leben leidende Außenseiter die Protagonisten sind. Hans Wißkirchen hält fest, wie stark gerade dieser Figurentypus im Frühwerk mit der Vaterstadt verbunden ist: „Lübeck gibt fast immer die Wirklichkeit ab, in der die Figuren dieser Geschichten handeln, leben, kämpfen und leiden."[13] Ausführlich hat Heinrich Detering die lebenslangen Lübeck-Bezüge im literarischen Werk und den essayistischen und biographischen Texten Thomas Manns verfolgt. Detering zeigt dabei die zärtliche und emphatische Bindung an den Norden und dessen Literatur auf, die Faszination am Unheimlichen, am Mittelalterlichen der Heimatstadt, die völlig aus der Zeit gefallen scheint und gerade dadurch ihr Eigenleben entwickelt – und auch den ironischen Ton gegenüber Lübeck, die Distanz zu bestimmten bürgerlichen Lebensformen, zu Provinzialität und Verstaubtheit.[14] In der Rede zu Ehren des 60. Geburtstags seines Bruders Heinrich erklärt Thomas 1931 ihre Entwicklung zu Schriftstellern explizit aus dem Unheimlichen der mittelalterlichen Topographie der Stadt heraus, nämlich aus dem Changieren zwischen moderner Stadt von ‚bürgerlicher Gesundheit' und unheimlich-mittelalterlichem Erbe:

> Dies alte Lübeck, lieber Bruder, in dem wir kleine Jungen waren, ist ein merkwürdiges Nest. Es ist, mit seiner pittoresken Silhouette, heute ja eine Mittelstadt wie eine andere, modern schlecht und recht, mit einem sozialdemokratischen Bürgermeister und einer kommunistischen Fraktion im

13 Wißkirchen: Buddenbrooks, S. 26–27. Für Heinrich Mann ist der Herkunftsort nicht weniger prägend als für den Bruder. Heinrich Detering macht dies unter anderem am autobiographischen Text *Ein Zeitalter wird besichtigt* fest: „Am Rande wird Lübeck erwähnt; und dieser Rand ist die Folie, vor der sich das Zeitalter entfaltet. Beinahe unsichtbar, ist dieser Hintergrund doch allgegenwärtig […]" (Heinrich Detering: Heinrich Mann oder Lübeck als Leerstelle. Erzählung und Geschichte in *Ein Zeitalter wird besichtigt*. In: Ders.: *Herkunftsorte. Literarische Verwandlungen im Werk von Theodor Storm, Friedrich Hebbel, Klaus Groth, Thomas und Heinrich Mann*. Heide: Boyens 2001, S. 194–219, hier S. 194).

14 Vgl. Heinrich Detering: *Das Meer meiner Kindheit. Thomas Manns Lübecker Dämonen*. Heide: Boyens 2016.

> Bürgerschaftsparlament – tolle Zustände, wenn man sie mit den Augen unserer Väter ansieht, aber durchaus normal. […] Und doch, wenn ich sie mir so ansehe, diese Herkunft – und aus einem gewissen aristokratischen Interesse habe ich sie mir oft angesehen –, so scheint es mir um ihre bürgerliche Gesundheit eigentümlich suspekt zu stehen, nicht ganz geheuer, nicht ganz uninteressant. Es hockt in ihren gotischen Winkeln und schleicht durch ihre Giebelgassen etwas Spukhaftes, allzu Altes, Erblasthaftes – hysterisches Mittelalter, verjährte Nervenexzentrizität, etwas wie religiöse Seelenkrankheit –, man würde sich nicht übermäßig wundern, wenn dort, dem marxistischen Bürgermeister zum Trotz, noch heutigen Tags plötzlich Sankt Veitstanz oder ein Kinderkreuzzug ausbräche – es wäre nicht stilwidrig. Unser Künstlertum, daß es ist und auch wie es ist – ich habe nie umhingekonnt, es auf irgendeine Weise mit diesem heimlich umgehenden und nicht ganz geheuren Stadtspuk in kausalen Zusammenhang zu bringen […].[15]

Wie stark Thomas Mann seine bürgerliche Herkunft als Basis seines Künstlertums begreift, betont er auch in der Rede *Lübeck als geistige Lebensform*, die er 1926 im Theater Lübeck hält. Hier beschreibt er eine Art Abstraktionsakt von Region und Blutsverwandtschaft, die zur Konstruktion einer „geistigen Lebensform" der Stadt führt:

> Künstlertum, meine Damen und Herren, ist etwas Symbolisches. Es ist die Wiederverwirklichung einer ererbten und blutsüberlieferten Existenzform auf anderer Ebene. […] Indem man ein Denker oder Künstler wird, ‚entartet' man weniger, als die Umwelt, von der man sich emanzipiert, und als man selber glaubt; man hört nicht auf, zu sein, was die Väter waren, sondern ist ebendieses in anderer, freierer, vergeistigter, symbolisch darstellender Form nur noch einmal.[16]

Lübeck schreibt sich als „geistige Lebensform" in den Autor und seine Texte ein.

15 Thomas Mann: Vom Beruf des deutschen Schriftstellers in unserer Zeit. Ansprache an den Bruder. In: Ders.: *Gesammelte Werke in dreizehn Bänden*, Bd. 10, S. 306–315, hier S. 308–309.

16 Thomas Mann: Lübeck als geistige Lebensform. In: Ders.: *Autobiographisches. Das essayistische Werk in acht Bänden*, hrsg. v. Hans Bürgin. Frankfurt am Main / Hamburg: Fischer 1968, S. 177–194, hier S. 184.

2. Topographie und Identität in *Buddenbrooks*

Wo eine Stadt so wesentlich zur Identität als Künstler beiträgt, wundert es nicht, dass diese Herkunft auch sein ganzes Werk durchzieht. Auch das betont Thomas Mann in seiner Rede 1926.[17] Stadtbild, Landschaft und Dialekt prägen sein Werk. Und doch ist es gerade *ein* Roman, der dieser Herkunft gewidmet ist und das Stammhaus von Firma und Familie Mann zum topographischen und symbolischen Mittelpunkt macht: *Buddenbrooks. Verfall einer Familie.* Manns Debütroman wird zum Bild für noble Herkunft und Verfall gleichermaßen, zum Sinnbild für bürgerliche Fassade und innere Verfeinerung des Geistes bis hin zum Künstlertum. Beide Seiten sind dem Haus von Anfang an literarisch eingeschrieben. Zwar zeigt sich der zur Einweihungsfeier geladene Weinhändler zur Eröffnung des Festes noch tief beeindruckt: „Alle Achtung! Diese Weitläufigkeit, diese Noblesse… ich muß sagen, hier läßt sich leben, muß ich sagen…" (B, S. 24). Doch noch am selben Abend zeigt das Haus der Festgesellschaft auch seine düsteren Seiten: das Phantastisch-Unheimliche, den Verfall. Zunächst offenbart sich der hintere Teil des Hauses als weitläufig, aber auch etwas labyrinthisch; beim gemeinsamen Gang in den Billardsaal passiert man „schlüpfrige Stufen" (B, S. 42) zum Kellergewölbe und quert bei Sturm und Regen den Garten. Aus der Festgesellschaft heißt es: „Hole mich der Teufel, was ist das für eine Reise durch Euer Haus, Buddenbrook!" (B, S. 43). Später wird derselbe Ort zum Zeichen des Verfalls, als Thomas Buddenbrook seiner Schwester erklärt, warum er das Haus veräußern möchte: „Seit langen Jahren, schon seit Vaters Tode, verfällt das ganze Rückgebäude. Im Billardsaal lebt eine freie Katzenfamilie, und tritt man näher, so läuft man Gefahr, durch den Fußboden zu brechen… […] Nein, verkaufen, verkaufen!…" (B, S. 642).

Zum Ort der zu Beginn meines Beitrags zitierten Schopenhauer-Lektüre und damit zum Ort der Flucht wird bezeichnenderweise genau dieser Garten hinter dem Haus. Dabei erhält seine Topologie einen semantischen Mehrwert: Er ist nach vorn nicht sichtbar, er

17 „Ich möchte hinzufügen, es ist mein Ehrgeiz, nachzuweisen, daß Lübeck als Stadt, als Stadtbild und Stadtcharakter, als Landschaft, Sprache, Architektur durchaus nicht nur in ‚Buddenbrooks', deren unverleugneten Hintergrund es bildet, seine Rolle spielt, sondern daß es von Anfang bis zu Ende in meiner ganzen Schriftstellerei zu finden ist, sie entscheidend bestimmt und beherrscht." (Ebd., S. 186.)

bietet also einen geschützten Raum. Ferner befindet sich der Garten außerhalb der festen Mauern des Patrizierhauses und ermöglicht den Blick in den freien Himmel. Der Garten ist also in die Vertikale geöffnet. An diesem Ort ist es Thomas möglich, emotional zu werden und seine Selbstkontrolle fahren zu lassen. Den Garten als Ort des emotionalen Kontrollverlusts scheint Thomas gar bewusst zu nutzen. Um seinen Bruder Christian zur Rede zu stellen, bittet er ihn nach draußen: „Du mußt mich mal ein paar Schritte durch den Garten begleiten, mein Freund" (B, S. 347).

Was für das Haus gilt, gilt auch für die Darstellung der Stadt insgesamt: Das Lübeck der Buddenbrooks enthält Grenzen und Abgründe, Orte der Abweichung und Heterotopien. Der Lektüre Thomas Buddenbrooks im Garten seines Hauses entspricht im Stadtbild der Fluchtraum Travemünde. Der Strand in Travemünde bildet als Ort der Utopie für Antonie Buddenbrook genauso wie für Thomas Buddenbrooks Sohn Hanno einen Fluchtpunkt. Dass der Strand einen Grenzraum zwischen Land und Wasser bildet, ist für sein Potential als Ort des Ausbruchs sicherlich entscheidend. Antonie kann sich hier in eine nichtstandesgemäße Beziehung mit Morten Schwarzkopf flüchten, wiewohl die Unmöglichkeit dieser Beziehung von Antonie selbst erkannt und forciert wird. Neben diesen utopischen Räumen, die einen Gegenpol zur Stadt bilden, finden sich in der Stadt selbst aber auch Krisenheterotopien in Anlehnung an Michel Foucault. Es handelt sich um Räume, „die Individuen vorbehalten sind, welche sich im Verhältnis zur Gesellschaft [...] in einem Krisenzustand befinden":[18] Die Schüler werden des Nachts in ‚Etablissements' ertappt; die sogenannten Suitiers, als solcher wird auch Christian Buddenbrook bezeichnet (vgl. B, S. 298), treffen sich an Gegenorten wie Theatern, Klubs und Kneipen (vgl. B, S. 297–298) oder in einem wenig Vertrauen weckenden Haus namens Quisisana vor der Stadt (vgl. B, S. 487). Solche Grenzüberschreitungen können lustvoll sein, werden aber sanktioniert. Christian Buddenbrook gerät versehentlich auf die Theaterbühne, hinter den Vorhang, der die Sphären von Darstellern und Publikum scheidet, und erzählt stolz

18 Michel Foucault: Andere Räume. In: Karlheinz Barck / Peter Gente / Heidi Paris / Stefan Richter (Hrsg.): *Aisthesis. Wahrnehmung heute oder Perspektiven einer anderen Ästhetik*. Leipzig: Reclam 1993, S. 34–46, hier S. 43.

davon, wie er nun hinter den Kulissen schon „ziemlich zu Hause“ sei (B, S. 287). Seine Familie zeigt sich wenig begeistert von diesem ‚Seitenwechsel‘.

Innerhalb der fiktiven Stadt gibt es aber nicht nur Fluchträume und Gegenorte, die aus Leidenschaft oder Vergnügen freiwillig aufgesucht werden. Dem literarischen Lübeck ist ferner eine soziale Raumaufteilung nach Stadtvierteln und Gebäudelagen eingeschrieben. Wenn Thomas Buddenbrook heimlich die Blumenverkäuferin Anna besucht, dann spaziert er die Straßen zur Trave hinab – der topographisch steile Abstieg indiziert den gesellschaftlichen und sozialen Abstieg.[19] Das Leben vor den Toren der Innenstadt, wo Gerda Buddenbrook nach dem Tod ihres Mannes mit dem Sohn Hanno lebt, bedeutet deshalb auch einen Ausschluss aus der Gesellschaft.[20] Psychiatrie und Gefängnis bilden weitere Szenerien des Anderen, die vor den Toren Lübecks zu finden und sogar durch Mauern weiter abgegrenzt sind. Solche Überlagerungen von realen und sozialen Topographien bestimmen die Motivstruktur des Romans. *Buddenbrooks* gewinnt seine Handlung und Bedeutung aus den Grenzgängen zwischen diesen gesellschaftlichen Sphären, die fast immer als topographische markiert sind.

Auf abstrakterer Ebene kommt eine weitere, geistige Grenzüberschreitung hinzu. Es handelt sich um die Kunstsphäre. Mit fortschreitendem Verfall wird in *Buddenbrooks* bekanntlich nach den Mustern der Décadence die Beschäftigung der Figuren mit Theater, Literatur und Musik immer wichtiger. Eine Verfeinerung des Geistes steht dem finanziellen, materiellen und körperlichen Verfall entgegen.

19 „Thomas schritt den ‚Fünfhausen‘ hinunter, er durchquerte die Bäckergrube und gelangte durch eine schmale Querstraße in die Fischergrube. Diese Straße, die in gleicher Richtung mit der Mengstraße steil zur Trave hin abfiel, verfolgte er ein paar Schritte weit abwärts, bis er vor einem kleinen Hause stand, einem ganz bescheidenen Blumenladen mit schmaler Thür und dürftigem Schaufensterchen […]“ (B, S. 181). Dies wäre ein typisches Beispiel für die Semantisierung des Raumes im Sinne Jurij M. Lotmans. Er definiert solche Überschreitungen klassifikatorischer Grenzen als notwendiges Merkmal narrativer Texte (vgl. Jurij M. Lotman: *Die Struktur des künstlerischen Textes*, hrsg. v. Rainer Grübel. Frankfurt am Main: Suhrkamp 1973, u. a. S. 357).

20 Deshalb ist insbesondere Tony entsetzt über den Weggang der Familie aus der Innenstadt: „Sie jammerte laut über den üblen Eindruck, den dies hervorrufen könne, und klagte, daß es für den Namen der Familie eine neue Einbuße an Prestige bedeuten werde.“ (B, S. 768–769.)

Diese werden als Grenzen der Verständigung zwischen den Figuren und zwischen den Generationen markiert. Exemplarisch kann dies an Hannos Liebe zur Musik gezeigt werden. Das musikalische Talent des Sohnes entfremdet ihn dem Vater. Es ist ein sinnbildlicher Verlust. Denn Thomas findet keinen Zugang zur Kunst seines Sohnes, kann ihn nicht verstehen. Ähnlich ergeht es ihm mit den künstlerischen Begabungen seiner Frau Gerda. Die Erzählinstanz beschreibt das Gefühl des Verlusts und der Fremdheit mit einer Raummetapher: „Er stand vor einem Tempel, von dessen Schwelle Gerda ihn mit unnachsichtiger Gebärde verwies... und kummervoll sah er, wie sie mit dem Kinde darin verschwand“ (B, S. 560). Dieses Ausgeschlossen-Sein wird im Roman immer wieder räumlich inszeniert: Auch wenn Gerda mit Herrn von Throta im Salon musiziert, steht Thomas Buddenbrook in seinem eigenen Haus buchstäblich vor verschlossener Tür (vgl. B, S. 712–713).
Lübeck *als geistige Lebensform* ist in der Realität Thomas Manns ebenso wie in der Fiktion in *Buddenbrooks* ein Ort der Grenzüberschreitungen; an der Entscheidung oder gar Notwendigkeit, Grenzen zu akzeptieren oder zu überschreiten, bilden sich Identitäten.

3. Lübeck im Nationalsozialismus: ein ungeliebter Sohn der Stadt

In die Türzarge des heutigen Buddenbrookhauses eingelassen, kann man eine Gedenkwidmung lesen, die einen anderen Namen als den Thomas Manns nennt: Bruno Warendorp. Es handelt sich um den Versuch im Nationalsozialismus, den Namen des unliebsamen Exilanten aus der Stadt zu tilgen und durch andere zu ersetzen. Warendorp, ein Lübecker Bürgermeister aus dem 14. Jahrhundert, lässt sich von den Nationalsozialisten zum Kriegshelden stilisieren und taugt damit für deren Ideologie. Nach dem Tod seines Vaters und der Ablehnung des Romans *Buddenbrooks* in Lübeck in den frühen Lebensjahren des Autors markiert diese Gedenkwidmung am Stammhaus der Manns den dritten Bruch zwischen Thomas Mann und seiner Heimatstadt – ein Bruch, der Deutschland allgemein betrifft, der aber eine spezifisch lübeckische Dimension hat. (Abb. 1)
Es ist bekannt, dass Thomas Mann, der zu Beginn der 1930er Jahre in Reden vor den Nationalsozialisten gewarnt hatte, sich mit ähnlichen

Abb. 1: Gedenkinschrift für Bruno Warendorp in der Türzarge des Portals, 2017. Thomas Mann und sein Werk sollten aus der Stadtgeschichte verbannt werden.

Stellungnahmen ab 1933 auffällig zurückhält. Bereits im Schweizer Exil, bedarf es eines großen Engagements seiner Kinder, ihn zur öffentlichen Positionierung zu bewegen. Er fürchtet nicht nur um seine Existenzgrundlage, sondern auch um seine Identität als deutscher Schriftsteller, wenn er im Heimatland nicht mehr würde veröffentlichen können. Gleichwohl will er *seine* deutsche Kultur nicht den Nationalsozialisten überlassen. Umso engagierter zeigt er sich ab 1936.

Das wohl bekannteste Zeugnis seines Einsatzes gegen Hitler sind die Ansprachen an *Deutsche Hörer!*, die von 1940 bis 1945 über die BBC nach Deutschland gesendet werden. Sie sind selbstverständlich auch in Lübeck zu hören. Hier hatte man den inzwischen wohl berühmtesten Sohn der Stadt aus dem kulturellen Gedächtnis zu tilgen versucht. Lübeck ist damals noch keine Universitätsstadt, doch als in anderen deutschen Städten 1933 die studentischen Bücherverbrennungen stattfinden, schließt man sich an – vielleicht im Bewusstsein, eine besonders literarische Stadt zu sein. Obwohl anderswo nicht auf den Verbotslisten, werden in Lübeck auch Bücher von Erich Mühsam,

Erika Mann und Thomas Mann verbrannt (Heinrich Manns Werk ist auch in anderen Städten vernichtet worden), auch *Buddenbrooks* wird symbolisch zerstört. Das Haus in der Mengstraße 4, das seit Erscheinen des Romans von den Lübeckern inoffiziell Buddenbrookhaus genannt wird, soll rasch einen neuen Namen bekommen. Im amerikanischen Exil erfährt Thomas Mann davon, allerdings ist es nicht der Name Bruno Warendorp, von dem er hört, sondern Jürgen Wullenweber. Thomas Mann kommentiert dies in der BBC-Ansprache vom April 1942 wie folgt:

> An Ort und Stelle freilich heißt es schon längst nicht mehr das ‚Buddenbrook-Haus'. Die Nazis, verärgert darüber, daß immer die Fremden noch danach fragen, haben es umgetauft in ‚Wullenweber-Haus'. Das dumme Gesindel weiß nicht einmal, daß ein Haus, das den Stempel des achtzehnten Jahrhunderts an seinem Rokoko-Giebel trägt, nicht gut mit dem verwegenen Bürgermeister des sechzehnten etwas zu tun haben könnte. Jürgen Wullenweber hat seiner Stadt durch den Krieg mit Dänemark viel Schaden zugefügt, und die Lübecker haben mit ihm getan, was die Deutschen denn doch vielleicht eines Tages mit denen tun werden, die diesen Krieg geführt haben. Sie haben ihn hingerichtet.[21]

Dennoch bricht Thomas Mann nicht mit der Stadt seiner Kindheit. Zwar erklärt er, als er von der Zerstörung des großelterlichen und so symbolisch gewordenen Hauses erfährt, via BBC: „Aber ich denke an Coventry – und habe nichts einzuwenden gegen die Lehre, daß alles bezahlt werden muß."[22] Doch nach 1945 beteiligt er sich am Wiederaufbau der Stadt. Er spendet die Tantiemen seiner Werkverkäufe in Deutschland für den Wiederaufbau der Marienkirche, seiner Taufkirche – vis-à-vis zum Buddenbrookhaus, das ebenfalls bis auf die Fassade und die Kellergewölbe zerstört ist. Dem zum Weltbürger gewordenen Thomas Mann blieb das Lübeck, das sich so bemüht hatte, den Autor vergessen zu machen, weiter wichtig. Er will das identitätsstiftende Stadtbild erhalten wissen. (Abb. 2)

Das Verhältnis Lübecks zu Thomas Mann blieb jedoch ambivalent. Als Thomas Mann am 20. Mai 1955 doch noch die Ehrenbürgerwürde

21 Mann: *Deutsche Hörer! (1940–1945)*, S. 1035.

22 Ebd., S. 1034.

Abb. 2
Katia und Thomas Mann bei einem Besuch in Lübeck 1953; im Hintergrund ist die Fassade des 1942 großenteils zerstörten Buddenbrookhauses zu sehen.

der Stadt Lübeck erhält, war seine Rede deshalb nicht ohne Spitzen: „Ich will nicht den Träumer spielen und mich auch nur zum Schein in der Illusion wiegen, als sei durch den Beschluß zu dieser Ehrung nun auf einmal aller Mißbilligung meiner Existenz, die hier zu finden war, der Lebensodem ausgeblasen."[23] Seine Einschätzung der Situation ist richtig: Die Bürgerschaft hatte die Ehrung des Exilanten zwar eindeutig beschlossen. Die Abstimmung führte aber nur zu diesem Ergebnis, weil der rechte Flügel sie boykottierte und der Sitzung fernblieb. So scheint es passend, dass Thomas Mann in seiner Dankesrede einen Spruch zitierte, der vor der Lübecker Schiffergesellschaft angeschlagen steht: „Allen zu gefallen – ist unmöglich".[24] Thomas Manns Selbstbild und sein Narrativ von Autorschaft schließt längst dieses ‚Umstritten-Sein' mit ein.

23 Thomas Mann: Ansprache in Lübeck. In: Ders.: *Autobiographisches*, S. 415–417, hier S. 415.
24 Ebd.

Thomas Mann war inzwischen ein Weltbürger geworden. Seine Identität schien er von geographischen Orten zu lösen, wenn er 1938 bei der Ankunft im amerikanischen Exil erklärte: „Where I am, there is Germany. I carry my German culture in me. I have contact with the world and I do not consider myself fallen."[25] Doch gerade so fern der Heimat gewinnt die Gewissheit über die eigene Herkunft wieder an Bedeutung, allerdings nicht als konkreter Ort, sondern als Teil der kulturellen Identität. Heinrich Mann fasst es rückblickend zusammen und kommt zu einem bemerkenswerten Schluss:

> Als mein Bruder nach den Vereinigten Staaten übersiedelt war, erklärte er schlicht und recht: „Wo ich bin, ist die deutsche Kultur." Wirklich erfassen wir erst hier die Worte ganz: „Was du ererbt von deinen Vätern hast, erwirb es, um es zu besitzen!" Das ist unser mitbekommener Inhalt an Vorstellungen und Meinungen, Bildern und Gesichten [*sic*]. Sie ändern sich im ganzen Leben nicht wesentlich, obwohl sie bereichert und vertieft werden. Endlich sind sie an keine Nation mehr gebunden. Unsere Kultur – und jede – hat die Nation unserer Geburt als Ausgang und Vorwand, damit wir vollwertige Europäer werden können. Ohne Geburtsstätte kein Weltbürgertum.[26]

Lübeck als geistige Lebensform, geprägt von der Haltung des Kaufmanns, der Politik eines Stadtstaats, den Brüchen und Widersprüchen, wird zur Voraussetzung der Existenz im Exil und des politischen Einsatzes gegen Nationalismen.

4. „Vom Elternhaus zur Menschheit": das Museum Buddenbrookhaus als Denkraum

Das Lübecker Buddenbrookhaus beherbergt seit 1993 das Heinrich-und-Thomas-Mann-Zentrum, ein Museum und Forschungsarchiv. Es erzählt die Geschichte der Familie Mann und des namensgebenden Romans. In den kommenden Jahren wird es um das Nachbarhaus erweitert und somit in der Fläche verdoppelt, um dem gestiegenen

25 Interview mit Thomas Mann (*New York Times*, 22.02.1938, Nachmittagsausgabe, S. 13).

26 Heinrich Mann: *Ein Zeitalter wird besichtigt. Studienausgabe in Einzelbänden*, hrsg. v. Peter-Paul Schneider. Frankfurt am Main: Fischer 2007, S. 236–237.

Abb. 3: Die ikonisch gewordene, weiße Fassade des Buddenbrookhauses in der Mengstraße 4 in Lübeck; links das zugekaufte Haus und Grundstück zur Erweiterung des Museums, 2013.

Platzbedarf in Bibliothek und Archiv, für die Vermittlungsarbeit und Veranstaltungen gerecht zu werden. Vor allem aber soll es eine ganz neue und größere Ausstellung erhalten, die der Geschichte der Familie Mann von Lübeck bis in die Gegenwart folgt. „Ohne Geburtsstätte kein Weltbürgertum" – diese These Heinrich Manns hat viel mit dieser neuen Ausstellung zu tun. Wenn das Museum am Stammsitz der Dichterfamilie und am Originalschauplatz des Romans *Buddenbrooks* nach dem Umbau wiedereröffnet, dann wird die Internationalität der Familie Mann und ihres Werks eine zentrale Rolle spielen. „[V]om Elternhaus zur Menschheit"[27], so skizziert Heinrich Mann die Entwicklung an anderer Stelle: Die Ausstellung wird die Geschichte der Manns vom Großelternhaus zur Menschheit erzählen. Die Lübecker Heimat wird den Brüdern zur Voraussetzung, sich der Welt öffnen zu können. Gleichzeitig gilt für beide, dass auch ihr literarisches Werk von Lübeck als Schauplatz aus in die Welt geht, indem es übersetzt und verfilmt wird. (Abb. 3)

27 Heinrich Mann an Thomas Mann, 26.11.1932. In: Dies.: *Briefwechsel 1900–1949*, S. 175.

Wie nun wird dieses Grundnarrativ in der Ausstellung umgesetzt? Die neue Ausstellung beginnt im Sinne Heinrich Manns in Lübeck – am Standort des Museums, am historischen Ort des Familienstammsitzes, der gleichzeitig fiktiver Handlungsort von *Buddenbrooks* ist. Die Entscheidung, mit Lübeck zu beginnen, ist auch eine Entscheidung für einen kompletten Umbau des Buddenbrookhauses. Es soll nicht historistisch, aber doch in seinen alten Dimensionen wiederhergestellt werden. Wer das Haus nach dem Umbau betritt, trifft (anders als im jetzigen Aufbau) zunächst auf den Lübeck-Roman. Eine in ihren alten Dimensionen wiederhergestellte Diele empfängt den Nutzer des Museums in der Welt der Buddenbrooks – und in einem Verfallsroman. Das Abgründige und Widersprüchliche hinter der noblen Fassade, Verfall und Verfeinerung, sollen sichtbar werden. Gegenbilder werden auch durch Inszenierungen von Heinrich Manns berühmten Lübeck-Roman *Professor Unrat oder Das Ende eines Tyrannen* (1905) gesetzt. Das Werk zeigt noch drastischer als *Buddenbrooks* die Gegenräume der Bürgerwelt. So können auch in der Ausstellung Spannungsfelder visualisiert werden, in denen Besucherinnen und Besucher zu Grenzgängern zwischen den verschiedenen sozialen Welten werden und ‚Tabus brechen'. Dies alles bedarf einer Räumlichkeit der Erfahrung, die nicht nur einen kognitiven Zugang ermöglicht, sondern die Spannungen, die in den fiktiven Räumen der Romane konstruiert werden, sollen in den konkreten Raum der Ausstellung transponiert und damit erleb- und fühlbar gemacht werden.
Die Erzählung der Mann'schen Familiengeschichte erwächst aus dem Roman heraus, beginnt also in Lübeck und verlässt dann die Räumlichkeiten der Mengstraße 4 in den Erweiterungsbau, um sich der wachsenden Internationalität der Familie und ihrem Weltbürgertum zu widmen. Ausgehend von Lübeck, als Voraussetzung des Künstlertums der Brüder Mann, wird sich die Geschichte der gesamten Familie Mann bis in die Gegenwart entwickeln. Zehn Stationen widmen sich Themenbereichen, die das Leben der Manns bestimmt haben: darunter das Schreiben und das Selbstverständnis als Autor, Fragen von Ehe und Sexualität, unterschiedliche Haltungen zum Krieg, das Exil und das politische Wirken der „Family Against Dictatorship"[28].

28 Klaus Mann: A Family Against Dictatorship. Vortrag im Herbst 1937. In: Ders.: *Das Wunder von Madrid. Aufsätze, Reden, Kritiken 1936–1938*, hrsg. v. Uwe Naumann / Michael Töteberg. Reinbek: Rowohlt 1993, S. 247–261.

Aber auch die Selbstinszenierung als Schriftstellerfamilie und die Suche nach dem eigenen Weg jenseits der familiären Bindungen in der Generation der Kinder werden in der Ausstellung thematisiert. Auch hier werden bewusst Spannungsfelder gezeigt. Es sollen Konfliktgeschichten und Widersprüche dargestellt werden, aus denen Bewegung und oft sogar Kunst entsteht. Der Literatur wird deshalb in der Ausstellung zur Familienbiographie immer wieder Raum gegeben: in ihrem Eigenwert als Kunstwerk, als Reflexion zentraler Lebensfragen der Manns und vor allem als Diskussion von Fragen, die über die historische Erfahrung hinausgehen, die anthropologische Grundfragen sind. Diese Fragen sind schließlich der Grund, warum das literarische Werk der Manns noch heute interessiert, begeistert und berührt. Wenn es möglich wird, Ambivalenzen in Biographie und Literatur auszustellen und im Raum erlebbar zu machen, dann hätte die neue Ausstellung ihr Ziel erreicht. So hört das Denken im Museum unter der Beweislast der Evidenzen nicht auf, sondern könnte erst beginnen, wie Daniel Tyradellis ausführt: „Und dies ist schließlich die Frage, um die es in jedem Museum und in jeder Ausstellung immer auch geht, oder zumindest gehen sollte: Wie löse ich etwas aus?“.[29] Raum für ungewohnte Gedankenwendungen, für Überraschendes zu bieten – das hat das Literaturmuseum im besten Fall mit der Literatur gemein.

29 Tyradellis: *Müde Museen*, S. 54.

Entäußerung / Verinnerlichung

Thorsten Benkel

Raum und Vergänglichkeit

Für eine Topologie des personalen Selbst

Ambivalenz der Räume

Die Vielfalt der kursierenden Raumkonzepte und Räumlichkeitsmetaphern hat schon vor geraumer Zeit die Schwierigkeit erzeugt, dass über Raum nur mit erläuternden Hinweisen auf den jeweils vorliegenden Bezugsrahmen gesprochen werden kann. Was sich einerseits wie eine Verkomplizierung anhört, ist andererseits Ausdruck der gewachsenen Relevanz von Raumanordnungen in Feldern und Diskursen, die zuvor nicht oder nur am Rande Räumlichkeitsbezüge aufwiesen. In der Soziologie, die schon in den ersten Jahrzehnten ihres Bestehens topologische Zusammenhänge thematisiert[1] und die im vorliegenden Text als disziplinäre Perspektive fungiert, hat die Ausweitung nicht nur des Begriffsinstrumentariums, sondern auch – und damit verbunden – der erkenntnistheoretischen und methodologischen Werkzeuge zu einer erheblichen Erweiterung des Verständnisses der geo- und topografischen Strukturen gesellschaftlichen Agierens geführt.[2]

1 Georg Simmel: Soziologie des Raumes (1903). In: Ders.: *Gesamtausgabe*, Bd. 7. Frankfurt am Main: Suhrkamp 1995, S. 132–183; ders.: Über räumliche Projektionen socialer Formen (1903). In: Ebd., S. 201–220. Robert Ezra Park: The City. Suggestions for the Study of Human Nature in the Urban Environment. In: *American Journal of Sociology* 20,5 (1915), S. 577–612. Ders. / Ernst W. Burgess / Roderick D. McKenzie: *The City*. Chicago: University of Chicago Press 1984.

2 Siehe für Deutschland etwa Martina Löw: *Raumsoziologie*. Frankfurt am Main: Suhrkamp 2001.

Wie Raum gegenwärtig zu fassen ist, weicht, so scheint es, zunehmend der Frage, welche von vielen möglichen Raumkonnotationen im je vorliegenden Zusammenhang aktualisiert werden können bzw. sollen. Insbesondere angesichts der disziplinären Ausdifferenzierung[3] wird diesbezüglich eine Pluralität bewusst und deutlich, die der Raum womöglich immer schon bereitgehalten hat. So konnte und kann Raum beispielsweise geografisch vermessen werden – als ‚objektive' Fläche bzw. als Strecke zwischen spezifischen Punkten. Psychologisch konnte und kann Raum hingegen im gleichen Kontext als der (vielleicht nur vermeintlich) so empfundene kürzeste oder auch längste Weg von A nach B gelten, unabhängig davon, was das Maßband sagt. Und juristisch konnte und kann unterschieden werden zwischen gestatteten, gebotenen und verbotenen Zonen, die beispielsweise Abkürzungen erlauben oder verunmöglichen. Schließlich konnte und kann kulturell differenziert werden zwischen Nutzungsformen, die Räume überhaupt bedeutsam machen oder, wenn sie fehlen, die Räume um ihre Besonderheiten berauben. Dass in sprachlicher und zumal metaphorischer Hinsicht ein Begriff wie etwa *Grund* ebenfalls mehrere passende Facetten aufspannt, sei nur am Rande erwähnt.[4]
Auch soziologisch ist der Raum vielschichtig interpretiert worden. Was traditionell vor allem als Stadtsoziologie[5] mit ihrem zeitweiligen Pendant, der Dorfsoziologie[6], zu haben war, hat sich nicht zuletzt dank eines generellen, sowohl sozial- wie auch kulturwissenschaftlich konstatierbaren Perspektivwechsels ausgeweitet. Mit dem

3 Vgl. Jörg Dünne / Stephan Günzel (Hrsg.): *Raumtheorie. Grundlagentexte aus Philosophie und Kulturwissenschaften*. Frankfurt am Main: Suhrkamp 2006.

4 Vom Präfix *Unter-* hat sich der – topologisch gedachte – Grund mittlerweile gelöst, etwa im Kontext des *Weltraums*, der aber eben nicht allein der Raum der Welt, sondern eine Art potenziell betretbares Außen an der Hülle der irdischen Räume ist, hier und da bevölkert von den bemerkenswert betitelten ‚Raumschiffen'. Mit der davon ausgegrenzten irdischen Sphäre wiederum sind natürlich auch die anderen großen ‚Außenräume' eingeschlossen, die Meere und Ozeane, deren spezifische Räumlichkeit sich in permanenter Bewegung befindet (vgl. Thomas Brandstetter / Karin Harrasser / Günther Friesinger (Hrsg.): *Grenzflächen des Meeres*. Wien: Turia & Kant 2010).

5 Rolf Lindner: *Walks on the wild Side. Eine Geschichte der Stadtforschung*. Frankfurt am Main: Campus 2004.

6 Fritz Rudolph: Dorf und Dorfsoziologie im Wandel. Zum Problem einer Neuorientierung. In: *Angewandte Sozialforschung* 18,1/2 (1994), S. 41–58.

spatial turn[7] ist die Einsicht in den Vordergrund getreten, dass Räume auch immateriell und fluide, Gegenstand von Statik wie von Prozessualität, etwas Angeeignetes und etwas Zugeschriebenes sein können. Von alteuropäischer Containersemantik ist nicht mehr viel zu sehen. Niklas Luhmann meinte zwar noch: „Am Raum lernt man Logik",[8] weil dort, wo schon ein Haus steht, kein zweites platziert werden kann.[9] Als Inbegriff von Widerspruchsfreiheit funktioniert Räumlichkeit indes nur mehr, wenn sie wortwörtlich ‚oberflächlich' gedacht wird – eben als faktizitätstragende Linie, die es selbst vermeintlich ‚absolut' gibt (losgelöst vom tatsächlichen ‚Fassadencharakter' schon des Raumbodens[10]).

So wenig sich heute von selbst erklärt, was beispielsweise eine Stadt zur Stadt macht – zumal unter Globalisierungsbedingungen, angesichts virtueller Vernetzungen und unter Berücksichtigung immanenter Ambivalenzen –, so wenig lassen sich Räume insgesamt anhand feststehender Kategorien definieren. Räumlichkeit wurde (und wird) folglich zur analytischen Kategorie je spezifischer Annäherungen – und damit zur Herausforderung, aus all diesen Referenzen eine Synthese zu bilden. Anders gesagt: Wird ein Ort, ein Platz, ein Terrain bestimmt bzw. bestimmbar gemacht, stehen ihm andere Orte gegenüber, deren Rekonstruktion die ursprüngliche Bestimmung relativiert, wenn nicht sogar widerlegt.

An dieser Stelle soll es nun aber nicht um die Diskurskarrieren des Raumbegriffs gehen, sondern um ein spezifisches Beispiel, dass den Raumbegriff einerseits hinsichtlich seiner Vielfalt auffächert und andererseits den Bezug zum personalen Selbst von Akteuren herstellt. Im Fokus der nachfolgenden Überlegungen steht mit dem *Friedhof* eine Raumkonstellation, die zwar auf eine jahrhundertealte Tradition zurückblicken kann, welche aber permanent im Wandel steht.

7 Jörg Döring / Tristan Thielmann (Hrsg.): *Spatial Turn. Das Raumparadigma in den Kultur- und Sozialwissenschaften*. Bielefeld: Transcript 2009.

8 Niklas Luhmann: *Soziale Systeme. Grundriß einer allgemeinen Theorie*. Frankfurt am Main: Suhrkamp 1984, S. 525.

9 Dazu kritisch Markus Schroer: *Räume, Orte, Grenzen. Auf dem Weg zu einer Soziologie des Raums*. Frankfurt am Main: Suhrkamp 2013, S. 132–135.

10 Heinrich Jennes: *Zwischen Skyline und Earthline. Boden als erste Fassade*. Berlin: Kadmos 2010.

Es handelt sich um einen Ort, an dem fraglos *Spacing* vorgenommen wird,[11] ein Platzieren von wertbesetzten Gütern; vordergründig scheinen es aber Syntheseleistungen zu sein, die diese Werte mit dem Raum verbinden und vor allem mit denjenigen, die diesen Raum betreten und nutzen. Wer weiß: Vielleicht handelt es sich bei dem Friedhof, unter allen *prima facie* als ‚räumlich' zu fassenden Kulturgebilden, um eines derjenigen Beispiele, das sich durch eine besonders scharf abgetrennte Diskrepanz zwischen vermeintlich fragloser ‚Eindeutigkeit' und faktischer Ambivalenz auszeichnet. Zumindest im Hinblick auf seine konkrete Funktion ist der Friedhof tatsächlich ein schillerndes Phänomen: Obwohl für alle gleichermaßen öffentlich und zugänglich, ist er für manche Menschen eine tägliche Anlaufstelle, während er für andere völlig ohne Bedeutung ist, ja mitunter sogar gezielt gemieden wird. Dieses Spalier sehr unterschiedlicher Referenzmanöver wird dadurch noch verschärft, dass der Friedhof der Gemeinschaft streng genommen eine letzte kollektiv verbindliche, weil eben öffentliche Möglichkeit gibt, das personale Selbst ehemaliger Mitglieder als solches zu würdigen: *Nolens volens* in diesem finalen Raum gesellschaftlicher Repräsentanz untergebracht, flackert deren Selbst ein letztes Mal in den Grabinschriften und -gestaltungen, aber auch in den Ritualen und Umgangsweisen der Hinterbliebenen mit den Ruhestätten und überhaupt in ihren Strategien der ‚Todesbehandlung' auf, bevor irgendwann auch diese Bezugnahmen – genauso wie die lebendige Erinnerung an die Verstorbenen – allmählich verblassen.

„Wir leben, wir sterben und wir lieben nicht auf einem rechteckigen Blatt Papier"

Wie lässt sich grundsätzlich die Vielschichtigkeit von Räumlichkeit beschreiben? Einen entsprechenden Versuch hat Michel Foucault unternommen. Seine pointierte Aussage, „[w]ir leben, wir sterben und wir lieben nicht auf einem rechteckigen Blatt Papier",[12] entzieht jeglicher Verflachung der Raumbedeutung buchstäblich den Boden. In „Von anderen Räumen" aus dem Jahr 1967 (indes wesentlich später

11 Vgl. Löw: *Raumsoziologie.*

12 Michel Foucault: *Die Heterotopien. Der utopische Körper.* Berlin: Suhrkamp 2013, S. 9–10.

publiziert) und schon in einem Radiovortrag im Dezember des Vorjahrs bezieht Foucault sich auf „reale, wirkliche, zum institutionellen Bereich der Gesellschaft gehörige Orte, die gleichsam Gegenorte darstellen", weil sie außerhalb routinierter Handlungs- und Bewegungsflächen lokalisiert zu sein scheinen.[13] Sie sind keine unrealisierten Utopien, denn sie können verortet, aufgesucht und am eigenen Leib erfahren werden. Foucault nennt diese Orte – in Abgrenzung sowohl zur Präsenz des Topischen wie auch zur Distanziertheit des Utopischen – „Heterotopien". Diese Begrifflichkeit sollte nicht durch die metaphorische Brille (fehl-)interpretiert werden. Wiewohl Foucault an anderer Stelle Raum bildersprachlich als Fluchtpunkt des Schreibens deutet – die Sprache, heißt es dort, entfaltet, schiebt und versetzt sich ins Räumliche[14] –, arbeiten seine Überlegungen zu „anderen Räumen" keiner versteckten „Poetik des Raumes"[15] zu.

Gemäß der selbst gewählten Methode,[16] sich einer stringenten Methode zu verweigern und Gegenstandsbereiche isoliert zu betrachten, hat Foucault sein raumspezifisches Konzept später nicht mehr wesentlich weiterentwickelt oder in einen größeren Zusammenhang inkorporiert.[17] Aus der Menge der gegebenen Bezugspunkte lässt sich, in Erweiterung des ursprünglichen, vor allem entlang des Unterschieds von Utopie und Heterotopie verfolgten Konzepts, indes eine ungefähre kategoriale Unterteilung für weitere Differenzierungen erstellen, die wie folgt aussehen könnte. Heterotopische Orte sind: *Ausschließungsflächen* wie die Klinik, das Gefängnis oder die Kaserne (dies ließe sich beispielsweise durch Einrichtungen wie das Internat ergänzen), *Stätten der Außeralltäglichkeit* wie Kino, Museum, Volksfest oder Bordell (von heute aus lassen sich Wellnesstempel hinzufügen), *Additionsfelder* wie Kolonien oder Schiffe, die etwas anderswo Begonnenes und Gepflegtes faktisch oder symbolisch fortsetzen

13 Michel Foucault: Von anderen Räumen. In: Dünne / Günzel (Hrsg.): *Raumtheorie*, S. 317–319, hier S. 320.

14 Vgl. Michel Foucault: Die Sprache des Raumes. In: Ders.: *Dits et Ecrits. Schriften*, Bd. 1. Frankfurt am Main: Suhrkamp 2001, S. 533–538, hier S. 534.

15 Gaston Bachelard: *Poetik des Raumes*. Frankfurt am Main: Fischer 1992.

16 Michel Foucault: Keine Methode. In: Ders.: *Geometrie des Verfahrens. Schriften zur Methode*. Frankfurt am Main: Suhrkamp 2009, S. 358–360, hier S. 358.

17 Siehe nur die ganz anders gelagerten Äußerungen zu Territorialaspekten bei Michel Foucault: *Geschichte der Gouvernementalität*, Bd. 1: Sicherheit, Territorium, Bevölkerung. Frankfurt am Main: Suhrkamp 2004, S. 27–44.

(hierunter dürften mittlerweile auch Raumstationen fallen) sowie einige *Zwischenschauplätze* wie etwa der Spiegel, der zwar dinglich, aber doch auch ‚raumaufsperrend' wirkt (es fällt nicht schwer, dieser Kategorie auch das Internet zuzuweisen).

Eine solche notwendig unscharfe und nicht abgeschlossene Kategorisierung hat den Vorteil, dass sie auf den ersten Blick die Vielschichtigkeit von Räumen verdeutlicht, die zwar – überwiegend – irgendwie materiell präsent und durch Abgrenzungen bestimmbar sind, die aber dennoch nicht zur Menge der im Alltagsleben vollständig etablierten und generell thematisierbaren Örtlichkeiten gehören. Die Räume des Alltags sind vielmehr Räume der routinierten Inanspruchnahme, die subjektiv als (temporärer) Besitz oder als funktionalistisch ‚verwendbare' Gebiete betrachtet werden können – wie etwa Wohnraum, Arbeitsplatz, Konsumbereiche, Freizeiteinrichtungen usw.

Selbstverständlich kann ein dezidiert ‚anderer Raum' nicht anders denn als ein Raum begriffen werden, der sich zu dem, von dem er sich abhebt, zugleich in Beziehung setzt.[18] Wer etwa eine Kreuzfahrt unternimmt oder stationäre Jahrmarktveranstaltungen wie den Wiener Prater besucht, findet sich *nolens volens* an einem Ort der permanenten Besonderheit wieder: Es vollzieht sich auf beschränkter, mal beweglicher und mal stillgelegter Stätte eine Aneinanderreihung erlebter Situationen, die als ‚anders' gerade dadurch markierbar sind, weil überall Zeichen zu sehen sind, die explizit auf den Kontrast zur Routine hinweisen. Auch der Körper ist auf hochspezifische Weise in diesen Erlebnisraum eingebunden. Das trifft in geringerem Maße auch auf Transitfelder wie Bahnhöfe oder Flughäfen zu oder – vielleicht noch deutlicher – auf sogenannte Rotlichtviertel. Auf diesen einschlägigen, oft auch optisch deutlich abgehobenen sozialen Bühnen ist die Distanz zur durchschnittlichen Alltäglichkeit und ihrer Typik überdeutlich, ja physisch spürbar.[19] Ob die Alternative Abscheu oder

18 Das gilt auch und gerade dann, wenn eine begriffliche Abhebung des Raumbezugs im Spiel ist, wie in den „Nicht-Orten" bei Marc Augé: *Nicht-Orte*. München: Beck 2014. Die Auslösung der Örtlichkeit ist das, was den Begriff trägt – er ist also von dem abhängig, was er (vermeintlich) auflöst.

19 Thorsten Benkel: Fremdes im Schatten der eigenen Kultur. Das Rotlichtmilieu und der Blick der Ethnografie. In: *Kriminologisches Journal* 45,2 (2013), S. 85–102. Zu betonen ist, dass dabei selbst Sexarbeiterinnen, die sich in diesen Räumen alltäglich aufhalten, im Rahmen eines Forschungsprojekts per Interview zu Protokoll gaben, gleichwohl von einer ambivalenten Routine auszugehen: Sie verorteten

Faszination auslöst (und warum nicht beides zugleich?), hängt von der Haltung derer ab, die es wagen, sonst übliche Grenzen (im doppeldeutigen Sinne) zu überschreiten. Diese Überschreitungen sind meist nur temporärer Natur; der Alltag wird früher oder später wieder in sein Recht gesetzt und eine restituierte „Ordnung der Räume"[20] wird (erneut) zum umschließenden Kokon.

Von diesen Stätten der Lebendigkeit, aber auch des Wagnisses und der Unsicherheit nun also zu einem Raum, der gemeinhin für eine irreversible Tatsächlichkeit steht: Der Friedhof versammelt ‚gewesene Selbste'; wer hier liegt, ist Nicht-(mehr-)Ich, während zugleich das vorherige Selbstsein nachträglich bilanziert oder hervorgehoben, zumindest aber nüchtern aufgezeigt wird – und gerade dadurch wird das Selbst nachträglich (wieder-)hergestellt. Der Friedhof lässt sich in das mannigfaltige heterotopische Ensemble, von dem bisher die Rede war, aus mindestens zwei Gründen einordnen.

Ein obligatorischer Raum

Foucault selbst geht ausdrücklich auf Friedhofsareale ein; im Anschluss daran lassen sie sich als paradigmatisches Beispiel für seine Idee des Heterotopischen verwenden. Der Friedhof war einst das Herz der Stadt, war aber nicht als „feierlich" konnotiert; die Toten wurden hier „aus dem Weg geschafft", galten sie doch als „Ansteckungsherd, an dem man sich gleichsam mit dem Tod infizieren konnte".[21] Dennoch handelte es sich um ein Ort der Würde und Anerkennung – um eine wahrhafte ‚Benutzeroberfläche', die Hinterbliebenen – als den primären ‚Nutzern' – normative Handlungsweisen abfordert(e) und die insofern gemäß spezifisch moralischer Regeln eingerahmt war (und ist). Mit Foucaults Konzeption der Heterotopie sind Friedhöfe Räume, deren Anderssein durch ihre der Ordnung zuwiderlaufende

sich zwar im ‚Milieu', betonten aber zugleich den Kontrast zur ‚Eigentlichkeit' ihrer Lebenswelt, die faktisch von dem Rollenspiel, das sie performativ während der Arbeit durchführen, denkbar weit entfernt sei. (Vgl. Thorsten Benkel (Hrsg.): *Das Frankfurter Bahnhofsviertel. Devianz im öffentlichen Raum*. Wiesbaden: VS 2010.)

20 Henning Füller / Boris Michel (Hrsg.): *Die Ordnung der Räume. Geographische Forschung im Anschluss an Michel Foucault*. Münster: Westfälisches Dampfboot 2012.

21 Foucault: *Die Heterotopien*, S. 13–14.

Position zwischen drinnen und draußen bzw. öffentlich und privat evident wird.[22] Foucault schreibt dem Friedhof eine relativ hervorgehobene Position zu, erläutert sie jedoch nicht ausdrücklich. Daran anschließend lässt sie sich wohl bereits dadurch rechtfertigen, dass Begräbnisfelder vielleicht stärker als all die anderen genannten Raumbereiche *obligatorisch* sind. Damit ist gemeint, dass nahezu jede Stadt im deutschsprachigen Raum über (mindestens) einen offiziell als solchen bezeichneten und genutzten Fried- bzw. Kirchhof verfügt.[23] Verwaltungsrechtlich betrachtet, handelt es sich (trotz des nächtlichen Absperrens und trotz des vergleichsweise schwachen ‚Begegnungscharakters') um Orte der Öffentlichkeit. Bisweilen teilen sich zwar mehrere kleinere Gemeinden eine Fläche. Außer Frage steht jedoch auch in einem solchen Fall, dass Friedhofsanlagen für den „gesellschaftlichen Jedermann"[24] zur „Welt in Reichweite" gehören, um eine Formulierung von Alfred Schütz ihres ursprünglichen Zwecks zu entfremden.[25] Gemeint ist, dass der lokale ‚Totenacker' sich auch dann prinzipiell in der Handlungsreichweite des Alltagsmenschen befindet, wenn er faktisch (noch) nicht genutzt wird. Spätestens mit dem Tod wird aus der Möglichkeit für die allermeisten Menschen eine Wirklichkeit: Jeder Mensch, der stirbt, erhält (s)eine Bestattungsfläche aufgrund juristischer Zuweisung; es wird einem also ein Raum zugewiesen für eine postmortale ‚Nutzung', die im Prinzip aus einem passiven Verwahrtwerden besteht.[26]

22 Barbara Happe: Die Topik gegenwärtiger Bestattungsformen. Von der Heterotopie zur Atopie. In: Thorsten Benkel (Hrsg.): *Die Zukunft des Todes. Heterotopien des Lebensendes*. Bielefeld: Transcript 2016, S. 283–301.

23 Dies wiederum spielt mit der rechtlichen Bedingung zusammen, dass (in Deutschland) jeder tote Körper auf einem institutionell so deklarierten Friedhofsgelände bestattet werden muss. Auch Naturbestattungsstätten gelten aus diesem Grund offiziell als Friedhofsareale. Die einzige Ausnahme bildet (bislang) seit 2015 eine abweichende Bestimmung im Bundesland Bremen.

24 Peter L. Berger / Thomas Luckmann: *Die gesellschaftliche Konstruktion der Wirklichkeit*. Frankfurt am Main: Fischer 1992, S. 16.

25 Alfred Schütz: Symbol, Wirklichkeit und Gesellschaft. In: Ders.: *Gesammelte Aufsätze*, Bd. 1: Das Problem der sozialen Wirklichkeit. Den Haag: Nijhoff 1971, S. 331–411, hier S. 376.

26 Der Friedhofsaufenthalt verleiht Menschen ihre vielleicht nachdrücklichste räumliche ‚Kontinuität' – denn die durchschnittliche Liegefrist bis zur Grabauflösung beträgt in Deutschland 25 Jahre. Gleichwohl wird das Grab nur

In Deutschland gilt seit 1934 durch das *Feuerbestattungsgesetz* eine Friedhofspflicht, also der Zwang, den toten Körper zu bestatten. Dies korrespondiert mit der Besonderheit des ,Eintritts' auf den Friedhof, der sich zumindest für die Toten aus einer Art ,forcierten Ritualität' ergibt; Alternativen sind nicht gestattet. Aufbauend auf der Prämisse der fehlenden Eigentumsfähigkeit des toten Körpers (niemandem ,gehört' die Leiche[27]) dienen Friedhöfe nicht nur dem Erhalt der sozialen Ordnung; sie richten auch eine Rückvergemeinschaftung *post mortem* her. Diese fragmentarische Nachahmung des lebendigen Gemeinschaftslebens wird am deutlichsten im weitgehend undifferenzierten Nebeneinander greifbar: In der Nekropole werden die Differenzen der Lebensführung auf die Differenzen der Grabgestaltung eingeebnet. Hinzu kommt die kulturelle Etabliertheit des Friedhofskonzepts seit der Reformationszeit. Dermaßen wirkmächtig, kann man den normativen, sowohl rechtlichen wie auch kulturellen ,Einzugskräften' aus der Friedhofssphäre langfristig und wirkungsvoll (wenigstens in Deutschland) nur schwer entkommen.

Für die Hinterbliebenen wiederum oszilliert der typische Grabraum zwischen zwei gegenläufigen Images, nämlich zwischen erzwungener Verantwortung und fakultativem Gestaltungsrecht. Erzwungene Verantwortung bedeutet, dass aus Passivität – man ist nicht selbst gestorben, sondern (was schlimm genug ist) nur ,mittelbar' betroffen – sukzessive Aktivität folgen muss (Beisetzungsorganisation, Grabpflege usw.). Am anderen Ende des Spektrums machen gerade diese bewussten Aktivitäten (die ja auch ein gezieltes Einbringen der eigenen Perspektive und Persönlichkeit der Hinterbliebenen implizieren) auf lange Sicht häufig einer schleichenden Passivität (einem Nachlassen des Engagements) Platz.

Die Präsenz dieses Heterotops im Sinne eines selten bewusst registrierten ,Netzwerks' (in Deutschland gibt es etwa 32.000 Friedhöfe) macht die letzte Ruhestätte zu einem omnipräsenten, jedoch oft unbeachteten Raumphänomen. Friedhöfe sind wie Krankenhäuser und

metaphorisch als Adresse bzw. Heimstätte verstanden, was übrigens – in ganz anderer Rahmung – auch für Gefängnisse oder Krankenhäuser gilt. Heterotopische Orte bieten sich als persönlich zuweisbare Bezugsfelder offenbar nicht an.

27 Vgl. Robert Korves: *Eigentumsunfähige Sachen?* Tübingen: Mohr 2014, S. 66–68.

Justizvollzugsanstalten über das ganze Land (und wohl überhaupt über die meisten Länder der Welt) verteilt. Die Aufgaben, die dem Krankenhaus und dem Gefängnis zukommen, müssen jedoch weniger als ‚allgemein' denn vielmehr als spezifisch betrachtet werden. Es gibt keine Verpflichtung, Hospitäler und Gefängnisse aufzusuchen. Wie beim Friedhof entscheidet üblicherweise nicht der freie Wille; entscheidend aber ist: Man muss dorthin nicht gelangen. Menschen landen in ‚geschlossenen' Räumen, weil normative Erwartungen bzw. Erwartungserwartungen sie dorthin delegieren.[28] Für gewöhnlich wird das Ziel verfolgt, die Stätte so rasch wie möglich zu verlassen, und zwar nicht trotz, sondern gerade wegen der typischerweise zugeschriebenen sozialen und institutionellen Leistungen, die an jenen Akteur*innen vorgenommen werden, welche sich dort aus anderen denn aus beruflichen Gründen aufhalten. Im Vergleich dazu ist der Friedhof *obligatorisch*: Selbst wer niemals krank oder straffällig war, wird irgendwann einmal sterben und dann ist die Nekropole die (beinahe) einzige legitime Raumanordnung, die für den toten Körper bereitsteht. Die Gestaltungsspielräume sind begrenzt: Weil die mit dem Lebensende in Gang gesetzten Mechanismen – psychologische, juristische, ökonomische und soziale – auf eine Weise rational und kollektivistisch organisiert sind (auch und gerade die emotionalen[29]), kann niemand von der Berührung mit der sepulkralen Sphäre ausgenommen werden oder sich selbst herausnehmen. In den letzten Jahren hat diese Fassade des unbedingten Ausgeliefertseins an den „Raum für Tote"[30] Risse bekommen: Alternativen zeichnen sich

28 Abgesehen von der Geburt, die mittlerweile in Deutschland wohl ganz überwiegend in Krankenhäusern vonstattengeht (vgl. Paula-Irene Villa / Stephan Moebius / Barbara Thiessen (Hrsg.): *Soziologie der Geburt. Diskurse, Praktiken und Perspektiven*. Frankfurt am Main: Campus 2011). Hier ist die Partizipation am raumgebundenen Geschehen offenbar tatsächlich nicht an konkrete Interessenlage des Akteurs (der geborenen Person) gebunden. Es gibt keine andere Wahl – um Friedrich Nietzsche zu zitieren: „Nicht geboren werden, wem passiert das schon?" (Friedrich Nietzsche: Die Geburt der Tragödie aus dem Geiste der Musik. In: Ders.: *Kritische Studienausgabe*, Bd. 1. München: dtv 1980, S. 4–172, hier S. 35).

29 Thorsten Benkel: *Die Verwaltung des Todes. Annäherungen an eine Soziologie des Friedhofs*. Berlin: Logos 2013, S. 58–65.

30 Vgl. Arbeitsgemeinschaft Friedhof und Denkmal (Hrsg.): *Raum für Tote. Die Geschichte der Friedhöfe von den Gräberstraßen der Römerzeit bis zur anonymen Bestattung*. Braunschweig: Thalacker 2003.

ab, insbesondere Alternativen zur Bestattungstradition.[31] Aber selbst dann, wenn Sterbende zu Lebzeiten entscheiden, dass der (traditionelle) Friedhof nicht ihr letztes ‚Raumschicksal' sein soll, führt dies für gewöhnlich nicht zu einer Neuaneignung alternativer „anderer Räume", die in der Folge sepulkrale Aufgaben übernehmen. Anders gesagt: Das Interesse an selbstständigen Legitimierungspraktiken und die damit verbundene Nachfrage nach Alternativen hebeln die Geltungsmacht des Friedhofsraums nicht auf. Sie sind daher fruchtlos, zumindest auf den ersten Blick. Faktisch führen sie hier und da zu einer eher klandestinen, von außen oft gar nicht evidenten Abzweigung von den routinierten Wegen.

Im Rahmen einer Studie zur „Autonomie der Trauer"[32] wurden Interviews mit Menschen geführt, die für sich selbst oder im Auftrag naher Angehöriger ein Umgehen der Friedhofspflicht und sukzessive eine Bestattung im eigenen Garten, am Urlaubsort oder an anderer Stelle umsetzen wollen bzw. bereits umgesetzt haben. Bemerkenswert ist, dass in vielen dieser Fälle dennoch traditionelle Friedhofsgrabstätten existieren, die ‚leer' sind, also weder den toten Körper noch die Kremationsasche aufweisen. Sie sind symbolisch errichtet, damit der ‚Legitimationszwang' in Sachen Friedhofspflicht erfüllt ist, ihnen fehlt jedoch die pragmatische Komponente der Körperaufbewahrung (und sie werden häufig auch nicht als Trauerorte verwendet). Diese halblegale Praxis ist von außen betrachtet für gewöhnlich nicht transparent. In der Konsequenz stellt der ohnehin heterotopische Raum des Friedhofs hier also als eine Stätte der Binnennormativität dar, die bereits eigene ‚Ausleger' produziert. Die Umgehung der Friedhofspflicht wird zum Anderen des anderen Orts.

31 Im europäischen Vergleich fallen die deutschen Regularien, welche Kremationsasche und Leiche weitgehend gleichsetzen, recht streng aus. Institutionell verankerte Alternativen zum Friedhof sind bislang vor allem Naturbestattungen auf See oder in dafür vorgesehenen Waldgebieten. Bremen hat, wie oben bereits angedeutet, im Januar 2015 als erstes und bisher einziges Bundesland die Friedhofspflicht relativiert und gestattet unter Umständen die Beisetzung auf privaten Grundstücken. (Vgl. Martin Zips: Zuhause ist's am schönsten. In: *Süddeutsche Zeitung*, 26.11.2014. http://www.sueddeutsche.de/panorama/abschaffung-des-friedhofszwangs-in-bremen-zu-hause-ists-am-schoensten-1.2231461 (Zugriff am 14.01.2018).)

32 Es handelt sich um das drittmittelgeförderte Kooperationsprojekt *Autonomie der Trauer* an den Universitäten Passau, Duisburg-Essen und Erlangen-Nürnberg (beteiligte Disziplinen: Soziologie, Ethik, Kommunikationswissenschaft) unter Leitung des Verfassers, Publikation in Vorbereitung.

Ein aufhebender Raum

Andererseits steht der Friedhof, wie bereits angesprochen, für ein hochgradig eigenwilliges Plateau der Verschränkung von Ort und Körper, genauer: von Räumlichkeit und einer nicht ganz dinglichen, aber eben auch nicht mehr ganz lebendigen Leib-/Körper-Qualität. Trauernde verwenden den Ort anders, als ihn Tote ‚nutzen', und da ein trauernder per se stets ein lebendiger Mensch ist, muss offenkundig unterschieden werden zwischen den Funktionen des Friedhofs für die Lebenden und den Leistungen des Friedhofs für die Toten. Einerseits ergeben sich daraus spannende Ansätze für die Rekonstruktion von Gesten und Haltungen zur Trauer insgesamt.[33] Andererseits stellt sich die Frage, ob der Friedhof und die gängigen Friedhofssatzungen noch mit den Interessen und Wünschen Sterbender und Hinterbliebener im Einklang stehen. Da der Totenacker nach rechtlichem Reglement pauschal die Endstation der körperlichen Existenz darstellt (minus die oben beschriebenen Ausnahmekontexte), handelt es sich um einen *kollektivisierenden Raum*. Wer hier liegt, ist allen anderen schon insoweit gleich, als niemand toter ist als der andere. Die Rede von einem Raum der Rückvergemeinschaftung ist emphatisch und beschreibt ein Terrain, auf dem die Unterschiede zwischen einzelnen Lebensleistungen bzw. Lebensführungen weitgehend bedeutungslos geworden sind. Zu dieser ‚Gleichheit im Tode' gehören jedoch durchaus Verweise auf die Individualität der Verstorbenen. Gräber unterscheiden sich voneinander; keine Inschrift ist mit einer anderen vollkommen identisch. Dennoch kann davon, dass auf dem Friedhof das personale Selbst der verstorbenen Person an Transparenz gewinnt – es also von außen nachvollzogen werden kann –, nicht die Rede sein. Passender erscheint es, einen doppeldeutigen Begriff zu verwenden und von der *Aufhebung* des individuellen Selbst zu sprechen: Während es einerseits aufgehoben im Sinne von ‚bewahrt' wird, wird es andererseits aufgehoben im Sinne einer Suspension.

Die Beziehung von Körper und Raum ist auf dem Friedhof eine *beiderseits* vielschichtige und uneindeutige. Der Raum, um den es geht, ist ein Raum abseits üblicher Verkehrswege und Begegnungsbereiche. Er ist bezüglich seiner Funktionen zwar etabliert, weil er

33 Gerhard Schmied: *Friedhofsgespräche. Untersuchungen zum „Wohnort der Toten"*. Opladen: Leske & Budrich 2002.

einer Aufgabe dient, die (gegenwärtig) gesellschaftlich kaum anders gelöst werden kann. Er ist aber zugleich von einer spezifischen Reputation geprägt, die nicht selten zu Vermeidungsstrategien oder zu den beschriebenen Neuaneignungen führt. Friedhöfe gelten nicht selten als ein düsterer und lebensfeindlicher Ort, doch sie werden zunehmend als Parkersatz oder Sportstätte instrumentalisiert. Als Ort der Trauer und der Bestattung scheint er nur für diejenigen als interessant, die zu bestatten oder zu trauern haben – und auch dies nur solange, wie es eben notwendig bzw. angebracht ist. Er ist also ein obligatorischer und doch ein Ausnahmeort.

Seine ambivalente Reputation verdankt der Friedhof dem Umstand, dass er als Speicherort für tote Körper verwendet wird. Das Kriterium der „biologischen Krisensituation", welches Foucault oft im Kontext des Heterotopischen aufblitzen sieht,[34] ist hier im Prinzip schon überwunden. Tatsächlich sind Friedhofsräume noch viel mehr als nur dies: Sie sind allemal Oasen der Reflexion und der unverhüllten Trauerartikulation, Spiegelbilder gesellschaftlicher Entwicklungen, kommunale Kulturarchive, Erinnerungsstätten, Orte (para-)sozialer Beziehungspflege und Plätze der Bilanzierung subjektiver bzw. gemeinschaftlicher Identitätszuweisung, mitunter also: mehrere Räume, die den vermeintlichen Gegensatz von Rationalisierung und Emotionalisierung verbinden.[35] Die Assoziation der Begräbnisfelder zu den dort bestatteten toten Körpern ist genau genommen nicht sehr naheliegend, schließlich sind auf dem Friedhof keine Leichen zu sehen. Das Totsein des Körpers ist hier, weit stärker als beispielsweise in der Welt medialer Wirklichkeitsreferenzen, ohne jegliche Visualität.[36]

34 Foucault: *Die Heterotopien*, S. 12.

35 Auch dies ist ein Kriterium von Heterotopien (vgl. ebd., S. 14).

36 Eine Ausnahme bilden sogenannte Post-Mortem-Bilder, also Aufnahmen des Leichnams kurz nach dem Tod. Im Kontext der Aufbahrung, d. h. als innerfamiliäres Dokument, ist dies nicht ungewöhnlich; als Abbildung am Grabstein hingegen schon. Solche Fotografien wurden vor allem von früh verstorbenen Kindern angefertigt, von denen die Familie keine anderen Aufnahmen besaß. Gegenwärtig deutet sich hier und da eine Rückkehr der Post-Mortem-Fotografien an Kindergrabstätten an (vgl. Thorsten Benkel / Matthias Meitzler: Die Bildlichkeit des Lebensendes. Zur Dialektik der Totenfotografie. In: Thomas Klie / Ilona Nord (Hrsg.): *Tod und Trauer im Netz. Mediale Kommunikation in der Bestattungskultur*. Stuttgart: Kohlhammer 2016, S. 117–136).

Ein Gedankenexperiment mag verdeutlichen, wie es auf dem Friedhof um die zweideutige Aufhebung des Körpers und, darüber vermittelt, des Selbst steht. Das „Land der Toten" ist eine Utopie, schreibt Foucault, „die den Körper zum Verschwinden bringen soll".[37] Angenommen, Leichen würden nun aber nicht mehr in Särgen in zwei Meter Tiefe vergraben bzw. als Asche in Urnen bestattet, sondern in einem Glassarg an der Erdoberfläche aufbewahrt. Was als Märchensujet oder als radikale politische Ikonografie (Lenin) funktioniert,[38] wäre auf dem Friedhof verstörend: Man könnte der Verwesung des Körpers zuschauen und mit eigenen Augen bezeugen, was es bedeutet, wenn die ‚menschlichen Überreste' das Stadium des Zerfalls und der Auflösung durchlaufen. Eine Kultur, die diese Vorgänge unsichtbar macht, ist eine Kultur, die dem toten Körper immer noch eine hypothetische Menschlichkeit zuweist. Wäre der Zersetzungsprozess offenkundig, wäre dies – zumindest in der westlichen Kultur – ein Prozess der ‚Entmenschlichung' und Entwürdigung, für den die Grabstätte gerade nicht errichtet ist. Der Körper der Person wird aufbewahrt, muss aber *verschlossen* präsent sein; die Erinnerung an ihre Lebensleistungen, ihr Wesen und ihre soziale Position ist dagegen das, was legitim im Vordergrund steht.[39] Das Gedenken an das Selbst der verstorbenen Person und die Assoziationen, die zwischen den Lebenden und den Toten hergestellt werden können, lassen sich nicht so sauber verschließen wie Körperüberreste. Mit anderen Worten: Das Grab ist zwar inmitten der rituellen Logik des Lebensendes[40] eine Art Verräumlichung des Verlusts, aber zugleich jener Ort, an dem die verstorbene Person in sozialer und psychologischer Hinsicht noch fortexistiert. Das verlorene Selbst wird hier ebenso sehr verabschiedet wie aufbewahrt.

37 Foucault: *Die Heterotopien*, S. 27.

38 Als im 19. Jahrhundert die Idee des Märchensargs als neue Bestattungsoption für den Pariser Friedhof Père Lachaise (fälschlich) kolportiert wurde, erhielt die zuständige Verwaltung zahlreiche Zuschriften von Menschen, die dies für sich in Anspruch nehmen wollten; die meisten Briefe kamen aus Deutschland (persönliche Mitteilung von Stéphanie Sauget, Universität Tours).

39 Vgl. Thorsten Benkel: Erinnerung und Individualisierung. In: Thomas Klie / Sieglinde Sparre (Hrsg.): *Erinnerungslandschaften*. Stuttgart: Kohlhammer 2017, S. 111–123.

40 Thorsten Benkel: Todesrituale. Zur sozialen Dramaturgie am Ende des Lebens. In: Robert Gugutzer / Michael Staack (Hrsg.): *Körper und Ritual. Sozial- und kulturwissenschaftliche Zugänge und Analysen*. Wiesbaden: Springer VS 2015, S. 335–360.

Solche Widersprüche bzw. dialektischen Verbindungen sind für viele Heterotopien typisch. Im Fall des Friedhofs kommt hinzu, dass sich im deutschsprachigen Raum seit etwa 20–25 Jahren spezifische Tendenzen beobachten lassen, die diesen ohnehin ambivalenten Raum um noch mehr Diversität und Ausdifferenzierung bereichern. Zu den zentralen Veränderungen, die sich dabei nach langen Phasen der Kulturentwicklung zugespitzt haben und die an dieser Stelle nur erwähnt werden können, zählen die Säkularisierung, die Privatisierung, die Pragmatisierung und insbesondere die Individualisierung.[41] Mit Fokus auf das Beziehungsgeflecht von Raum und Selbst lässt sich an diesen Tendenzen ablesen, dass nicht nur der Raumbegriff ein polykontexturaler ist, sondern auch der Begriff des Selbst. Was die Persönlichkeit, ja die Eigenheit einer Person ausmacht, lässt sich schon zu Lebzeiten mehr schlecht als recht konstatieren; weder sind externe Beobachter*innen in der Lage, ein (anderes) Selbst einzukreisen, noch kann eine Person sich selbst betrachten, ohne dabei die blinden Flecken der Selbstbeobachtung zu übersehen. Andererseits ist eine soziale Dynamik zwischen Akteur*innen notwendig, damit die ‚Schablone Selbst' überhaupt konstituiert werden kann – um in der Folge zwischen Fremd- und Selbstzuschreibung zu changieren, ohne darin aufzugehen. Im Laufe der Lebenszeit wechseln zudem Haltungen und Wertungen; man selbst ist gar nicht mehr man selbst, wenn man sich mit dem Selbst vor zehn oder 20 Jahren vergleicht.[42] Angesichts dieser Komplexität überrascht es nicht, dass die Vorstellung, ein personales Selbst *post mortem* zu bilanzieren, desto schwieriger wird, je länger man darüber nachdenkt.

41 Thorsten Benkel / Matthias Meitzler: *Sinnbilder und Abschiedsgesten. Soziale Elemente der Bestattungskultur*. Hamburg: Kovač 2013.

42 Vielleicht ist dies ein unbewusstes Motiv dafür, dass nur selten die Selbstbetrachtung als solche aufgezeichnet und für künftige Auswertungen bewahrt wird – der Effekt könnte nur der sein, das eigene Ich dabei zu ertappen, ein anderes Ich zu sein. Tagebücher und ihre zeitgenössischen Äquivalente, die Internet-Blogs, sind durchaus Mechanismen der Selbstbetrachtung, die jedoch immerzu bewusstes Erleben in Textform bringen und damit dem *stream of consciousness* gegen narrative Elemente austauschen. Womöglich ist die Funktion solcher Aufzeichnungen ja gerade die Rekonstruierbarkeit von Brüchen, die das eigene Ich ‚pluralisieren'? Der Endpunkt dieser Vervielfältigung wäre aber auch dann der Tod, und je akribischer (und zugänglicher) die Selbstbetrachtung dieser Vielfalt ausgefallen ist, desto schwieriger wäre es, nachträglich zu klären, wer die verstorbene Person überhaupt gewesen ist.

Nosce te ipsum

Die Strategien der Verräumlichung des Todes und der Todesverwaltung bzw. die Momente der Aneignung spezifischer Stätten als Trauerorte (was längst auch virtuelle Räume betrifft) erscheinen je nach Blickwinkel bald divergent und bald recht homogen. Manche Beobachter*innen sehen dahinter das Weiterwirken einer immer schon identifizierbaren Verstrickung von Raum und Vergänglichkeitsbewusstsein in neuen Formen; andere hingegen konstatieren kulturhistorische Abknickungen und Bruchstellen, deren Konsequenzen, etwa die sogenannte Friedhofsflucht, zunehmend spürbarer werden.[43]

Der Friedhof muss als heterotopischer zugleich als semi-öffentlicher Raum verstanden werden. Er steht (tagsüber) jedermann offen, erscheint in den Augen vieler jedoch wie eine ‚funktionalistische' Fläche, die bedarfsorientiert genutzt wird. Es gibt Flächen, die ohnehin wesentlich ‚offensiver' in der Öffentlichkeit verortet sind und die, zumindest in überschaubarem Umfang, gleichwohl ebenfalls bestimmte Leistungen des Friedhofs übernehmen können, z. B. Unfallkreuze am Straßenrand. Sie kennzeichnen nicht den Punkt der Bestattung, sondern die Stelle des Verstorbenseins, wobei für gewöhnlich bestimmte Begleitumstände die Voraussetzung des rituellen Handelns sind: Ein Verkehrsunfall als ‚unzeitgemäßer' Tod auf offener Straße – mit Foucault vielleicht: eine *Heterochronie*? – kann durch ein Kreuz markiert werden, ein Tod im Krankenhausbett oder *mors in tabula* im Operationssaal hingegen nicht. Verknüpfungen von Räumlichkeit und Tod können auch durch Seekarten hergestellt werden, die jene Stelle kennzeichnen, an der im Zuge einer Seebestattung die Asche ins Wasser versenkt wurde. Gedenkplatten an der Häuserfassade weisen auf Geburts-, aber auch Sterbeorte berühmter Persönlichkeiten hin, und ‚Stolpersteine' auf Laufwegen signalisieren, dass hier Menschen lebten, die von Nationalsozialisten ermordet wurden. Die Kultur des Denkmals wiederum mit ihrer todesmahnenden wie auch mitunter todesverherrlichenden Funktion[44] stellt eine ganz eigene Mixtur aus Erinnerungspolitik und

43 Vgl. etwa Reiner Sörries: *Alternative Bestattungen. Formen und Folgen*. Frankfurt am Main: Fachhochschulverlag 2008, S. 18.

44 Vgl. Gerd Armanski: *„... und wenn wir sterben müssen". Die politische Ästhetik von Kriegerdenkmälern*. Hamburg: VSA 1988.

Abb. 1: Das Hervorheben *einer* sozialen Rolle am Grab – postmortale Reduktion des personalen Selbst oder Individualitätsausdruck?

räumlicher Gestaltung dar. Noch eine Spur eigenwilliger sind virtuelle Friedhöfe und Online-Gedenkseiten, die Trauer und Gedenken endgültig de-lokalisieren und damit zu einer potenziell permanenten Begleiterscheinung des Alltagslebens machen: Da, wo ein Internetzugang besteht, besteht auch die Verbindung zur cyber-verräumlichten Totenreferenz bzw. Traueranzeige. (Abb. 1)

Die Beziehung zwischen Raum und Vergänglichkeit geht über die konkret als solche ausgewiesenen Fried- bzw. Kirchhofareale also weit hinaus. Die institutionalisierten Bestattungsorte erhalten trotz dieser Konkurrenzfelder ihr besonderes Gewicht (wenn man so will: das Herzstück ihrer Heterotopologizität) dadurch, dass sie Referenzen auf das personale Selbst nicht nur symbolisch und textuell, sondern darüber hinaus auch physiologisch herstellen. Ein Grab ist nicht in jedem Einzelfall, aber doch in den allermeisten Fällen die Verlagerungsstätte für jenes Bündel Fleisch und Knochen, das noch Tage zuvor als Mensch gelten durfte.

Da die Pluralität gegenwärtiger Bestattungsrituale nun aber sowohl kollektivistische Elemente (traditionell-uniforme Gestaltungsformen, aber auch Gemeinschaftsgrabstätten) wie auch individualistische

Konzepte (betont atypische und personenzentrierte Gräber) zulässt – mit einer breiten Schnittmenge zwischen diesen Polen –, weisen Friedhofsflächen heutzutage kein einheitliches Image auf. Je nach Areal und Blickwinkel müsste auch hier, friedhofsimmanent, von bald divergenten und bald homogenen Verweisen vom Raum auf das Selbst gesprochen werden. Eine objektivierende und ahistorische ‚Gesamtschau' kann dem Gegenstand jedenfalls nicht mehr gerecht werden. Das Mit-, Für- und Gegeneinander von Innovation und Tradition wird da besonders anschaulich, wo Bruch und Kontinuität zusammenfallen. Die Soldaten- und Kriegsgräberfelder beispielsweise, die im deutschsprachigen Raum vor allem für die Toten der beiden Weltkriege errichtet worden sind, haben das personale Selbst noch zugunsten einer überpersönlichen Funktion zurückgestellt – mit entsprechend einheitlicher Gestaltungslogik.[45] Die zunehmende gesellschaftliche Skepsis gegenüber dem Militärwesen und die Ächtung kriegerischer Konfliktlösungen im Zuge der Pazifismus-Bewegung dürften dafür verantwortlich sein, dass die Idee der ‚Todesvergemeinschaftung' von im Dienst verstorbenen Soldaten mittlerweile unpopulär geworden ist. Dadurch ist das (außerfamiliäre) Gemeinschaftsgrab aber nicht verschwunden. Gegenwärtig werden solche Anlagen z. B. für die nur zufällig zur ‚Gemeinschaft' gewordenen Opfer einer Naturkatastrophe oder eines aufsehenerregenden Unfalls erstellt. Ferner gibt es Gemeinschaftsgräber für die an HIV Verstorbenen, für die berühmtesten Frauen der Kommune (z. B. in Hamburg), für die Fans eines Fußballvereins (z. B. in Gelsenkirchen) oder für die Fehl- und Totgeburten einer Gemeinde. Auch in dem zuletzt genannten Zusammenhang ist die Kollektivität eine zufällige, weil es keine konkreten ‚Handlungen' gibt, die die toten Kinder miteinander verbindet, sondern nur ein – je individuelles – Schicksal.[46] Das Selbst der Verstorbenen ist in den genannten Beispielen mehr

45 Norbert Fischer: Der uniformierte Tod. Soldatenfriedhöfe. In: Arbeitsgemeinschaft Friedhof und Denkmal (Hrsg.): *Raum für Tote*, S. 255–264.

46 Hinzu kommt, dass bis Mai 2013 – bis zur Änderung des Personenstandsgesetzes – bestimmten Kindern, die bei bzw. kurz vor der Geburt starben und somit nie gelebt hatten, juristisch eine öffentliche Grabstätte verwehrt war; entscheidend war dabei das Körpergewicht des Leichnams (vgl. Benkel: *Die Verwaltung des Todes*, S. 51). Gleichwohl wurde und wird dies auf Friedhöfen durch entsprechende Memorialeinrichtungen kompensiert, die folglich diesen Kindern ein Selbst sichtbar zuweisen, das sie niemals ‚selbst' errichten/erleben konnten.

Abb. 2: Die Freizeitbeschäftigung am Grab: mal symbolischer Indikator lebensweltlicher Einstellungen, mal schlichtweg Illustration.

oder minder einer kollektiven Rahmung unterworfen. Während z. B. die berühmten Frauen der Stadt Hamburg innerhalb eines eingezäunten und ausgewiesenen Friedhofsareals sehr unterschiedliche Grabstätten und durchaus umfangreiche Identitätsreferenzen aufweisen können, sind in anderen Fällen (etwa bei Gemeinschaftsgräbern, die vorwiegend erstellt wurden, um eine kostengünstige Bestattungsform zu ermöglichen) gerade einmal kleine Namensschilder ohne jegliche weitere Applikation angebracht.[47] Entscheidend ist also, ob die sepulkral gefasste Kollektivität ein Spiegel lebensweltlichen Geschehens ist – oder doch ein Post-Mortem-Effekt, der sich erst nachträglich gemeinschaftsbildend auswirkt. (Abb. 2)
Passend zu diesen Tendenzen lässt sich ungefähr seit Mitte der 1990er Jahre beobachten, dass nicht nur der Tod, wie Jean Baudrillard sagt,

47 Nicht näher betrachtet werden an dieser Stelle anonyme Bestattungen, die als individuelle (nicht selten pragmatische) Entscheidung für eine kollektive Körperplatzierung verstanden werden können (vgl. Nicole Sachmerda-Schulz: Die anonyme Bestattung zwischen Individualisierung und Entindividualisierung. In: Benkel (Hrsg.): *Die Zukunft des Todes*, S. 303–316).

„aus der Reihe tanzt",[48] sondern auch Gräber. Die etwa in Südeuropa typischen Grabsteinfotografien (oft in Ovalform) erfahren auch in Deutschland eine Renaissance. Diese Bilder waren im 19. Jahrhundert schon einmal *en vogue*, sind dann aber aus kulturellen, politischen und juristischen Gründen allmählich vom Totenacker verschwunden.[49] Sie kehren seit ungefähr einem Vierteljahrhundert zurück – und beschaffen Grabstätten damit eine konkrete Ansichtigkeit der Person, vermittelt über die Sichtbarmachung ihres Körpers. So wird das Grab per se zu einem stärkeren ‚Persönlichkeitsmedium', denn den Toten wird hier just jenes Antlitz verliehen, das sie zu Lebzeiten oder zumindest im Kontext der Bildherstellung hatten, während ihre Leiche ohne Bildlichkeit verbleibt. Es kann also, in Anlehnung an Ernst Kantorowicz,[50] von den *zwei Körpern der Toten* gesprochen werden: Derweil der erste Körper intransparent gemacht wird, erfährt der zweite, der Erinnerungskörper, durch Grabsteinfotografien eine Art Hypostasierung.[51] Der Repräsentationscharakter ist evident, denn als Grabfoto wird häufig jenes Motiv gewählt, das die Angehörigen für besonders gelungen halten oder das die verstorbene Person präferierte.[52] Es handelt sich um die visuelle Konstruktion eines personalen Selbst.

Andere Rekurse auf Lebenswelten und personale Identitäten werden anhand von Einstellungsartikulationen, dem Ausdruck persönlicher Wertvorstellungen oder schlichtweg durch die Wiedergabe persönlicher Zitate bewerkstelligt. Auch Hobbys werden aufgeführt, seltener – anders als noch vor einigen Jahrzehnten – Berufsbezeichnungen, was auf die Brüchigkeit heutiger Erwerbsbiografien zurückzuführen sein

48 Vgl. Jean Baudrillard: *Der Tod tanzt aus der Reihe*. Berlin: Merve 1979.

49 Thorsten Benkel / Matthias Meitzler: Sterbende Blicke, lebende Bilder. Die Fotografie als Erinnerungsmedium im Todeskontext. In: *Medien & Altern. Zeitschrift für Forschung und Praxis* 3,5 (2014), S. 41–56.

50 Vgl. Ernst Kantorowicz: *Die zwei Körper des Königs. Eine Studie zur politischen Theologie des Mittelalters*. Stuttgart: Klett-Cotta 1992.

51 Benkel / Meitzler: *Sinnbilder und Abschiedsgesten*, S. 62–65.

52 Im Umkehrschluss bedeutet dies: Je mehr Fotografien von einer Person existieren und zugänglich sind, desto vielschichtiger können die bildhaften Repräsentationsformen am Grab sein. Mittlerweile lassen sich in der Feldforschung durchaus Gräber finden, die eine Vielzahl an Fotografien von ein und derselben Person zeigen. Das größere Spektrum der visuellen Identitätsdarstellung kann dabei auch als bessere Annäherung an die Pluralität des repräsentierten Selbst gewertet werden.

Abb. 3: Kein Grab auf dem Autofriedhof, sondern das Zeichen für eine persönliche Leidenschaft in individualistischen Zeiten.

dürfte. Zeitgenössische Grabstätten sind außerdem häufig mit Artefakten verziert, die die verstorbene Person selbst benutzt hat. Nicht zuletzt werden Grabsteine gezielt als Imitation von Körperformen (die persönliche Silhouette) oder Gebrauchsgegenständen (der eigene PKW, das gern gespielte Musikinstrumente usw.) hergestellt. Die bunte Vielfalt, die in der Folge entsteht, ist einerseits ein Effekt zunehmender Aneignungsbemühungen am Grabraum und folglich ein Zeichen für das gesteigerte Interesse von Hinterbliebenen, selbst Regie zu führen beim Erinnerungsmanagement für eine geliebte, nun aber verabschiedete Person. Das Heterotop Friedhof bietet sich für diese Aneignung gerade deshalb an, weil es sich um einen Ort außerhalb festgeschriebener Alltagsverwendung handelt. Hier sind Mechanismen der sozialen Kontrolle schwächer ausgeprägt als an jenen Plätzen, die mit vielen anderen Menschen geteilt werden. Außerdem lassen die normativen Richtlinien (z. B. Friedhofsordnungen) den traditionsentbundenen Identitätsverweisen offenkundig genügend Optionen.[53]

53 Die beschriebenen Trends zeichnen sich gemäß der zugrundeliegenden empirischen Forschung über den *Wandel der Bestattungskultur* (Benkel / Meitzler) vorrangig in Großstädten ab. Es lässt sich folglich mutmaßen, dass nicht so sehr die Friedhofsordnungen (die von Kommune zu Kommune nur in Details variieren)

Wiederum stellt sich die Heterotopie also nicht nur im Vergleich zu ‚etablierten Räumen', sondern auch immanent als vielschichtig-ambivalente Handlungsstätte heraus.
Zugleich muss betont werden: Wie das Selbst präsentiert wird, ist stets mindestens so viel Konstruktion wie Rekonstruktion. Die traditionelle Grabinschrift (Name, Geburts- und Sterbedatum, ergänzend allenfalls noch religiöse Bezüge) war ‚nach innen orientiert': Die Hinterbliebenen konnten der vergleichsweise anonymen Grabstätte eine lebensweltliche Bedeutung beimessen, die an diesem ‚Vergänglichkeitsraum' nicht explizit ausbuchstabiert werden musste. Die Wende hin zum personalisierten, ja zum individualisierten Grab als Effekt genereller gesellschaftlicher Wandlungsvorgänge rückt das ‚intimisierte' – man könnte sagen: das verlorene – Ich nun aber an eine prominente Position. Bei Theodor W. Adorno, einem entschiedenen Gegner jener Gewalt, die das Sterben anrichtet, heißt es:

> Was der Tod gesellschaftlich Gerichteten antut, ist biologisch zu antezipieren an geliebten Menschen hohen Alters; ihr Körper nicht nur sondern ihr Ich, alles, wodurch sie als Menschen sich bestimmten, zerbröckelt ohne Krankheit und gewalttätigen Eingriff.[54]

Diese Nivellierung des Ichs im Tode ist eine Gedankenfigur der Vergangenheit. Ich und Selbst erfahren gegenwärtig eine Post-Mortem-Repräsentation gerade in jenem Raumgeflecht, das traditionell ihrer Aufhebung und sukzessiven Erinnerung dienlich war. Da die nachträgliche Bilanzierung einer Persönlichkeit ohnehin stets eine Verdichtung auf wenige Lebensweltaspekte darstellt (z.B. auch bei Nekrologen) und außerdem die eingeschränkte Perspektive der Beobachter*innen mitwirkt bei der (Re-)Konstruktion, reihen sich die Versuche, das verstorbene Selbst in seiner Lebendigkeit nachzuzeichnen, in eine Phalanx ähnlich gelagerter postmortaler

entscheidend sind als vielmehr das Entgegenkommen der lokalen Friedhofsverantwortlichen. Die systematische Analyse zeigt gleichwohl, dass die aufgeführten Tendenzen im Sinne einer sepulkralen Mimesis mittlerweile mehr und mehr auch in ländlichen Regionen aufgriffen werden.
54 Theodor W. Adorno: *Negative Dialektik*. Frankfurt am Main: Suhrkamp 1970, S.362.

„Existenzbasteleien"[55] ein. Wer der oder die Verstorbene war, können Grabsteinfotos, Inschriften und abgelegte Artefakte nicht neutral und nüchtern mitteilen. Die Repräsentationsmechanismen, die, im stetigen Wandel begriffen, seit jeher die Formalien von Inschriften und überhaupt Gestaltungsprinzipien an Grabesstätten diktieren, waren lange Zeit dermaßen konventionalisiert, dass eine solche Perspektive weder möglich noch erwünscht war. Sie offenbarten vielmehr, wie sich – gemäß eines wandelhaften Konsens über dessen Darstellbarkeit – ein (Zusammen-)Leben aus der dialektisch ebenso nahen wie fernen Angehörigenperspektive kompakt zusammenfassen ließ. Mittlerweile jedoch gehört das Aufbrechen der Regel mit zur Regel der Grabgestaltung dazu. Mitunter gehen die Grabgestaltungsanliegen längst auf vorab geäußerte oder notariell verbriefte Wünsche der Verstorbenen zurück, und auch bei diesen Grabensembles bleiben Gestaltungselemente offen bzw. können Hinterbliebene sich einbringen; häufig genug ist dieses parasoziale Nachwirken auch ausdrücklich gewünscht. Damit wird nicht ein Mehr an ‚Faktizität' dieses gewesenen Lebens präsentiert, aber immerhin ein Mehr an Mitspracherecht ermöglicht; das objektive Grab einer Person wird dadurch ‚subjektiver', weil das dort evozierte Selbst(-bild) (tatsächlich meist das von anderen erbasteltete Konzept dieses Selbst), von vornherein kein auf die bloße ‚Faktenlage' reduziertes mehr sein soll.

Das Selbst, das sich im Zuge der Veränderung, ja konkret der Individualisierung der Gräber jeweils zeigt, ist letzten Endes eine Figur, die dem lebendigen Ich ungefähr so sehr ähnelt wie der Fotoabzug einem Menschenmotiv: Ähnlichkeit und damit auch Verbundenheit sind für gewöhnlich gegeben, und doch gibt es noch so vieles mehr, was dieses Selbst zu Lebzeiten auszeichnete. Eine unbestechliche Wahrheit steht hier indes ebenso wenig im Vordergrund, wie sie zu Lebzeiten gefragt war: Der Raum für Tote verspricht keine Rückschau auf das eigentliche Leben, ebenso wenig wie er Jahrzehnte zuvor die damals häufig artikulierten Wiedersehensgrüße verbürgen konnte. Er ist ein Raum, genauer: *der* Raum, der trotz der unvermeidlichen Vergänglichkeit einer Person eine letzte Gelegenheit zur Identitätspräsentation bietet.

55 Manfred Prisching: Beipackzettel für Bastelexistenzen. In: Anne Honer / Michael Meuser / Michaela Pfadenhauer (Hrsg.): *Fragile Sozialität. Inszenierungen, Sinnwelten, Existenzbastler*. Wiesbaden: Springer VS 2010, S. 179–195.

Wie dieses Resümee aussieht, wenn man tot ist, werden die Toten nicht mehr sehen können. Mitunter wären sie überrascht, hätten sie das Bewusstsein, zu registrieren, in welche Formen das Erinnern und das Rekonstruieren im Friedhofsareal in ihrem Fall gegossen wurden. Vielleicht kann die individualisierte Grabstätte genau so verstanden werden: Als persönliches Monument einer Person, die, könnte sie einen Blick auf ihre eigene Gedenkstätte werfen, sich darin – mit Zustimmung oder Kritik, Verwunderung oder Zufriedenheit – selbst erkennen möge.

Das Konzept Selbst ist das Ergebnis einer epistemologischen Hinwendung zum Subjekt und damit zu einem spezifischen Menschenbild, wohinter sich – wie nicht zuletzt Foucault kritisiert hat[56] – ein schablonenartiger Zuschnitt verbirgt. Dass der Mensch sich selbst nicht kriterienlos und kategorienlos denkt (oder denken will bzw. denken kann), lässt indes den Verdacht zu, dass sich Momente des Selbst auch dort verbergen (und nur hin und wieder in Erscheinung treten), wo vordergründig vom Selbst keine Rede ist. Heterotopische Räume, für die vorliegend der Friedhof ein Beispiel gewesen ist, scheinen aufgrund ihrer Position außerhalb etablierter Zeiten und Routinen gerade jene Orte zu sein, die eben auch die Frage provozieren, *was der Mensch ist* – und *wo der Mensch ist.*

56 Vgl. Michel Foucault: *Die Ordnung der Dinge. Eine Archäologie der Humanwissenschaften.* Frankfurt am Main: Suhrkamp 2003.

Patrick Kilian

John C. Lilly auf Tauchstation

Selbstexperimente, Selbsttechnologien und Selbstfindung im Wassertank

Gehirne im Tank

> Wir haben nach Antworten auf die Frage gesucht, was dem Gehirn und einem Bewußtsein zustößt, wenn eine Reizstimulation des Körpers entfällt. [...] Das heißt: Ist das gesunde Ich/Ego von der Realität unabhängig, oder hängt es auf gewisse Weise und in einem bestimmten Grad von dem Austausch mit seiner Umgebung ab [...]?[1]

Mit dieser ebenso klar formulierten wie weitreichenden Frage eröffnete der Neurophysiologe John Cunningham Lilly seinen Vortrag bei einem Treffen der Group for the Advancement of Psychiatry, das 1955 in dem beschaulichen Badeort Ashbury Park an der Atlantikküste im Bundesstaat New Jersey stattfand. Lilly hatte zu diesem Zeitpunkt gerade die Leitung der Abteilung für kortikale Integration am neurophysiologischen Labor des National Institute of Mental

1 John C. Lilly: Mental Effects of Reduction of Ordinary Levels of Physical Stimuli on Intact, Healthy Persons. In: *Psychiatric Research Reports* 5 (1956), S. 1–9. Für einen Wiederabdruck siehe John C. Lilly: *The Deep Self. Profound Relaxation and the Tank Isolation Technique*. New York: Simon & Schuster 1977, S. 119–128. Für eine auszugsweise deutsche Übersetzung siehe John C. Lilly: Die psychischen Auswirkungen der Reduktion üblicher physischer Reizintensitäten auf normale und gesunde Personen. In: Nicolas Pethes / Birgit Griesecke / Marcus Krause / Katja Sabisch (Hrsg.): *Menschenversuche. Eine Anthologie 1750–2000.* Frankfurt am Main: Suhrkamp 2008, S. 84–89, hier S. 84.

Health (NIMH)[2] in Bethesda, Maryland, übernommen und konfrontierte seine Kollegen mit einer neuen und radikalen Versuchsanordnung. Unter dem etwas umständlichen Titel „Die psychischen Auswirkungen der Reduktion üblicher physischer Reizintensitäten auf normale und gesunde Personen" präsentierte Lilly eine ebenso konsequente wie kreative Technik, mit der er beanspruchte, das Problem vom „Gehirn im Tank"[3] von einem abstrakten Gedankenexperiment in einen konkreten Laborversuch zu übersetzen.

Der vorliegende Beitrag zeichnet die Geschichte dieses Experiments sowie seiner weitreichenden Verwendungsweisen und Resonanzen nach. Lillys anfängliche Forschungsfrage aufgreifend, soll hierbei mit historischer Distanznahme danach gefragt werden, welche Interessen, epistemologischen Vorannahmen und Erwartungen an die Reduktion der „Reizstimulation des Körpers" gebunden waren. Welche Vorstellungen vom „Ich/Ego" strukturierten diese Versuche, und was für ein Raumverständnis steckte hinter der Idee einer von allen Sinnesreizen und wahrnehmbaren Umwelteindrücken beraubten Umgebung? Als „Grenzobjekt"[4] an den Schnittstellen von geheimdienstlicher Verhörtechnologie, raumfahrtmedizinischen Simulationen und bewusstseinserweiternden Selbsttechniken situiert, skizziert diese Versuchsanordnung das experimentelle Projekt einer Verräumlichung des Selbst während der Zeit (und unter den Bedingungen) des Kalten Kriegs. Angetrieben von der Idee, in den Untiefen der menschlichen Psyche auf unbekannte Formen der (Selbst-)Erfahrung und Quellen neuen Wissens zu stoßen, verbanden sich mit diesem Experiment sehr unterschiedliche Konzeptionen der menschlichen Natur. Einmal

2 Zur Geschichte des NIMH siehe Wade E. Pickren / Stanley F. Schneider (Hrsg.): *Psychology and the National Institute of Mental Health. A Historical Analysis of Science, Practice, and Policy.* Washington, D. C.: American Psychological Association 2005.

3 Hilary Putnam: Brains in a Vat. In: Ders.: *Reason, Truth and History.* Cambridge: Cambridge UP 1981, S. 1–21. Zur Epistemologie des Gedankenexperiments siehe Thomas Macho / Annette Wunschel (Hrsg.): *Science & Fiction. Über Gedankenexperimente in Wissenschaft, Philosophie und Literatur.* Frankfurt am Main: Fischer 2004.

4 Susan Leigh Star / James R. Griesemer: Institutional Ecology, 'Translations', and Boundary Objects. Amateurs and Professionals in Berkeley's Museum of Vertebrate Zoology, 1907–39. In: *Social Studies of Science* 19,3 (1989), S. 387–420.

wurde das Selbst als eine abgeschlossene „Welt des Feindes“[5] gedacht, ein anderes Mal als eine mit den unendlichen Weiten des Weltraums vergleichbare Topographie vorgestellt.

Im Zentrum des Experiments stand ein Wassertank mit einem Durchmesser von etwa drei Metern und einer Tiefe von knapp zweieinhalb Metern, den Lilly im Keller seines Instituts installiert hatte. Dort konnte eine Testperson in vollständiger Dunkelheit, absoluter Stille und fast schwerelos schwebend von allen Umwelteinflüssen und äußeren Sinneseindrücken isoliert werden: „In unseren Experimenten hängt die Versuchsperson mit dem ganzen Körper bis zum Kopf in einem Tank, der langsam fließendes Wasser von 34,5 °C enthält. Sie trägt zum Atmen eine lichtundurchlässige Maske, die den Kopf vollständig umschließt, und sonst nichts.“[6] Die durch eine Pumpe exakt auf die menschliche Haut eingestellte Wassertemperatur sollte einen absolut thermoneutralen Zustand erzeugen, so „daß der Versuchsperson weder heiß noch kalt ist. Ansonsten spürt die Versuchsperson abgesehen von den Halterungen und der Maske kaum etwas. Ein Großteil des gewöhnlichen Drucks, der durch die Schwerkraft auf den Körper ausgeübt wird, entfällt“. Innerhalb dieser Umgebung war es so still, dass die eigenen, vom Körper selbst ausgehenden Geräusche – wie Atmung, Herzschlag, Blutzirkulation – die einzigen wahrnehmbaren akustischen Reize darstellten. Gegen die äußere Umwelt und den Lärm einer großen Forschungseinrichtung wie dem National Institute of Mental Health waren die Versuchspersonen durch die künstliche Schallisolierung der Laborwände sowie die natürliche „Schnittstelle von Luft und Wasser“ geschützt, an der „der Schall nur sehr unzureichend übertragen“ wird. Als Lilly 1955 seinen Kollegen von der Group for the Advancement of Psychiatry von diesem ausgefallenen Versuchsaufbau berichtete, geriet er über seine eigene Erfindung regelrecht ins Schwärmen: „Es ist eine der gleichförmigsten und monotonsten Umgebungen, die ich je erlebt habe.“

5 Paul N. Edwards: Eindämmung. Computertechnik und die Politik des Kalten Krieges. In: *Tumult. Schriften zur Verkehrswissenschaft* 38 (2012), S. 11–17, hier S. 11.

6 Alle Zitate in diesem Abschnitt: Lilly: Die psychischen Auswirkungen der Reduktion, S. 85–86.

Die Verbannung störender Umwelteinflüsse aus dem Versuchsaufbau war bereits seit dem Ende des 19. Jahrhunderts eine Obsession der experimentellen Physiologie gewesen. 1913 hatte Iwan Pawlow sein Labor zu diesem Zweck in einen schalldichten und erschütterungssicheren „Turm der Stille" umbauen lassen; sein Ziel war die Herstellung eines „ganz besonderen Typus von Laboratorien, wo es keine zufälligen Laute, keine Lichtschwankungen, keine sich plötzlich verändernden Luftströmungen usw. gibt, kurz gesagt, wo die größtmögliche Gleichmäßigkeit herrscht".[7] Lilly ging noch einen entscheidenden Schritt weiter. Ihm ging es nicht mehr nur darum, eine kontrollierte Laborumgebung sicherzustellen, der Ausschluss der äußeren Umgebung war für ihn zum entscheidenden Faktor, zum epistemischen Kalkül, seines Experiments geworden. Durch die weitestmögliche Auslöschung eines ‚Außens' sollte ein räumlicher Zustand geschaffen werden, in dem die Versuchsperson – abgeschieden von allen externen Einflüssen – als einziges Element des Experimentalsystems[8] übrig bleiben würde. Nicht äußere Umweltreize und Impulse, sondern die physiologischen Regungen und Prozesse erschienen hierbei als Triebwerk des Versuchs; das Ziel dieser lebenswissenschaftlichen Extremsituation war es, den Körper gewissermaßen in die versuchstechnische Umgebung zur Experimentalisierung am eigenen Selbst zu verwandeln.

Lilly war jedoch nicht der Einzige, der zu diesem Zeitpunkt daran arbeitete, aus der cartesianischen Frage, ob „das gesunde Ich/Ego von der Realität unabhängig" ist, eine experimentelle Praxis abzuleiten: Unter dem Stichwort *sensory deprivation* hatte sich seit Anfang der 1950er Jahre ein neuer Forschungskontext mit Zentren an der

7 Zit. n. Nikolai Aleksandrovich Podkopaew: *Die Methodik der Erforschung der bedingten Reflexe.* Berlin / Heidelberg: Springer 1926, S. 17–18. Zum Ausschluss externer Umweltfaktoren in der Laborkultur des späten 19. Jahrhunderts vgl. weiterführend Philipp Felsch: Die Stadt, der Lärm und der Ruß. Mechanische Spuren der Psyche, 1875–1895. In: Cornelius Borck / Armin Schäfer (Hrsg.): *Psychographien.* Zürich / Berlin: Diaphanes 2006, S. 17–42; Henning Schmidgen: Time and Noise. The Stable Surroundings of Reaction Experiments, 1860–1890. In: *Studies in History and Philosophy of Biological and Biomedical Sciences* 34,2 (2003), S. 237–275.

8 Zum Konzept des „Experimentalsystems" siehe Hans-Jörg Rheinberger: *Experimentalsysteme und epistemische Dinge. Eine Geschichte der Proteinsynthese im Reagenzglas.* Frankfurt am Main: Suhrkamp 2006.

McGill University in Montreal sowie an der Princeton University herausgebildet, der in verschiedenen Laborszenarien ausloten wollte, wie der Mensch auf eine Umgebung reagieren würde, die vollständig von all ihren Sinnesreizen beraubt wäre.[9] In den von dem Psychologen Donald O. Hebb geleiteten Experimenten der McGill-Forschungsgruppe wurden Probanden mit geräuschunterdrückenden Kopfhörern und getrübten Skibrillen auf kargen Pritschen in einem schallisolierten und konstant beleuchteten Raum platziert. Ihre Arme wurden zudem mit Kartonrohren umschlossen, um so auch die taktilen Reize auf ein Minimum zu reduzieren. Obwohl die studentischen Teilnehmer der Studie großzügig mit 20 Dollar pro Tag entschädigt wurden, ertrug keiner diesen Zustand länger als 72 Stunden.[10] Die Versuche dienten jedoch nicht ausschließlich dazu, wissenschaftliche Neugier zu befriedigen, oder zu klären, warum Piloten auf langen, monotonen Langstrecken- und Nachtflügen beunruhigende Halluzinationen und Sinnesstörungen entwickelten.[11] Ein sehr viel konkreteres heuristisches Motiv waren Gerüchte über neuartige kommunistische Gehirnwäsche- und Isolationsfoltertechniken, die seit dem Beginn des Koreakriegs durch die amerikanische Öffentlichkeit spukten und auch die Geheimdienste in erhöhte Alarmbereitschaft versetzten. Diese Meldungen gaben schließlich den Anlass für ein geheimes Treffen zwischen Hebb und Vertretern des britischen Verteidigungsministeriums, dem kanadischen Defense Research Board (DRB) sowie zwei Mitarbeitern der Central Intelligence Agency (CIA), das am 1. Juni 1951

9 Vgl. hierzu John P. Zubek (Hrsg.): *Sensory Deprivation. Fifteen Years of Research.* New York: Appleton Century Crofts 1969; Philip Solomon / Philip E. Kubzansky / P. Herbert Leiderman / Jack H. Mendelson / Richard Trumbull / Donald Wexler (Hrsg.): *Sensory Deprivation. A Symposium Held at Harvard Medical School.* Cambridge: Harvard UP 1961; John Rasmussen (Hrsg.): *Man in Isolation and Confinement.* Chicago: Aldine 1973.

10 Donald O. Hebb / Woodburn Heron / Walter H. Bexton: The Effect of Isolation Upon Attitude, Motivation, and Thought. In: *Fourth Symposium, Military Medicine I.* Ottawa, Ontario: Defense Research Board 1952, S. 163–167; Walter H. Bexton / Woodburn Heron / Thomas H. Scott: Effects of Decreased Variation in the Sensory Environment. In: *Canadian Journal of Psychology* 8,2 (1954), S. 70–76; Benjamin K. Doane / Woodburn Heron / Thomas H. Scott: Visual Disturbances after Prolonged Perceptual Isolation. In: *Canadian Journal of Psychology* 10,1 (1956), S. 13–18.

11 Woodburn Heron: The Pathology of Boredom. In: *Scientific American* 196 (1957), S. 52–56, hier S. 52.

im Ritz-Carlton-Hotel in Montreal stattfand.[12] Am Ende dieses Treffens waren sich alle Anwesenden einig: Es bestand ein dringlicher (sicherheitspolitischer) Bedarf an verlässlichem, empirisch abgesichertem Wissen über die psychischen Folgen des Sinnesentzugs. Um dieses zu produzieren, erhielt Hebb eine beträchtliche Summe an Fördergeldern und die *sensory deprivation research* war geboren.

Selbstvermessung im Tiefenrausch

Als Lilly 1953 seine Stelle am neurophysiologischen Labor des National Institute of Mental Health antrat, konnte er bereits auf eine abwechslungsreiche Forschungslaufbahn zurückblicken.[13] Nach Abschluss eines Bachelor-Studiengangs am California Institute of Technology (Caltech) ging Lilly 1938 zunächst an die Dartmouth Medical School, um von dort an die University of Pennsylvania zu wechseln, wo er 1942 mit einer medizinischen Dissertation promoviert wurde. Während des Kriegs arbeitete er weiterhin am Fachbereich Physiologie der Penn, um seine Forschungen auf dem Gebiet

12 Die Gerüchte über ein vermeintliches *brainwashing* von amerikanischen Kriegsgefangenen wurden erstmals durch den Journalisten Edward Hunter verbreitet, der diesen neuen Foltertechniken auch ihren medienwirksamen Namen gab, siehe Edward Hunter: 'Brain-Washing' Tactics Force Chinese into Ranks of Communist Party. In: *Miami News*, 24.09.1950; ders.: *Brain-Washing in Red China: The Calculated Destruction of Men's Minds*. New York: Vanguard 1951. Vgl. weiterführend Anne Collins: *In the Sleep Room. The Story of the CIA Brainwashing Experiments in Canada*. Toronto: Lester & Orpen Dennys 1988.

13 Der Biographie von John C. Lilly sowie seinen vielfältigen Forschungen wurde bisher nur wenig wissenschaftshistorische Aufmerksamkeit zuteil. Einige Ausnahmen bilden D. Graham Burnett: Adult Swim. How John C. Lilly Got Groovy (and Took the Dolphin with Him), 1958–1968. In: David Kaiser / W. Patrick McCray (Hrsg.): *Groovy Science. Knowledge, Innovation, and American Counterculture*. Chicago / London: University of Chicago Press 2016, S. 13–50; Philipp Hauß / Sebastian Vehlken: Brain Drain. John C. Lillys Floating Tanks und die Technisierung von Wellness. In: Claudia Mareis (Hrsg.): *Designing Thinking: Angewandte Imagination und Kreativität um 1960*. Paderborn: Fink 2016, S. 167–184; Nicolas Langlitz: Tripping in Solitude. Introducing Honza Samotar by Way of John Lilly. In: Katrin Solhdju (Hrsg.): *Introspective Self-Rapports. Shaping Ethical and Aesthetic Concepts, 1850–2006*. Berlin: MPIWG 2006, S. 81–92. Lilly arbeitete in mehreren autobiographischen Texten dafür selbst an seiner eigenen Historisierung mit (John C. Lilly: *The Center of the Cyclone. An Autobiography of Inner Space*. New York: Julian 1972; ders.: *The Scientist. A Novel Autobiography*. New York: Lippincott 1978; ders. / Antonietta Lilly: *The Dyadic Cyclone. The Autobiography of a Couple*. New York: Simon & Schuster 1976).

der Biophysik und Neurophysiologie weiter voranzutreiben, daneben besuchte regelmäßig Vorlesungen über Psychoanalyse. Lillys medizintechnische Untersuchungen waren in sehr praktische – und seit dem Kriegseintritt der USA im Dezember 1942 auch dezidiert kriegsrelevante – Forschungsprojekte der militärischen Luftfahrtphysiologie verwickelt. So befassten sich seine Studien unter anderem mit den Auswirkungen der Höhenkrankheit, explosiver Dekompression sowie der Konstruktion von Messgeräten zur Analyse der Sauerstoffmaskenatmung von Piloten in großer Höhe.[14] Finanziert wurden diese Forschungen durch das Office of Scientific Research and Development (OSRD), einer eigens zur Koordination der militärischen Forschung gegründeten Regierungsbehörde. Der Krieg hatte die Wissenschaft inzwischen gründlich umgekrempelt: Durch Annäherungszünder, Radartechnik und allem voran das streng geheime Manhattan-Projekt war das Labor mit einem Schlag aus seiner selbst gewählten Weltabgeschiedenheit in das Zentrum des politischen Interesses katapultiert worden. Der von Pawlow einst als „Turm der Stille" entworfene Raum wissenschaftlichen Experimentierens wurde zunehmend militärisch in Beschlag genommen und hatte sich plötzlich in eine „first line of defense" der modernen Kriegsführung verwandelt.[15]

Auch wenn es sich um eine Auftragsarbeit gehandelt hatte, so war Lillys Begegnung mit der militärischen Luftfahrtphysiologie des Zweiten Weltkriegs dennoch prägend für seine späteren Forschungen. In epistemologischer Hinsicht machte sich Lilly hier intensiv mit der riskanten Praxis des Selbstversuchs vertraut, indem er seinen eigenen Körper in Unterdruckkammerexperimenten einer lebensbedrohlichen

14 Siehe u.a. John C. Lilly / John R. Pappenheimer / Glenn A. Millikan: Respiratory Flow Rates and the Design of Oxygen Equipment. In: *The American Journal of the Medical Sciences* 210 (1945), S. 810; John C. Lilly / Victor Legallais / Ruth Cherry: A Variable Capacitor for Measurements of Pressure and Mechanical Displacements; A Theoretical Analysis and Its Experimental Evaluation. In: *Journal of Applied Physics* 18,7 (1947), S. 613–628. John C. Lilly: Mixing of Gases within Respiratory System with a New Type of Nitrogen Meter. In: *Journal of Physiology* 161,2 (1950), S. 342–351.

15 Michael Aaron Dennis: "Our First Line of Defense". Two University Laboratories in the Postwar American State. In: *Isis* 85,3 (1994), S. 427–455. Zur Geschichte des 1941 gegründeten und 1947 aufgelösten OSRD siehe Irvin Stewart: *Organizing Scientific Research for War. The Administrative History of the Office of Scientific Research and Development*. Boston: Little, Brown 1948.

Umgebung, ähnlich der in sehr großer Höhe, aussetzte. Einer modernen wissenschaftlichen Utopie folgend, die mittels einer „Reduzierung der Differenz zwischen Subjekt und Objekt" nach der „Veranschaulichung oder Versinnlichung zuvor unanschaulicher Realitäten" durch Selbsterfahrung und -versuche strebte, machte Lilly das eigene Selbst zum Gegenstand des Experiments und brachte den Menschenversuch damit auf seinen subjektiven Fluchtpunkt.[16] Das Selbst des Forschers erscheint hierbei nicht mehr nur als Wissenssubjekt, sondern wird auch zum Bestandteil des anthropomorphen Experimentalsystems. Daneben trugen diese Selbstversuche zur Simulation des Luftkriegs dazu bei, Lillys Faszination für den Einfluss extremer Umwelten auf das menschliche Bewusstsein und die Psyche zu schärfen. So bemerkte er 1977 in der Rückschau auf seine Grenzerfahrungen in der Unterdruckkammer:

> I learned about states of my own mind engendered by too-low oxygen in the brain, about states of my mind in the excruciating pain of decompression sickness (bends), and states of my mind excited by fear during explosive decompression of a pressure cabin.[17]

Wie er mit diesen ungewöhnlichen Erfahrungen umgehen sollte beziehungsweise wie sich dieses besondere Wissen produktiv machen ließ, war Lilly jedoch zunächst alles andere als klar: „My knowledge increased, but I felt diverted from the search."[18]

Nach dem Ende des Kriegs und bereits am National Institute of Mental Health angekommen, wendete sich Lilly mit der Hirnforschung

16 Katrin Solhdju: *Selbstexperimente. Die Suche nach der Innenperspektive und ihre epistemologischen Folgen*. München: Fink 2011, S. 8. Weiterführend zur Geschichte des Menschenversuchs siehe Birgit Griesecke / Marcus Krause / Nicolas Pethes / Katja Sabisch (Hrsg.): *Kulturgeschichte des Menschenversuchs im 20. Jahrhundert*. Frankfurt am Main: Suhrkamp 2009; Birgit Griesecke / Marcus Krause / Nicolas Pethes / Katja Sabisch (Hrsg.): *Menschenversuche. Eine Anthologie 1750–2000*. Frankfurt am Main: Suhrkamp 2008; Rebecca Lemov: *World as Laboratory. Experiments with Mice, Mazes, and Men*. New York: Hill & Wang 2005; Wolfgang Uwe Eckart (Hrsg.): *Man, Medicine, and the State. The Human Body as an Object of Government Sponsored Medical Research in the 20th Century*. Stuttgart: Steiner 2006.

17 John C. Lilly: *The Deep Self. Profound Relaxation and the Tank Isolation Technique*. New York: Simon & Schuster 1977, S. 69.

18 Ebd.

einem neuen Forschungsgebiet und mit der Elektrokortikographie (ECoG) auch einer neuen Vermessungstechnik zu. In einem zusammen mit dem National Institute of Neurological Diseases and Blindness (NINDB) durchgeführten Kooperationsprojekt arbeitete er nun an der Vermessung der Hirnaktivität von Makakenaffen und Katzen. Mit der Elektrokortikographie verwendete er eine zu diesem Zeitpunkt gerade neu entwickelte Technologie, bei der die Sensoren zur Aufzeichnung der neuronalen Potentiale – anders als bei der bekannteren Methode der Elektroenzephalographie (EEG) – nicht außen auf der Kopfhaut, sondern direkt auf der operativ freigelegten Hirnrinde angebracht wurden. Lilly war von den Möglichkeiten der Operation am offenen Gehirn, die für ihn auch eine Operation am offenen Bewusstsein zu sein schien, begeistert. Schrittweise bewegte er sich mit seinen Experimenten von der bloßen Vermessung hin zur aktiven Manipulation der verkabelten Areale. In einer Versuchsreihe, die Lilly ab November 1957 mit Delphinen durchführte, versuchte er jene Zentren im Gehirn zu lokalisieren und gezielt zu stimulieren, die im Organismus für Belohnung beziehungsweise Bestrafung zuständig waren.[19] Mit dem Übergang von der Elektroenzephalographie zur Elektrokortikographie verband sich eine epistemologische Verschiebung, die eine doppelte symbolische Geste implizierte: Erstens materialisierte sich darin der wissenschaftliche Traum, immer tiefer in den Kopf, das Gehirn und damit letztlich in die Gedanken und psychischen Zustände des Menschen vordringen zu können; zweitens spiegelte diese Verschiebung den Wunsch danach wider, Techniken der Intervention zur aktiven Veränderung von Bewusstseinsprozessen zu entwickeln. Beide Gesten sind auch dafür geeignet, um die Flugbahn von Lillys weiterer wissenschaftlicher Biographie zu umschreiben.

Etwa Anfang 1954 begann Lilly dann mit seinen Experimenten im Wassertank, den er als ausgedienten Restbestand vom Office of

19 Siehe hierzu John C. Lilly: Learning Elicited by Electrical Stimulation of Subcortical Regions in the Unanesthetized Monkey. The "Start" and the "Stop" Pattern. In: *Science* 125 (1957), S. 748; John C. Lilly: Some Considerations Regarding Basic Mechanisms of Positive and Negative Types of Motivation. In: *American Journal of Psychiatry* 115 (1958), S. 498–504, bes. S. 498–502. Zur Geschichte der Hirnforschung und ihrer technischen Dinge siehe Cornelius Borck: *Hirnströme. Eine Kulturgeschichte der Elektroenzephalographie*. Göttingen: Wallstein 2005; Michael Hagner: *Homo cerebralis. Der Wandel vom Seelenorgan zum Gehirn*. Frankfurt am Main: Suhrkamp 2008.

Naval Research (ONR) in Washington D. C. übernommen hatte. Die Anlage war während des Zweiten Weltkriegs zur Untersuchung von Stoffwechselschwankungen bei Kampftauchern eingesetzt worden,[20] wobei sie ihre Eignung zur Simulation extremer Umwelten bereits unter Beweis gestellt hatte. Unterstützt wurde Lilly bei seinen Versuchen von seinem zwei Jahre jüngeren Kollegen Jay T. Shurley, der zuvor im Army Medical Corps (MC) sowie als Berater für die neuropsychiatrische Abteilung der Medical Field Service School in Fort Sam Houston nahe San Antonio gearbeitet hatte. Im Rahmen der Wassertankstudien fungierten beide sowohl als Versuchspersonen als auch in der Rolle des Assistenten, der sich nach anfänglichen Hilfestellungen vollständig aus dem Experimentalprozess zurückzog: „Nach der einführenden Übungsphase ist kein Beobachter mehr zugegen. Unmittelbar nach dem Experiment schreibt die Versuchsperson ihre persönlichen Eindrücke auf."[21]
Es lohnt sich an dieser Stelle, Lillys Ausführungen über die von ihm als sieben ‚Stufen' beschriebenen Bewusstseinszustände während der Wassertankexperimente etwas eingehender zu zitieren: Während der ersten dreiviertel Stunde ist die „Versuchsperson" mit der Verarbeitung der „Erinnerungen an den bisherigen Tag" sowie mit der Anpassung an die neue Umgebung beschäftigt.[22] Anschließend folgt eine Phase der Beruhigung, in der „das Gefühl, in einem Raum isoliert zu sein und nichts zu tun zu haben", als „erleichternd und entspannend" empfunden wird. „Im Laufe der folgenden Stunde entwickelt sich aber langsam eine Anspannung, die man als Hunger nach einem ‚Bewegungsstimulus' bezeichnen könnte." Wird dieser Drang unterdrückt, „steigt die Anspannung" in einer vierten Phase „bis zu einem Punkt, an dem die Versuchsperson gezwungen ist, den Tank zu verlassen". Während dieses kritischen Zeitpunkts „wird die Aufmerksamkeit von jedem verbliebenen Reiz mit Macht angezogen": Irritationen durch Reibungen der Maske am Gesicht, das Gefühl von fließendem Wasser auf der Haut oder die Geräusche der eigenen Atmung sowie des eigenen Herzschlags rücken ins Zentrum der Aufmerksamkeit.

20 Darius Rejali: *Torture and Democracy*. Princeton / Oxford: Princeton UP 2007, S. 369.

21 Lilly: Die psychischen Auswirkungen der Reduktion, S. 86.

22 Alle Zitate in diesem Abschnitt ebd., S. 87–88.

„Übersteht man diesen Zustand, ohne den Tank zu verlassen“, so Lilly weiter, „bemerkt man, daß sich die Gedanken von einer fokussierten Art und Weise, über Probleme nachzudenken, zu Träumereien und Phantasien höchst persönlicher und emotionaler Natur wandeln.“ Die Testperson erreicht schließlich „das äußerste der von uns bislang erforschten Stadien: die Projektion visueller Bildwelten. [...] Der schwarze Vorhang vor den Augen [...] öffnet sich schrittweise zu einem dreidimensionalen, dunklen, leeren Raum vor dem eigenen Körper“, in dem „Formen, wie man sie manchmal in hypnagogen Halluzinationen sieht, erscheinen“. Ganz ohne operative Eingriffe und Elektroden auf der Hirnrinde schien Lilly in seinem nur wenige Kubikmeter fassenden Tauchbecken einen Weg gefunden zu haben, tief in die Psyche des Menschen einzudringen.

Die „Welt des Feindes“

Die Versuchsanordnung des Wassertanks unterschied sich an entscheidenden Stellen grundlegend von den Isolationsexperimenten des Forschungsteams um Hebb in Montreal: „Das kanadische Experiment hatte zum Ziel, das Erkennen von Reizmustern so weit wie möglich herabzusetzen; unseres plante, die *absolute Intensität* aller physischen Stimuli weitestmöglich zu reduzieren.“[23] Die hier beschriebene Differenz zwischen gleichförmiger Einebnung und vollständiger Ausschaltung, die sich akustisch als Differenz zwischen weißem Rauschen auf den Kopfhörern und absoluter Stille im Tank darstellte, war jedoch nicht die einzige Varianz zwischen beiden Versuchsreihen. In Hebbs Studien wurden die Auswirkungen der sensorischen Isolation auf die Psyche der Versuchspersonen als eine gefährliche „Pathology of Boredom“ interpretiert.[24] Die Versuchspersonen zeigten Anzeichen von Irritation, Desorientierung sowie Halluzinationen und waren nach Beendigung des Experiments in ihrer Fähigkeit, rationale Entscheidungen treffen zu können, erheblich eingeschränkt. In einem streng vertraulichen Bericht, den Hebb im August 1954 für das Defense Research Board anfertigte, konstatierte er „a significant temporary lowering of intellectual efficiency occuring during and immediately

23 Ebd., S. 85 (Herv. i. Orig.).

24 Heron: The Pathology of Boredom, S. 52–56.

after the period of perceptual deprivation".[25] Ohne konstante Umweltreize, so seine Einschätzung, sei das menschliche Gehirn nicht in der Lage, normal zu funktionieren. Zudem produzierte die Versuchsanordnung feindselige Spannungen und Konflikte zwischen den Testpersonen und den Forschern.[26]

Dieses Reibungspotential unter den Probanden und Psychologen schien durchaus Bestandteil des experimentellen Kalküls gewesen zu sein. Schließlich war der Versuchsaufbau der McGill-Studie einem militärischen Verhör- beziehungsweise Gehirnwäsche-Szenario nachempfunden, das auch in den Interview-Phasen im Anschluss an die Versuche fortgesetzt wurde. Dabei wurden die Testpersonen an ein EEG angeschlossenen und mit einer ganzen Batterie von Fragen und Tests konfrontiert, um über jedes noch so kleine Detail während der Versuchszeit in der Isolationszelle Auskunft zu geben. Befragung und Vermessung mittels der „psychophysiologischen Überwachungstechnik"[27] EEG bildeten hierbei eine ineinandergreifende Strategie der Wissensproduktion. So wurde der mündliche Bericht der Probanden über ihre subjektiven Erlebnisse und Eindrücke parallel durch das technisch objektivierte Protokoll ihrer in Echtzeit mitgeschrieben Gehirnschrift ergänzt und gegengelesen. Wissenschaftliche Erkenntnis- und geheimdienstliche Geständnispraktiken gingen fließend ineinander über.

Ein Teil der Untersuchungen – der in direktem Zusammenhang mit den Gerüchten über kommunistisches *brainwashing* stand – widmete sich außerdem der Frage, wie sehr sich die sensorische Isolation auf die Beeinflussbarkeit der Probanden auswirkte. So wurden

25 Zit. n. Naomi Klein: *The Shock Doctrine. The Rise of Disaster Capitalism*. London: Lane 2007, S. 34.

26 Vgl. Heron: The Pathology of Boredom, S. 54: „[S]ome subjects mentioned that at times they felt that the experimenters were against them, and were trying to make things exceptionally tough for them." Für ein Experiment, in dem Feindseligkeiten zwischen Versuchsteilnehmern und -leitern in den Mittelpunkt des Forschungsdesigns gestellt wurden, vgl. Ian Nicholson: 'Shocking' Masculinity: Stanley Milgram, 'Obedience to Authority', and the 'Crisis of Manhood' in Cold War America. In: *Isis* 102,2 (2011), S. 238–268.

27 Vgl. Cornelius Borck: Schreibende Gehirne. In: Ders. / Armin Schäfer (Hrsg.): *Psychographien*. Berlin / Zürich: Diaphanes 2005, S. 89–110, hier S. 109. Zur Kritik am Kontroll-Dispositiv des EEG siehe weiterführend Chester W. Darrow: Psychophysiology, Yesterday, Today, and Tomorrow. In: *Psychophysiology* 1 (1964), S. 4–7.

den Teilnehmern während des Versuchs Tonbandaufnahmen vorgespielt, auf denen die Existenz von „ghosts, poltergeists and other supernatural phenomena"[28] behauptet wurde; die Folgen dieser Suggestionsversuche waren höchst beunruhigend: „Some of them reported that for several days after the experiment they were afraid that they were going to see ghosts."[29] Es lag auf der Hand, dass sich diese Technik nicht nur spiritistisch, sondern auch politisch nutzen ließ. In einer späteren Studie, deren Ergebnisse 1959 im *Canadian Journal of Psychology* veröffentlicht wurden, unterzogen Hebb und seine Kollegen diesen Befund einer Überprüfung und spitzten die Suggestion zu, indem sie die Geisterbeschwörung im Tonbandgerät gegen politisches „propaganda material"[30] austauschten. Der Effekt wiederholte sich: Die 29 Probanden zeigten sich nach der Isolation extrem anfällig für die ideologische Beeinflussung der Tonbandaufzeichnungen, deren Inhalt sich während des Experiments auf ihr Unterbewusstsein überspult zu haben schien.

Mit diesem Experimentalsystem hatte die kanadische Forschungsgruppe eine sehr konkrete Materialisierung dessen geschaffen, was der Historiker Paul Edwards 1996 als *Closed World Discourse* beschrieben hatte.[31] Ausgehend von der Eindämmungslogik der Truman-Doktrin und dem Begriff des *containment* – „mitsamt der durch ihn aufgerufenen Vorstellung eines geschlossenen Raums, eines Containers, umstellt und abgeriegelt durch die amerikanische Militärmacht"[32] – skizzierte Edwards mit dem „Diskurs einer abgeschlossenen Welt" ein Strukturmodell des Kalten Kriegs: „die *closed world* [war] die Welt des Feindes: einer repressiven, verschwiegenen kommunistischen Gesellschaft, umgeben – eingeschlossen – vom offenen Raum des Kapitalismus und der Demokratie."[33] Das damit verknüpfte

28 Heron: The Pathology of Boredom, S. 53.

29 Ebd.

30 Woodburn Heron / Thomas H. Scott / Walter H. Bexton / Benjamin K. Doane: Cognitive Effects of Perceptual Isolation. In: *Canadian Journal of Psychology/Revue Canadienne de Psychologie* 13,3 (1959), S. 200–209.

31 Paul N. Edwards: *The Closed World. Computers and the Politics of Discourse in Cold War America*. Cambridge: MIT Press 1996.

32 Paul N. Edwards: Eindämmung. Computertechnik und die Politik des Kalten Krieges. In: *Tumult. Schriften zur Verkehrswissenschaft* 38 (2012), S. 11–17, hier S. 11.

33 Ebd.

Konzept der „Eindämmung war einerseits eine Metapher, andererseits aber auch eine Richtlinie, die sich als ein praktisches Projekt zu materialisieren hatte.“[34]

In die Isolationszellen der McGill University war dieser politische Diskurs eines verriegelten Containers, als Idealtypus einer geschlossenen Welt, mit aller experimentalpsychologischen Wucht und Finesse implementiert worden. So war der in Montreal entworfene Versuchsaufbau letztlich nichts anderes als eine Simulation der „Welt des Feindes“ im Labormaßstab – eine Miniaturisierung der „repressiven, verschwiegenen kommunistischen Gesellschaft“, in der die Menschen beeinflusst, manipuliert und gesteuert wurden. Mit der „Welt des Feindes“ verband sich schließlich auch eine Vorstellung über das ‚Selbst‘ der sich in diesen verschlossenen Räumen bewegenden und lebenden Menschen, mithin also eine „Ontologie des Feindes“.[35] Dieses Selbst galt es im experimentell abgeriegelten Raum des Labors künstlich hervorzubringen und zu bezwingen. Der Seinszustand des auf diese Weise mobilisierten, feindlichen Selbst erschien als ideologisch leicht manipulierbar und gezielt steuerbar, vor allem aber als eine potentielle Gefahr für die offene Welt des liberalen und demokratischen Westens.

Auch der Wassertank von Lilly und Shurley war ein halluzinogenes Milieu, das die menschliche Psyche affizierte und die „Projektion visueller Bildwelten“[36] auslöste. Diese Bildwelten unterschieden sich jedoch von den bedrohlichen Welten des Feinds, auf die man in Montreal gestoßen war; und auch die Techniken des Experimentierens und Beobachtens entsprachen nicht dem geheimdienstlich inspirierten Setting des kanadischen Forschungsteams. So setzte Lilly nicht auf eine doppelte Verhörsituation aus Befragung und Hirnstromvermessung, sondern auf die Praxis der Selbstbeobachtung. Ein externer Beobachter wurde aus dem Experimentalprozess kategorisch ausgeschlossen und durch die Introspektion einer teilnehmenden Beobachtung des wissenschaftlich-experimentellen Subjekts ersetzt. Lilly war sich

34 Edwards: Eindämmung, S. 12.

35 Zum Konzept der „Ontologie des Feindes“ siehe Peter Galison: Die Ontologie des Feindes. Norbert Wiener und die Vision der Kybernetik. In: Michael Hagner (Hrsg.): *Ansichten der Wissenschaftsgeschichte*. Frankfurt am Main: Fischer 2001, S. 433–488.

36 Lilly: Die psychischen Auswirkungen der Reduktion, S. 88.

bewusst, dass er sich mit dieser Versuchsanordnung in einer epistemischen Grauzone an den Rändern von wissenschaftlicher Objektivität[37] und subjektivem Erfahrungswissen bewegte, wie er in einem späteren, zusammen mit Shurley publizierten Artikel deutlich machte:

> Objections can be raised that under these rules an ego observing itself generates only circular data; i.e., that it experiences only what it wishes and allows itself to experience, and that the use of an outside observer can avoid such difficulties.[38]

Das Risiko, nur zirkuläres Wissen in selbstreferentiellen Systemen zu generieren und damit das Objektivitäts-Ideal wissenschaftlicher Distanznahme preiszugeben, waren beide Autoren allerdings bereit, in Kauf zu nehmen. Jahre später bemerkte Lilly, dass seine Technik des Selbstversuchs letztlich zum Bruch mit den Vertretern einer, wie er sagte, „objective, non-involved, nineteenth century" Beobachterperspektive und dem von ihm verfolgten Ansatz des „observer-participants of the twentieth century" geführt habe.[39] Bevor es zu diesem Dissens kommen sollte und Lilly in die Untiefen der drogeninduzierten Selbstfindung der Gegenkultur eintauchte, wurde sein Wassertank jedoch von der US-Raumfahrtmedizin entdeckt. Institutionell wie epistemologisch noch in den Kinderschuhen steckend, befand sich diese junge Disziplin in dieser Zeit stetig auf der Suche nach neuen Möglichkeiten, den Weltraum ins Labor zu holen.

Wissenschaft im Nimmerland

Im Oktober 1964 veröffentlichte das *Life Magazine* unter dem Titel „The Last Barrier Is Man Himself" eine Fotoreportage über die lebenswissenschaftlichen Experimente des US-Raumfahrtprogramms. Zu

37 Zur Geschichte der wissenschaftlichen Objektivität und der Genealogie des wissenschaftlichen Selbst siehe Lorraine Daston / Peter Galison: *Objektivität.* Frankfurt am Main: Suhrkamp 2007.

38 John C. Lilly / Jay T. Shurley: Experiments in Solitude, in Maximum Achievable Physical Isolation with Water Suspension, of Intact Healthy Persons. In: Bernard E. Flaherty (Hrsg.): *Psychophysiological Aspects of Space Flight.* New York: Columbia UP 1961, S. 238–247, hier S. 245.

39 John C. Lilly: *Simulations of God. The Science of Belief.* New York: Simon & Schuster 1975, S. 197.

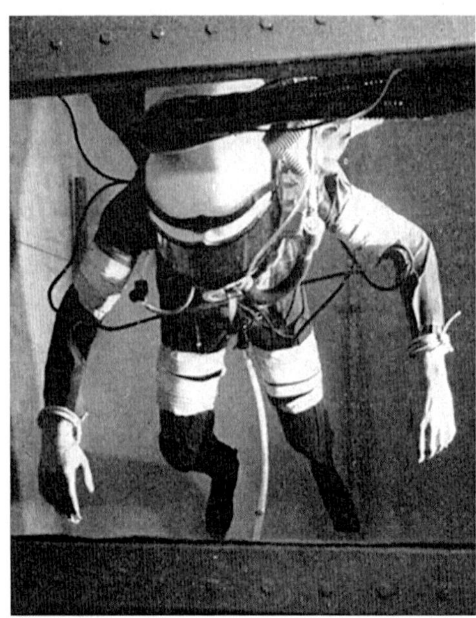

Abb. 1
Tauchstation 1: Unterwasserexperiment an der Psychophysiological Stress Section des Aerospace Medical Laboratory der Wright-Patterson Air Force Base bei Dayton, Ohio, ca. 1962.

sehen waren Bilder von vollkommen verkabelten Männer- und Affenkörpern, Unterdruckkammern, Zentrifugen und anderen exotischen Simulationstechnologien. Im Zentrum dieser Reportage stand eine doppelseitige Abbildung, die einen mit Sauerstoffmaske und Taucheranzug ausgestatteten Mann in schwebendem Zustand in einem Tauchbecken zeigte. In eine Seitenwand des Tanks war ein Fenster eingelassen, das den Blick auf einen Wissenschaftler in Hemd und Krawatte freigab. Durch die optische Brechung im Übergang von Wasser und Glasscheibe erschien sein Gesicht leicht verzerrt. Dennoch war klar erkennbar, dass es sich bei diesem Mann nicht um Lilly, sondern um den Air-Force-Raumfahrtmediziner Duane E. Graveline handelte, der seit Ende der 1950er Jahre mit Unterwasserexperimenten die Auswirkungen der Schwerelosigkeit auf den menschlichen Organismus erforschte.[40] (Abb. 1) Bereits der Titel der Reportage verkündete, nicht

40 Duane E. Graveline / George W. Barnard: Physiologic Effects of a Hypodynamic Environment: Short-Term Studies. In: *Aerospace Medicine* 32 (1961), S. 726–736; Duane E. Graveline / Bruno Balke / Richard E. McKenzie / Bryce O. Hartman: Psychobiologic Effects of Water-Immersion-Induced Hypodynamics. In: *Aerospace Medicine* 32 (1961), S. 387–400; Duane E. Graveline: Maintenance of

die Technik, sondern der menschliche Körper bilde das letzte Hindernis, das die Wissenschaft für die Erschließung des Weltraums zu überwinden habe. Die Einleitung des Artikels versprach einen „close-up look at what goes on in this new never-never-land science called bioastronautics“: „A bizarre new science [... that] prepares us for experiences without precedent.“[41]

Die als Nimmerlands-Wissenschaft vorgestellte Disziplin „Bioastronautics“[42] umfasste ein komplexes Feld an neuen lebenswissenschaftlichen Forschungsbereichen, die sich der Vorbereitung des Menschen auf die lebensfeindlichen Umweltbedingungen (und ungekannten Erfahrungen) im Weltraum verschrieben hatten. Institutionell aufgespannt wurde dieser neue Wissensraum bereits im Februar 1949 mit der Gründung eines Departments of Space Medicine an der Air Force School of Aviation Medicine (SAM), einer Forschungseinrichtung der Randolph Air Force Base bei San Antonio, Texas.[43] Um das unwirkliche Nimmerland des Weltraums zu vermessen, bildete sich in der Folge ein weitverzweigtes Netzwerk aus Laboratorien, Versuchsanordnungen, Instrumenten, Technologien und experimentellen Praktiken, in dessen Zentrum der menschliche Körper eingespannt wurde. Bereits sehr früh mehrten sich auch Spekulationen darüber, dass die Umweltbedingungen im All nicht nur zu einer Gefahr für die Physiologie der künftigen Astronauten werden könnten, sondern auch deren Psyche an ihre Grenzen führen würden.

Cardiovascular Adaptability during Prolonged Weightlessness. In: *Aerospace Medicine* 33 (1962), S. 297–302. Für eine knappe Darstellung dieser Experimente siehe Reto U. Schneider: *Das neue Buch der verrückten Experimente*. München: Bertelsmann 2009, S. 118–120.

41 Fritz Goro: The Last Barrier Is Man Himself. In: *Life* 57,14 (02.10.1964), S. 102–111, hier S. 102–103.

42 Siehe u. a. Siegfried Gerathewohl: *Principles of Bioastronautics*. Englewood-Cliffs: Prentice-Hall 1963; Karl E. Schaefer (Hrsg.): *Bioastronautics*. New York: Macmillan 1964; Theodore C. Bedwell / Hubertus Strughold (Hrsg.): *Bioastronautics and the Exploration of Space*. Honolulu: UP of the Pacific 1965.

43 Vgl. hierzu Harry G. Armstrong: The Origin of Space Medicine. In: *United States Armed Forces Medical Journal* 10,4 (1959), S. 389–392; Hubertus Strughold: From Aviation Medicine to Space Medicine. In: *Air University Quarterly Review* 10,2 (1958), S. 7–16. Zur Geschichte der US-Raumfahrtmedizin siehe weiterführend Maura Phillips Mackowski: *Testing the Limits. Aviation Medicine and the Origins of Manned Space Flight*. College Station: Texas A&M UP 2006; John A. Pitts: *The Human Factor. Biomedicine in the Manned Space Program to 1980*. Washington, D. C.: The NASA History Series 1985.

Wie sich die unendlichen Weiten des Universums, der licht- und lautlose Raum, die Einsamkeit und Isolation, aber auch die monotonen Tagesabläufe in der Raumkapsel auf den Geist des Menschen auswirken würden, konnte zu diesem Zeitpunkt niemand mit Gewissheit beantworten:

> Space flight will also challenge the mental capacity of man to the full. After all, he is human. The awesome emptiness of space, the endless vastness of the void [...], we can only conjecture what they will do to his mind.[44]

Um empirische Antworten auf die zu diesem Zeitpunkt noch spekulativen Fragen zu finden, brauchte es ein geeignetes Labor. Es ging darum, die lebensfeindlichen Umweltbedingungen des Weltraums im Maßstab eines kontrollier- und handhabbaren Experimentalsystems künstlich simulieren zu können. So wagten sich die Raumfahrtmediziner in die „weltraumäquivalente“[45] Extrem-Umwelt der oberen Atmosphäre vor, die mit Hilfe von Testflugzeugen und Forschungsballons erschlossen werden sollte. Sie experimentierten aber auch mit Simulatoren auf ‚Normalnull‘ in der leichter zugänglichen und besser kontrollierbaren Laborumgebung. Bereits früh setzten sie dabei auf das epistemische Milieu des Wassertanks, auch wenn diese Versuchsanordnungen als *neutral buoyancy laboratories* (NBL) erst 1966 in den offiziellen Kanon des NASA-Astronautentrainings aufgenommen wurden.[46] Exakt zehn Jahre zuvor hatten im September 1956 Physiologen am Department of Space Medicine in San Antonio erstmals einen Wassertank zur Untersuchung der Auswirkungen der Schwerelosigkeit in Betrieb genommen:

> The use of a swimming pool was arranged and the pool was filled with water to a depth of about seven feet. [...] The subject wore a visual occluder

44 Heinz Haber: *Man in Space.* London: Sidgewick & Jackson 1953, S. 263.

45 Vgl. hierzu Hubertus Strughold / Heinz Haber / Konrad Büttner / Fritz Haber: Where Does Space Begin? Functional Concept of the Boundaries between the Atmosphere and Space. In: *Aviation Medicine* 12 (1951), S. 342–357.

46 Die Integration von Unterwassertrainingsanlagen in das bemannte Gemini-Programm der NASA stand in engem Zusammenhang mit Problemen während der ersten Außenbordeinsätze (siehe Michael J. Neufeld / John B. Charles: Practicing for Space Underwater. Inventing Neutral Buoyancy Training, 1963–1968. In: *Endeavour* 39,3–4 (2015), S. 147–159).

> consisting of a skin-diver's mask in which a sheet-metal disk had been substituted of the glass plate. Respiration was attained by means of a portable high-pressure air-lung device with a regulator integral with the mouthpiece. [...] All were impressed with the subjective similarity between the conditions of zero-gravity in flight and those of suspension in water. All observed a rapid loss of sense of position after submersion.[47]

Trotz vielversprechender Aussichten wurde dieses „humble experimental setup“[48] bereits nach wenigen Probeläufen wieder eingestellt. Wie der Raumfahrtmediziner Leon A. Knight in seiner Studie „An Approach to the Physiologic Simulation of the Null-Gravity State“ beschrieb, erkrankten alle drei Versuchspersonen an einer Außenohrentzündung, was eine Weiterführung zu riskant machte. Auch wenn in Knights Bericht keine Rede von Halluzinationen, Sinnestäuschungen oder Irritationen ist, so wies die von ihm verwendete Versuchsanordnung verblüffende Parallelen zu den zeitgleich am National Institute of Mental Health durchgeführten Experimenten auf. Das Fehlen von Angaben über mentale Extremzustände und ‚bizarre‘ Grenzerfahrungen mag daran liegen, dass Knight und sein Team lediglich an den physiologischen Auswirkungen schwereloser Umgebungen auf den menschlichen Körper, nicht jedoch an den psychischen Folgen von Isolation und sensorischer Deprivation interessiert waren. Möglicherweise hatten sie schlicht nicht daran gedacht, die Testpersonen nach ihren Gefühlen im Tank zu fragen beziehungsweise ein geeignetes Aufzeichnungssystem zu implementieren, das diese mentalen Zustände hätte messen können.

Lilly äußerte sich erstmals 1958 über eine potentielle Anwendbarkeit seiner Tauchmanöver für das bemannte Raumfahrtprogramm. In einem unter der Überschrift „Some Considerations Regarding Basic Mechanisms of Positive and Negative Types of Motivations“ im *American Journal of Psychiatry* veröffentlichten Artikel dachte er über Möglichkeiten nach, seine experimentalphysiologischen Arbeiten über die Hirnaktivitäten von Affen und Delphinen mit seinen Selbstexperimenten zur sensorischen Deprivation im Tauchbecken zu kombinieren. Seiner Phantasie schienen hierbei keine Grenzen gesetzt:

47 Leon A. Knight: An Approach to the Physiologic Simulation of the Null-gravity State. In: *Aviation Medicine* 29 (1958), S. 283–286, hier S. 285.
48 Ebd.

> Before our man in space program becomes too successful, it may be wise to spend some time, talent, and money on research with the dolphins; [...] a large-brained species living their lives in a situation with attenuated effects of gravity.[49]

Neben dieser sehr assoziativen Analogie, die Delphine als schwerelose „Gehirne im Tank" und astronautische Modellorganismen imaginierte, wies Lilly auch auf praktischere Anwendungsmöglichkeiten seiner Wassertankstudien für die lebenswissenschaftliche Forschung des Raumfahrtprogramms hin:

> Thus we may write a note to the "man in space" program: [...] Those who, mentally, can afford to relax and enjoy the above effects, who are not exposed to outside dangers too continuously, and who can effectively meet the other real demands of the control of their container, will be able not only to survive but to have one of the most moving adventures (inside and outside!) ever to be experienced by man. In our ventures into the frontiers of outer space we will carry the frontiers of our inner minds with us.[50]

Die Isolation in der Raumkapsel erscheint hier nicht als eine potentiell gefährliche Umwelt – eine „Welt des Feindes" –, die sich bedrohlich gegen die Psyche des Menschen richtet, sondern wird von Lilly als eine (Selbst-)Technologie vorgestellt, mittels derer innere Grenzen überwunden und das Bewusstsein erweitert werden konnte. Der Weltraum wird dabei zu einem Milieu für „the most moving adventures (inside and outside!) ever to be experienced by man". Dieses Denkmuster, das die „frontier of outer space" mit den „frontiers of our inner minds" in Zusammenhang bringt und die Überwindung der Grenze zum Weltraum an die Überschreitung der psychischen Begrenzungen koppelt, sollte Lilly in der Folge weiter beschäftigen.

1958 hätte es auch zu einem ersten Aufeinandertreffen mit den Raumfahrtmedizinern kommen sollen. Lilly war eingeladen worden, seine Versuche bei dem First International Symposium on Submarine and

49 John C. Lilly: Some Considerations Regarding Basic Mechanisms of Positive and Negative Types of Motivations. In: *American Journal of Psychiatry* 115,6 (1958), S. 498–504, hier S. 501.
50 Ebd., S. 503.

Space Medicine vorzustellen, das vom 8. bis zum 12. September 1958 an der United States Submarine Base in New London, Connecticut, stattfand. Doch aus heute unbekannten Gründen musste Lilly seine Teilnahme kurzfristig absagen. Trotzdem wurde die Kurzfassung seines geplanten Beitrags unter dem Titel „The Effect of Sensory Deprivation on Consciousness" auf Wunsch des Herausgebers in den 1962 veröffentlichten Tagungsband der Konferenz aufgenommen.[51] Aus diesem Aufsatz geht hervor, dass Lilly die Versuchsdauer seiner Experimente mittlerweile bis auf sechs Stunden ausgedehnt hatte, was nach eigener Aussage dazu geführt habe, dass er in einen Zustand der „isolation ecstasy"[52], eine Art halluzinogenen Tiefenrausch, eingetreten sei. Den Abstieg in den Wassertank und das damit verbundene Eintauchen in die Tiefenstrukturen des Selbst beschrieb Lilly dabei als Entdeckungsmission, die einer astronautischen Reise und dem Eindringen in den Weltraum vergleichbar sei: „Each of the new explorers will carry with him another frontier, his own inner subjective life. If one looks inward intensely, carefully, and effectively, the inner view is quite as vast and has as much that is unknown as the sea or outer space."[53] Hierbei wird das menschliche Selbst als räumliche Topographie vorgestellt, deren ‚innere Grenzen' es zu durchdringen und deren unendliche Weiten es zu erforschen gelte.

„new information from within"

1960 kam es schließlich zur ersten und gleichzeitig letzten Begegnung mit der militärischen Elite der Air-Force-Raumfahrtmedizin. Zu diesem Zeitpunkt hatte Lilly bereits ein eigenes, unabhängiges Forschungslabor auf St. Thomas in den Virgin Islands gegründet, das Communications Research Institute (CRI). Dort widmete er sich mit ganzer Hingabe seinem Lieblingsmodellorganismus, dem

51 John C. Lilly: Outer and Inner Frontiers. Stanford University Libraries, Dept. of Special Collections and University Archives, John C. Lilly Papers, M0786, Box 52, Folder 11; John C. Lilly: The Effect of Sensory Deprivation on Consciousness. In: Karl E. Schaefer (Hrsg.): *Environmental Effects on Consciousness*. New York: Macmillan 1962, S. 93–95.

52 Ebd., S. 94.

53 Ebd., S. 93.

Schweinswal, und suchte nach möglichen Techniken der Kommunikation zwischen Menschen und Delphinen.[54] Doch zuvor reiste Lilly zusammen mit seinem Kollegen Shurley nach San Antonio an die School of Aviation Medicine, um an einer großen internationalen Konferenz über die „psychophysiologischen Aspekte der Raumfahrt" teilzunehmen, die von dem dort ansässigen Department of Space Medicine organisiert wurde. Ihr Vortrag stand unter der Überschrift „Experiments in Solitude, in Maximum Achievable Physical Isolation with Water Suspension, of Intact Healthy Persons" und fügte sich in eine größere Sektion zur „human reliability" ein, die sich der Zuverlässigkeit des menschlichen Faktors innerhalb geschlossener Mensch-Maschine-Systeme widmete.[55] Im kybernetischen Denken der Air-Force-Raumfahrtmediziner erschien der Mensch als „weakest link",[56] als eine tendenziell verdächtige Schwachstelle innerhalb der elektronischen Schaltkreise, die zu einem (auch geostrategischen) Risiko für die Mission werden könnte. Diese anthropologische Skepsis war Teil einer weiter ausgreifenden Kultur des Misstrauens während der Zeit des Kalten Kriegs. Entsprechend dieses Denkens galten Menschen als politische Akteure, feindliche Agenten oder als Bestandteile

54 Zu diesem langjährigen Forschungsprojekt siehe John C. Lilly: *Man and Dolphin*. Garden City: Doubleday 1961; ders.: *The Mind of the Dolphin. A Nonhuman Intelligence*. Garden City: Doubleday 1967; ders.: *Communications between Man and Dolphin. The Possibilities of Talking with Other Species*. New York: Julian 1978; siehe weiterführend Burnett: Adult Swim, S. 13–50; Jan Müggenburg: Der Delfin als Medium. Formation und Imagination in John C. Lillys Kommunikationsexperimenten. In: Claudia Mareis (Hrsg.): *Designing Thinking. Angewandte Imagination und Kreativität um 1960*. Paderborn: Fink 2016, S. 187–212; sowie die BBC-Dokumentation *The Girl Who Talked to Dolphins* (GB 2014, R: Christopher Riley).

55 John C. Lilly / Jay T. Shurley: Experiments in Solitude, in Maximum Achievable Physical Isolation with Water Suspension, of Intact Healthy Persons. In: Bernard E. Flaherty (Hrsg.): *Psychophysiological Aspects*, S. 238–247, hier S. 238. Weitere Vorträge aus der Sektion „Problems of Human Reliability" kamen u. a. von James G. Miller („Sensory Overloading"), D. Ewen Cameron et al. („Sensory Deprivation: Effects upon the Functioning Human in Space Systems"), Robert R. Holt und Leo Goldberger („Assessment of Individual Resistance to Sensory Alteration") sowie John H. Rohrer („Interpersonal Relationships in Isolated Small Groups").

56 Bernard E. Flaherty: Introduction. In: Ders. (Hrsg.): *Psychophysiological Aspects*, S. 1–5, hier S. 4.

größerer elektronischer Systeme – letztlich aber auch die Technik selbst – als potentiell verdächtig.[57]

Lilly und Shurley präsentierten dem Auditorium eine andere, weniger kriegerische Version des ‚astronautischen Selbst'. An die Stelle einer lückenlosen Verschmelzung von Mensch und technologischem Steuerungssystem, die auch eine lückenlose Überwachung des fehleranfälligen Faktors Mensch implizierte, setzten sie ihre Idee der teilnehmenden Selbstbeobachtung als zentrale „epistemische Tugend"[58] ihres Experimentalsystems. Es ging ihnen um Techniken der „self-observation", die ein „maximum of information from the subjective sphere" ermöglichen würden; dem Dispositiv einer externen Überwachung stellten sie hierbei ihre introspektive Praxis von „notes and recordings by the subject alone" entgegen.[59] Die damit verknüpfte Intimität der Versuchsperson, die von ihnen im weiteren Verlauf auch als „issue of privacy" beschrieben wurde, sollte zum dominierenden Thema des Vortrags werden:

> When given freedom from external exchanges and transactions, the isolated-constrained ego (or self or personality) has sources of *new information* from within. Such sources can be experienced as if they are outside with greater or lesser degrees of awareness as to where or what these sources are (projected imagery, projected sounds, doubling of body parts, emotional states of euphoria or anxiety, etc.) [...]. Eventually, after many exposures, each subject can learn to enjoy and not fear or dislike his own experiences.[60]

Dieses Ideal der subjektiven Introspektion stand der kybernetischen Kontrollvorstellung der anderen anwesenden Wissenschaftler diametral entgegen. Wenn es nach den Raumfahrtmedizinern ginge, so sollte das experimentelle Wissen über die astronautischen

57 Vgl. hierzu Edward Jones-Imhotep: Disciplining Technology. Electronic Reliability, Cold-War Military Culture and the Topside Ionogram. In: *History and Technology* 17,2 (2000), S. 125–175, bes. S. 166.

58 Zum Begriff der „epistemischen Tugend" siehe Daston / Galison: *Objektivität*, S. 44.

59 Lilly / Shurley: Experiments in Solitude, S. 238.

60 Ebd., S. 245–246, 247 (Herv. i. Orig.).

Testsubjekte konstant und in Echtzeit verfügbar gemacht werden.[61] Lilly und Shurley waren indes nicht daran interessiert, ein zu Kontrollzwecken einsetzbares Wissen zu produzieren, das die Reaktionen der Testpersonen auf Isolation messbar machen würde. Es ging ihnen weder um die Verlässlichkeit des menschlichen Faktors unter extremen Umweltbedingungen noch um die Entwicklung eines Testsystems zur Auswahl besonders widerstandsfähiger Kandidaten für das Raumfahrtprogramm.

Auf ihren Tauchgängen in der schwerelosen Dunkelheit des Wassertanks hatten sie neue Bewusstseinsebenen und tiefe Quellen neuer innerer Informationen gefunden, deren Aufzählung aus einer Programmschrift der *Swinging Sixties* entstammen könnte: projizierte Bildwelten und Klänge, körperliche Halluzinationen, Emotionen, Zustände von Euphorie und Erregung. Anders als ihre Kollegen interpretierten sie diese Zustände nicht als beunruhigende Psychosen oder Sinnestäuschungen, die zu einer Gefahr für das Raumfahrtprogramm werden könnten, sondern als neue Formen der Selbsterfahrung. Der Astronaut erschien dabei als Prototyp der Bewusstseinserweiterung. Sie dachten nicht in der Kategorie einer abgeschlossenen „Welt des Feindes“, sondern sahen in der Isolation eine vielversprechende Selbsttechnik, um das „isolated-constrained ego“ zu befreien. Die von der Konkurrenz- und Containmentlogik des Kalten Kriegs angetriebenen Air-Force-Mediziner hatten für diese grenzwissenschaftlichen Selbsttechniken der Wahrnehmungssteigerung nicht die geringste Verwendung. In ihrem Denken war der Weltraum eine lebensfeindliche und bedrohliche Topographie; um dort bestehen zu können, musste der als „weakest link“ innerhalb der technischen Steuerungskreisläufe imaginierte Mensch resistenter gemacht werden. Für „*new information* from within“[62] war in diesem auf Kontrollierbarkeit, Funktionsfähigkeit und Zuverlässigkeit getakteten System kein Platz.

Auch wenn der kurze Flirt zwischen Lilly und der Raumfahrtmedizin damit beendet war, etablierte sich der Wassertank in der Folge als eine feste Größe innerhalb der bioastronautischen Forschungslabors. Bereits 1960 wechselte Shurley vom National Institute of

61 Vgl. Flaherty: Introduction, S. 4: „physiological data from the human operator [must] be constantly available to earthbound observers“.

62 Lilly / Shurley: Experiments in Solitude, S. 246.

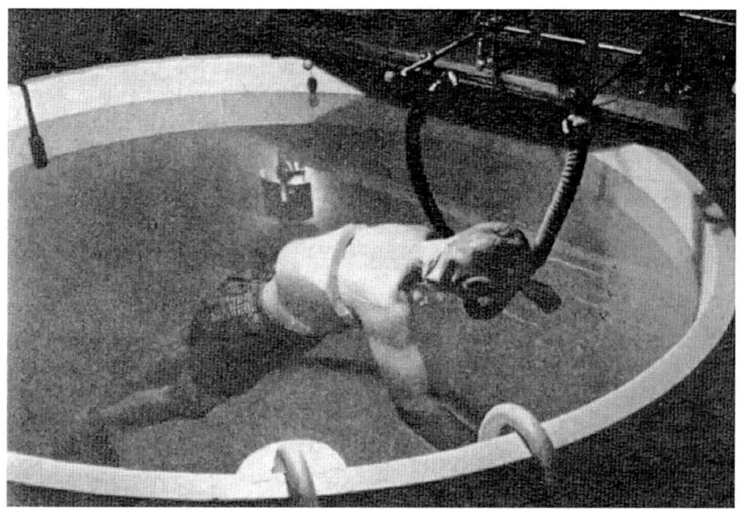

Abb. 2: Tauchstation 2: Selbstversuch des Journalisten Sid Ross in Jay T. Shurleys Wassertanks am Veterans Affairs Hospital in Oklahoma City, ca. 1962.

Mental Health an das Veterans Affairs Hospital in Oklahoma City, um dort seine Wassertankstudien fortzuführen. Ausgestattet mit einem neuen – nach Originalabmessungen konstruierten – Tauchbecken (Abb. 2) beteiligte er sich dort an einer raumfahrtmedizinischen Versuchsreihe, die unter dem Namen „Mercury 13 Program" bekannt wurde. Dieses inoffizielle und mit privaten Mitteln finanzierte Forschungsprogramm bildete ein Konkurrenzprojekt zum staatlichen „Mercury 7 Program" der NASA. Ziel dieser Testreihe war es zu zeigen, dass nicht nur Männer, sondern auch Frauen mit den extremen Herausforderungen der Raumfahrt fertig werden konnten. Im Rahmen seiner Experimente kam Shurley zu dem Ergebnis, dass Frauen möglicherweise sogar besser in der Lage waren, die psychischen Belastungen der sensorischen Isolation im Weltraum zu bewältigen.[63]

63 Jay Shurley: Profound Experimental Sensory isolation. In: *American Journal of Psychiatry* 117 (1960), S. 539–545; Jay Shurley / Cathryn Walters / Oscar A. Parsons: Differences in Male and Female Responses to Underwater Sensory Deprivation. An Exploratory Study. In: *Journal of Nervous & Mental Disease* 134,4 (1962), S. 302–310; dies.: Male-Female Differences in Underwater Sensory Isolation. In: *The British Journal of Psychiatry* 110,456 (1964), S. 290–295; Jay Shurley: Stress and Adaptation as Related to Sensory/Perceptual Isolation Research. In: *Military Medicine* 131,3 (1966), S. 254–258. Zum „Mercury 13"-Programm sowie zu

Aber auch im offiziellen Raumfahrtprogramm blieben Wassertanks in Verwendung: Neben den 1966 entwickelten *neutral buoyancy laboratories* entstand 1967 an der University of Vermont in Burlington im Auftrag der NASA ein weiteres Laboratorium unter der Leitung des Psychologen Donald G. Forgays. Dieser hatte seine Karriere einst an der McGill University begonnen, wo er bei Hebb studiert und in dessen Auftrag zu den Auswirkungen sensorischer Deprivation auf die Problemlösungsfähigkeiten von Ratten geforscht hatte.[64] Die von Forgays bis weit in die 1980er Jahre hinein durchgeführten Isolationsstudien waren an der psychischen Belastung in der extrem monotonen Wassertankumgebung interessiert. Hierbei wurden Testpersonen mit einer Sauerstoffmaske ausgerüstet und bis zu zwölf Stunden in das auf 34,5°C temperierte, vollkommen abgedunkelte und schallisolierte Tauchbecken hinabgelassen. Im Gegensatz zu Lillys Selbstversuchen zeigten die Probanden deutliche mentale Irritationen und klagten über starke psychische Belastungen.[65]
Abseits der experimentierfreudigen Subkultur der Raumfahrtmedizin fanden Lillys Versuche 1963 schließlich auch Erwähnung in einem streng geheimen CIA-Handbuch, dem *Kubark Counterintelligence Interrogation Manual*. In diesem Leitfaden wurden mögliche Verhörtechniken zur Vernehmung besonders widerständiger Gefangener diskutiert. Um resistente Befragte zu einer Aussage zu bewegen, hieß es dort, sei eine kontrollierte Umgebung zur Herstellung einer Atmosphäre gesteigerten Sinnesentzugs besonders effektiv: „The more complete the place of confinement eliminates sensory stimuli, the more

Shurleys Experimenten siehe Martha Ackmann: *The Mercury 13. The Untold Story of Thirteen Women and the Dream of Space Flight*. New York: Random House 2003, S. 101–114; vgl. auch Margaret Weitekamp: *Right Stuff, Wrong Sex. America's First Women in Space Program*. Baltimore/London: Johns Hopkins UP 2004.

64 Donald G. Forgays / Janet W. Forgays: The Nature of the Effect of Free-Environmental Experience in the Rat. In: *Journal of Comparative and Physiological Psychology* 45,4 (1952), S. 322–328.

65 Donald G. Forgays / Gary N. Mcclure: A Direct Comparison of the Effects of the Quiet Room and Water Immersion Isolation Techniques. In: *Psychophysiology* 11,3 (1974), S. 346–349; Donald G. Forgays / Maureen J. Belinson: Is Flotation Isolation a Relaxing Environment? In: *Journal of Environmental Psychology* 6,1 (1986), S. 19–34; Donald G. Forgays: Arousal and Arousability in Repeated Isolation Experiences. In: *Perceptual and Motor Skills* 65 (1987), S. 277–278. Zur Biographie Donald Forgays siehe Robert B. Lawson / Justin M. Joffe: Donald G. Forgays (1926–1993): Obituary. In: *American Psychologist* 50,2 (1995), S. 104.

rapidly and deeply will the interrogatee be affected. [...] An environment still more subject to control, such as water-tank [...] is even more effective."[66] Die Wassertankversuche am National Institute of Mental Health hatten die Neugier der Geheimdienste bereits früh geweckt. Seit 1958 hatte Lilly in seinem Büro immer wieder Besuch von Beamten des CIA bekommen, die sehr daran interessiert waren, sich mit ihm über seine Forschung auszutauschen.[67] Auch sie waren immer auf der Suche nach neuen Praktiken und Techniken, mit denen sie tief in die psychischen Topographien ihrer Verdächtigen vordringen konnten, um ihnen für ihre Zwecke brisante „*new information* from within" zu entlocken.

Physik des Selbst

Bald wurde auch die Populärkultur von der unheimlichen Anziehungskraft dieser Versuche infiziert. 1963 veröffentlichte der schottische Schriftsteller James Kennaway mit seinem Roman *The Mind Benders* einen psychologischen Spionagethriller, in dem Lillys Wassertank von einer raumfahrtphysiologischen Experimentalanordnung in eine bedrohliche Maschine der Gehirnwäsche verwandelt wurde. Zunächst zur Simulation der licht- und schwerelosen Weltraumumgebung installiert, transformiert sich der Wassertank im Roman zunehmend in ein „torture chamber", in einen Raum „for political police, not for scientists", in dem sich tief in die Physik der menschlichen Psyche vordringen lasse:

> When a man is submerged in this tank all sensations can be reduced to a minimum. He is utterly isolated; lonely, bewildered. Studying his behavior under these conditions we find we have stepped into a new and frightening world. [...] We seem to be dealing with the physics of the soul.[68]

66 *Kubark Counterintelligence Interrogation Manual.* Central Intelligence Agency 1963, S. 88–90, hier S. 90. Dieser Bericht wurde der Öffentlichkeit im Rahmen des Freedom of Information Act (FOIA) im Februar 2014 vollständig zugänglich gemacht.

67 Francis Jeffrey / John C. Lilly: *John Lilly, So Far.* Los Angeles: Tracher 1990, S. 91; Burnett: Adult Swim, S. 22.

68 James Kennaway: *The Mind Benders* [engl. 1963] Richmond: Valancourt 2014, S. 31. Für die Verfilmung siehe *The Mind Benders* (GB 1963, R: Basil Dearden). Für eine weitere literarische Bearbeitung des Wassertankexperiments siehe Paddy

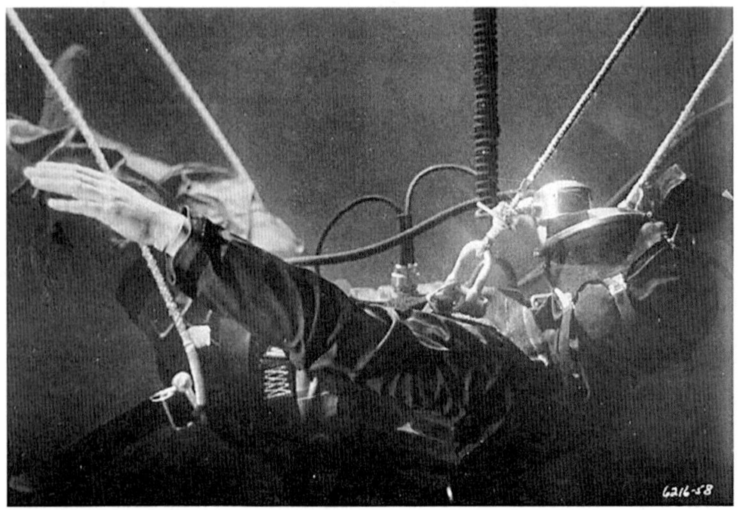

Abb. 3: Tauchstation 3: Dirk Bogarde in Basil Deardens Agenten-Thrillers *The Mind Benders* (1963).

Noch im gleichen Jahr wurde das Buch mit Dirk Bogarde in der Hauptrolle verfilmt und die gefährlichen Selbstexperimente im Tauchbecken in eine klaustrophobische Bildsprache übersetzt. (Abb. 3) Von den so faszinierenden wie düsteren Möglichkeiten dieses Experimentalsystems ließ sich schließlich auch die internationale Medienöffentlichkeit anstecken. Nicht nur in den USA, auch in Deutschland sorgten die Wassertankstudien für großes Aufsehen. Bereits 1956 hatte *Der Spiegel* unter der Überschrift „Blockade der Sinne" über Lillys Experimente und deren potentielle Verwertbarkeit als Gehirnwäsche-Praktik berichtet. Ab 1960 folgten dann ausführliche Berichte im *Life Magazine*, *Parade* sowie in *Mechanix Illustrated* über Shurleys Experimente; 1967 berichtete *Popular Science* über die raumfahrtmedizinischen Studien von Forgays. Ganz im Sinne von Lillys epistemischer Tugend der teilnehmenden (Selbst-)Beobachtung und inspiriert von dem ebenso entschieden subjektiven wie angriffslustigen Stil des gerade aufkommenden *New Journalism* wagten die Reporter den Selbstversuch. Um ihren Lesern aus erster Hand über

Chayefsky: *Altered States*. New York: Harper & Row 1978. Auch dieser Roman wurde für das Kino adaptiert, siehe *Altered States* (*Der Höllentrip*, US 1980, R: Ken Russell).

ihre Erlebnisse und Halluzinationen im Tank Auskunft geben zu können, setzten sie sich dieser fremdartigen Umwelt aus und dokumentierten ihre Eindrücke anschließend in detaillierten Erfahrungsberichten;[69] das „Aufschreibesystem“[70] des wissenschaftlichen Laborprotokolls wurde dabei virtuos in eine journalistische Strategie übersetzt.

Doch auch Lilly ging mit seinem Wassertank weiterhin auf Reisen. 1960 nahm er ihn mit in sein Communications Research Institute nach St. Thomas, wo er weiter an der Konstruktion feilte und seinen Tank durch die Anreicherung mit Epsonsalzen ($MgSO_4$) so modifizierte, dass er ohne Atemmaske in Rückenlage auf der Wasseroberfläche schweben konnte. Dies sollte jedoch nicht die einzige Änderung sein. Denn um bei seinen Reisen „in den Weltraum der Seele“ noch tiefer in die Physik des Selbst eintauchen zu können, hatte Lilly bereits seit 1964 außerdem damit begonnen auf das Halluzinogen Lysergsäurediethylamid ($C_{20}H_{25}N_3O$), kurz: LSD, zurückzugreifen.[71] Als er sich 1973 mit seiner Frau Toni in der Decker Canyon Ranch im kalifornischen Malibu niederließ, installierte er dort fünf Tanks, um mit mehreren Probanden gleichzeitig experimentieren zu können. Die von Vertrauten scherzhaft bald nur noch als „Lilly Pond“[72] bezeichnete Ranch entwickelte sich schnell zu einem Hotspot der Gegenkultur, zu einem Experimentallabor für unkonventionelle Denker wie den Kybernetiker Gregory Bateson, den Physiker

69 Blockade der Sinne. In: *Der Spiegel* 24 (13.06.1956), S. 43–45; Damp Prelude to Space. In: *Life* 49,17 (24.10.1960), S. 81, 83; Sid Ross: My 7 Hours Out of This World. In: *Parade*, 16.04.1961, S. 102; Experiments in Loneliness. In: *Mechanix Illustrated*, Mai 1962, S. 56–57; Robert Gannon: I Spent 90 Minutes in Hell. In: *Popular Science* 191,1 (Juli 1967), S. 67–69.

70 Friedrich Kittler: *Aufschreibesysteme 1800/1900*. München: Fink 1985.

71 Zu Lillys Experimenten mit LSD siehe John C. Lilly: *The Human Biocomputer: Programming and Metaprogramming*. Scientific Report no. CRI 0167. Miami: Communications Research Institute 1967; Judith Hooper: John Lilly: Altered States. In: *Omni Magazine* 5,4 (1983), S. 56–59; Burnett: Adult Swim, S. 36–38. Der Begriff „Weltraum der Seele“ stammt von dem Schweizer Religionswissenschaftler Rudolf Gelpke, der in den 1960er Jahren mit LSD und Bewusstseinserweiterung experimentierte (Rudolf Gelpke: Von Fahrten in den Weltraum der Seele. Berichte über Selbstversuche mit LSD und Psilocybin. In: *Antaios* 3 (1962), S. 393–411).

72 Craig S. Enright: Foreword. In: John C. Lilly: *The Deep Self. Profound Relaxation and the Tank Isolation Technique*. New York: Simon & Schuster 1977, S. 19–26, hier S. 20.

Richard Feynman, den Beat-Poeten Allen Ginsberg sowie den ehemaligen Harvard-Psychologen und LSD-Guru Timothy Leary oder den surrealistischen Regisseur Alejandro Jodorowski. In diesem brodelnden Milieu aus gegenkulturellem Andersdenken, handwarmer Magnesiumsulfatlösung und psychedelischen Substanzen wurden Isolation und Sinnesentzug nunmehr als Gruppenerlebnis inszeniert und Bewusstseinserweiterungen in Serie produziert. Während der 1970er Jahre beteiligte sich Lilly dann aktiv an der Kommerzialisierung seines Experimentalsystems, das ab 1972 über die Samadhi Tank Co. Inc. von dem Computer- und Time-Sharing-Spezialisten Glenn Perry vertrieben wurde. Unter dem Begriff *floating* (schwebend, fließend) avancierten diese in Kokonform gegossenen LSD-Trips ab Mitte der 1970er Jahre zu einer gängigen Entspannungs- und Meditationstechnologie in der New Age- und Esoterikbewegung (wo sie bis heute teils mit therapeutischem Impetus, teils noch immer mit psychoaktiven Hilfsmitteln genutzt werden).[73]

Fließend – *floating* – waren nicht nur die Tanks selbst, sondern auch die Übergänge und Grenzen zwischen den so unterschiedlichen sozialen Räumen, in denen sie installiert und eingesetzt wurden. Als Relikt der militärischen Tauchmedizin des Zweiten Weltkriegs in Lillys Labor gekommen, zog der Wassertank rasch das Interesse verschiedener sozialer Gruppen auf sich, die je spezifische (und teils sehr konträre) Interessen und Verwendungsweisen an ihn knüpften. Während die CIA auf der Suche nach einem idealtypischen ‚Container' zur Simulation der bedrohlichen und manipulativen „Welt des Feindes" war, träumten die Raumfahrtmediziner der Air Force und NASA von einer Maschine, mit der sie die licht- und lautlose Schwerelosigkeit des Weltraums im kontrollierten Raum ihrer Forschungsinstitute im Labormaßstab reproduzieren konnten. Lilly selbst sah in seinem

73 Siehe hierzu Peter Suedfeld / Elizabeth J. Ballard / Margaux Murphy: Water Immersion and Flotation. From Stress Experiment to Stress Treatment. In: *Journal of Environmental Psychology* 3 (1983), S. 147–155; Hauß / Wehlken: Brain Drain, S. 167–184. Für eine aktuelle Studie zum therapeutischen Einsatz der *flotation tanks* siehe Anette Kjellgren / Hanne Buhrkall / Torsten Norlander: Psychotherapeutic Treatment in Combination with Relaxation in a Flotation Tank: Effects on "Burn-Out Syndrome". In: *The Qualitative Report* 15,5 (2010), S. 1243–1269. Auf drogeninduzierte Selbsterfahrungstrips begab sich der Journalist Hamilton Morris in der für das Szenemagazin *Vice* produzierten Kurzdokumentation *Tanks for the Memories* (USA 2013).

Experimentalsystem eine Art „Selbsttechnologie“[74], mit der sich die Grenzen des eigenen Selbst überwinden ließen. Auf einer rastlosen Suche nach „neuen Informationen“ begab er sich in zahllosen Selbstversuchen immer tiefer in die von ihm als „inner“ oder „deep space“ imaginierte Topographie seiner Psyche.[75] In allen Einsatzbereichen standen *Raum* und *Selbst* in einem gesteigerten Austausch- und Bezugsverhältnis. Psychologen, Militärs, Raumfahrtmediziner, Geheimdienstbeamte und schließlich auch prominente Vertreter der Gegen-, Esoterik- und New Age-Kultur verbanden mit Lillys Wassertank verschiedene epistemologische wie auch politische Bedürfnisse. Schließlich materialisierten sich während der Tauchmanöver auch unterschiedliche Vorstellungen des *Selbst*, das in diesem Raum nicht nur repräsentiert, sondern vielmehr erst konstituiert – und *verräumlicht* – wurde.

In Anlehnung an Susan Leigh Star und James Griesemer lässt sich Lillys Wassertank in dieser Hinsicht als ein *boundary object* beschreiben. Als Grenzobjekte fassen beide Gegenstände, die so konkret sein können wie Museumsgegenstände und wissenschaftliche Dinge oder aber so abstrakt wie beispielsweise der Staat Kalifornien; sie ‚bewohnen‘ verschiedene, ineinander verschränkte soziale Räume, vermitteln zwischen einzelnen Akteuren und Gruppen und sind in der Lage, die an sie gestellten Bedürfnisse zu erfüllen. Als Vermittler dieser teils auch konkurrierenden Interessen sind Grenzobjekte flexibel („plastic“) genug, um für lokale Praktiken und Verwendungszwecke geformt zu werden, jedoch auch ausreichend ‚robust‘, um ihre grenzübergreifende Identität zu wahren:

74 Michel Foucault: Technologien des Selbst. In: Ders. / Rux Martin / Luther H. Martin / William E. Paden / Kenneth S. Rothwell / Huck Gutman / Patrick H. Hutton (Hrsg.): *Technologien des Selbst*. Frankfurt am Main: Fischer 1993, S. 24–61. Foucault zählt zu den „Technologien des Selbst“ auch Praktiken und Techniken des „über sich selbst schreibens“, die in Form von Erfahrungsprotokollen auch für Lilly eine zentrale Rolle bei der Selbstkonstitution spielten (vgl. Michel Foucault: Über sich selbst schreiben. In: Ders.: *Schriften in vier Bänden. Dits et Ecrits,* Band 4: 1980–1988, hrsg. v. Daniel Defert / François Ewald. Frankfurt am Main: Suhrkamp 2005, S. 503–521).

75 John C. Lilly: *The Center of the Cyclone. An Autobiography of Inner Space*. New York: Julian 1972.

> They are weakly structured in common use, and become strongly structured in individual-site use. [...] They have different meanings in different social worlds but their structure is common enough to more than one world to make them recognizable, a means of translation.[76]

Die Übersetzungswege, die von der militärischen Kultur des Kalten Kriegs durch Lillys Wassertank hindurch bis in die Gegenkultur führten, waren nicht nur denkbar kurz. Sie zeigen auch, wie eng die Austauschbeziehungen und Wechselwirkungen zwischen diesen Milieus waren, und wie „groovy" Wissenschaft im Zeitalter der Bombe sein konnte.[77] Gleichermaßen komplex – und ebenso wenig dualistisch – wie diese Raumkonstellationen waren die Selbstkonzeptionen, die in der salzhaltigen Lösung der Wassertanks isoliert, in konkreten Selbsttechniken materialisiert und dann zur Reaktion gebracht wurden. Die hierbei experimentell in die Tat umgesetzten Selbstentwürfe reichten von dem Modell eines abgeschlossenen ‚Containers', der durch Isolation gewaltsam aufgebrochen werden sollte, bis hin zu Konzeptionen, die das Selbst als einen unendlichen inneren Weltraum entwarfen, den es als Erfahrungsraum zu erforschen gelte. Welche Erfahrungen diese Versuche produzierten und wie tief hierbei in die Physik des Selbst abgetaucht werden konnte, war entscheidend durch die Versuchsanordnungen bestimmt und an das Funktionieren der technischen Bedingungen gebunden. Lilly, 1956:

> Unmittelbar vor mir erschien ein Tunnel, von dessen Innen-„Raum" ein blaues Licht auszugehen schien. An diesem Punkt wurde das Experiment abgebrochen, da durch ein fehlerhaftes Verbindungsstück an einem Zuflußrohr Wasser in die Maske eindrang.[78]

76 Leigh Star / Griesemer: Institutional Ecology, 'Translations', and Boundary Objects, S. 393.

77 Vgl. hierzu auch David Kaiser / W. Patrick McCray: Introduction. In: Dies. (Hrsg.): *Groovy Science*, S. 1–10. Kaiser und McCray wenden sich mit ihrem Fokus auf reziproke Austauschbeziehungen gegen den älteren Ansatz von Theodore Roszak, der in der Gegenkultur eine einseitige Abkehr von der etablierten Wissenschafts- und Technikkultur des Kalten Kriegs sieht (vgl. Theodore Roszak: *The Making of a Counter Culture. Reflections on the Technocratic Society and Its Youthful Opposition*. Garden City: Doubleday 1969).

78 Lilly: Die psychischen Auswirkungen der Reduktion, S. 88.

Abbildungsverzeichnis

Abb. 2: Die Freizeitbeschäftigung am Grab: mal symbolischer Indikator lebensweltlicher Einstellungen, mal schlichtweg Illustration. © Thorsten Benkel / Matthias Meitzler (www.friedhofssoziologie.de).

Abb. 3: Kein Grab auf dem Autofriedhof, sondern das Zeichen für eine persönliche Leidenschaft in individualistischen Zeiten. © Thorsten Benkel / Matthias Meitzler (www.friedhofssoziologie.de).

Patrick Kilian: John C. Lilly auf Tauchstation

Abb. 1: Tauchstation 1: Unterwasserexperiment an der Psychophysiological Stress Section des Aerospace Medical Laboratory der Wright-Patterson Air Force Base bei Dayton, Ohio, ca. 1962. Duane E. Graveline: Maintenance of Cardiovascular Adaptability during Prolonged Weightlessness. In: *Aerospace Medicine* 33 (1962), S. 297–302, hier S. 298.

Abb. 2: Tauchstation 2: Selbstversuch des Journalisten Sid Ross in Jay T. Shurleys Wassertanks am Veterans Affairs Hospital in Oklahoma City, ca. 1962. Fotografie von Ben Ross: Experiments in Loneliness. In: *Mechanix Illustrated*, Mai 1962, S. 56–57, hier S. 57.

Abb. 3: Tauchstation 3: Dirk Bogarde in Basil Deardens Agenten-Thrillers *The Mind Benders* (1963). Kino-Aushangfoto *The Mind Benders* (GB 1963, R: Basil Dearden).

Autor*innen

Thorsten Benkel, Dr. phil., studierte Soziologie, Philosophie, Psychologie und Literaturwissenschaft. Er promovierte in Frankfurt am Main mit einer Studie zum Wirklichkeitsverständnis der Soziologie. Gegenwärtig ist er Akademischer Rat für Soziologie an der Universität Passau und arbeitet insbesondere zu Sterben, Tod und Trauer in der reflexiven Moderne. Seine weiteren Forschungsschwerpunkte sind Wissenssoziologie, Mikrosoziologie, empirische Sozialforschung, Soziologie des Körpers, des Rechts und der Sexualität. Neuere Buchpublikationen: zus. mit Matthias Meizler (Hrsg.): *Sinnbilder und Abschiedsgesten*. Hamburg: Dr. Kovac 2013; zus. mit Rüdiger Lautmann (Hrsg.): *Zeitschrift für Rechtssoziologie* 34,1–2 (2014): Soziologie des Strafrechts; *Die Zukunft des Todes. Heterotopien des Lebensendes*. Bielefeld: Transcript 2016.

Dagmar Bruss, Dr. phil., studierte italienische Literatur- und Kulturwissenschaften sowie Wirtschaftswissenschaften an den Universitäten Hamburg, Stuttgart-Hohenheim und Leuven (Belgien). 2015 wurde sie an der Universität Hamburg im Fach Romanistik promoviert. Publikationen: Marcel Proust als Theoretiker des Begehrens. Zwischen Freud'schem Narzissmus und Proust'schem *désir* In: Marc Föcking (Hrsg.): *Marcel Proust und die Medizin*. Berlin: Suhrkamp 2014, S. 205–229; Geschwister, Geschwisterlichkeit und Serien bei Robert Walser. In: Ulrike Schneider / Helga Völkening / Daniel Vorpahl (Hrsg.): *Zwischen Ideal und Ambivalenz. Geschwisterbeziehungen in ihren soziokulturellen Kontexten*. Frankfurt am Main: Lang 2015, S. 221–237; Italienische Gefallsucht und deutsche Schwermut. Feridun Zaimoğlu zwischen Akademie, Italien und Heimatgefühl. In: Anne-Rose Meyer / Eugenio Spedicato (Hrsg.): *Migration – Reise – Zusammenprall der Kulturen: Neue Italienbilder in deutschsprachiger Gegenwartsliteratur*. Würzburg: Königshausen & Neumann 2016, S. 91–103; *Zwischen Geschwistern und Geschwisterlichkeit. Giovanni Verga und Robert Walser: Vom Umschlagen des Genealogischen in die Horizontale um 1900*. Heidelberg: Winter 2016.

Lea Bühlmann, lic. phil., studierte Geschichte und Germanistik an der Universität Basel. Von 2012 bis 2017 war sie Assistentin im Bereich Neuere und Neueste Geschichte am Departement Geschichte der Universität Basel und Mitglied der Basel Graduate School of History. Von 2015 bis 2016 Fellow am Institut für Medizingeschichte und Wissenschaftsforschung (IMGWF) der Universität zu Lübeck, gefördert mit einem Stipendium des Schweizerischen Nationalfonds. Sie promoviert im Fach Geschichte mit einer wissenshistorischen Arbeit zu „Verinnerlichte Umgebungen, veräusserlichte Organismen. Zur Genealogie ökologischen Denkens" (Arbeitstitel). Ihre Forschungsinteressen liegen im Bereich der jüngeren Wissens- und Wissenschaftsgeschichte mit Schwerpunkt auf der Historischen Epistemologie, der Geschichte der Physiologie, Kybernetik sowie dem Umgebungswissen.

Tamara Frey, M. A., studierte von 2007 bis 2013 Geschichte an der Universität Mannheim und arbeitete dort mehrere Jahre als Hilfskraft im Universitätsarchiv. Von 2013 bis 2016 war sie Mitglied im DFG-Graduiertenkolleg „Dynamiken von Raum und Geschlecht. Entdecken, erobern, erfinden, erzählen" an der Universität Göttingen. Ihre Forschungsschwerpunkte sind Gender Studies, Medien- und

Medizingeschichte sowie Bürgertumsforschung. Anfang 2017 erfolgte die Promotion mit der Arbeit „‚Strengste Verschwiegenheit auf Manneswort!' – Eine Analyse von Heiratsannoncen im Kaiserreich". Seit Mai 2017 ist Frey Archivreferendarin im Landesarchiv Nordrhein-Westfalen.

Patrick Kilian, M. A., studierte an der Universität Mannheim Geschichte und Philosophie. Seit 2013 arbeitet er an der Forschungsstelle für Sozial- und Wirtschaftsgeschichte (FSW) der Universität Zürich und ist seit 2016 Mitglied im Graduiertenkolleg des Zentrums Geschichte des Wissens (ZGW; ETH und Universität Zürich). Er ist Mitherausgeber des 2017 gestarteten Open-Access-Journals *Le foucaldien* (foucaldien.net) sowie des an der Universität Zürich verorteten *foucault-blog*. Sein Dissertationsprojekt befasst sich mit der Geschichte des astronautischen Körpers im Kontext der frühen Raumfahrtmedizin. Seine Forschungsinteressen umfassen die Wissens- und Wissenschaftsgeschichte des Kalten Krieges und der Raumfahrt, Science and Technology Studies (STS) sowie Intellektuellengeschichte. Ausgewählte Publikationen: zus. mit Jordan Bimm: The Well-Tempered Astronaut. In: *Nach Feierabend. Zürcher Jahrbuch für Wissensgeschichte* 13 (2017), S. 85–107; Die Psychologie des totalen Staates. Georges Bataille zwischen Faschismus und Kaltem Krieg. In: Frank Schale / Ellen Thummler (Hrsg.): *Den totalitären Staat denken*. Baden-Baden: Nomos 2015, S. 119–136.

Birte Lipinski, Dr. phil., studierte Germanistik und bildende Kunst an den Universitäten Oldenburg und Salamanca. Sie wurde 2013 mit der Arbeit „Romane auf der Bühne: Form und Funktion von Dramatisierungen im deutschsprachigen Gegenwartstheater" promoviert. Lipinski war als Wissenschaftliche Mitarbeiterin an der Universität Oldenburg und als Referentin für das wissenschaftliche Programm bei der Studienstiftung des deutschen Volkes tätig. Seit 2014 leitet sie das Buddenbrookhaus in Lübeck. Ihre Forschungsschwerpunkte liegen in den Bereichen Biographie und Werk der Familie Mann, Narratologie, Intertextualität und Intermedialität, Theater, literarische Romantik. Ausgewählte Publikationen: Theatrale Ausflüge zweier Epiker. Rolle und „unmaskierte Wirklichkeit" bei Thomas Mann und Theodor Storm. In: Heinrich Detering / Maren Ermisch / Hans Wißkirchen (Hrsg.): *Verirrte Bürger. Thomas Mann und Theodor Storm*. Frankfurt am Main: Klostermann 2016, S. 225–250; zus. mit Anna-Lena Markus (Hrsg.): *Fremde Heimat. Flucht und Exil der Familie Mann*. Lübeck: Kulturstiftung 2016; Romantische Beziehungen. Kai Graf Mölln, Hanno Buddenbrook und die Erlösung in der Universalpoesie. In: *Thomas-Mann-Jahrbuch* 24 (2011), S. 173–194.

Christoph Paret, M. A., studierte von 2005 bis 2010 in Tübingen Philosophie, Psychologie und Geschichte und hat beim einjährigen interdisziplinären Studienkolleg des Forum Scientiarum teilgenommen. Er war von 2010 bis 2013 Assistent und Lehrbeauftragter für Philosophie an der Universität St. Gallen und von 2013 bis 2016 Wissenschaftlicher Mitarbeiter des Graduiertenkollegs „Das Reale in der Kultur der Moderne" an der Universität Konstanz. 2016 war Paret Assistent für Kulturwissenschaft an der Universität St. Gallen und 2017 Fellow in Residence am Kolleg Friedrich Nietzsche in Weimar. Er lehrt Philosophie an der Universität St. Gallen und promoviert in Philosophie zum Thema „Laboratorien der Freiheit. Psychotechniken zwischen Emanzipation und Manipulation". Veröffentlichungen: „Unglaublich!" – Wittgenstein über die Unhaltbarkeit und Unwiderstehlichkeit abergläubischer Praktiken. In: *Phil. Jahrbuch* 120,2 (2013), S. 330–47; „Habe die

Wut, dich deines eigenen Verstandes zu bedienen!" Über Empörung als emanzipative Psychotechnik. In: Alexandra Schwell / Katharina Eisch-Angus (Hrsg.): *Der Alltag der (Un)Sicherheit. Ethnographisch-kulturwissenschaftliche Perspektiven auf die Sicherheitsgesellschaft* (Im Erscheinen).

Birgit Stammberger, Dr. phil., studierte Angewandte Kulturwissenschaften. 2011 erfolgte die Promotion an der Universität Vechta. Sie war als Wissenschaftliche Mitarbeiterin an der Leuphana Universität Lüneburg tätig und erhielt dort ein zweijähriges Post-Doc-Stipendium der Fakultät Kulturwissenschaften. Seit Februar 2015 ist sie Wissenschaftliche Koordinatorin am Zentrum für Kulturwissenschaftliche Forschung Lübeck (ZFKL). Ihre Forschungsschwerpunkte sind kulturwissenschaftliche Wissenschaftsforschung, Körpergeschichte im 19. und 20. Jahrhundert sowie Wissensgeschichte der Psychoanalyse und Psychiatrie. Publikationen: *Monster und Freaks. Zur Wissensgeschichte außergewöhnlicher Körper im 19. Jahrhundert*. Bielefeld: Transcript 2011; Haare als Symptom. Diskurse über Weiblichkeit, Schönheit und Identität. In: *Body Politics. Zeitschrift für Körpergeschichte* 2,4 (2014) S. 431–461; Der psychologische Versuch als Schreib-Experiment. Erkundungen von Aufschreibepraktiken im Spannungsfeld von Psychiatrie und Psychoanalyse. In: Cornelius Borck / Armin Schäfer (Hrsg.): *Das psychiatrische Aufschreibesystem*. Paderborn: Fink 2015, S. 119–134; zus. mit Cornelius Borck, Christoph Rehmann-Sutter (Hrsg.): *Islam in europäischer Kultur*. Springe: zu Klampen 2017.

Dirk Thomaschke, Dr. phil., studierte Geschichte, Philosophie und Medienkultur in Hamburg, Oldenburg, Osnabrück und Aarhus. Im Anschluss erfolgte die Promotion zur Geschichte der Humangenetik (*In der Gesellschaft der Gene. Räume und Subjekte der Humangenetik in Deutschland und Dänemark, 1950–1990*. Bielefeld: Transcript 2014). In seinem Postdoc-Projekt beschäftigte er sich mit Dorfchroniken als erinnerungskulturellem Phänomen in der BRD und der DDR. Die Ergebnisse sind in einer Monografie erschienen (*Abseits der Geschichte. Nationalsozialismus und Zweiter Weltkrieg in Ortschroniken*, Göttingen: Vandenhoeck & Ruprecht 2016). Seine Forschungsschwerpunkte liegen auf der Wissensgeschichte Nordwesteuropas und der Erinnerungskultur.

Jörg Widmaier, Dr. phil., studierte Ur- und Frühgeschichte sowie Archäologie des Mittelalters, Kunstgeschichte und Geschichte an der Eberhard Karls Universität Tübingen. 2014 erfolgte die Promotion mit der Arbeit „Artefakt – Inschrift – Gebrauch. Zu Medialität und Praxis figürlicher Taufbecken des Mittelalters". Von 2014 bis 2017 war er als Post-Doc im Sonderforschungsbereich „RessourcenKulturen" der Eberhard Karls Universität Tübingen in einem Forschungsprojekt zu Landkirchen auf der schwedischen Ostseeinsel Gotland tätig. Seit 2017 ist er für die Landesdenkmalpflege Baden-Württembergs als Inventarisator der Bau- und Kunstdenkmalpflege tätig. Seine Forschungsschwerpunkte liegen im Bereich der Sakralarchitektur und Bauforschung, der kontextuellen Artefaktanalyse und der Denkmalpflege. Publikationen: Die Marienkirche in Reutlingen Bronnweiler. Bau- und Kulturgeschichte einer Dorfkirche. In: *Reutlinger Geschichtsblätter* NF 51 (2013), S. 9–59; *Artefakt – Inschrift – Gebrauch. Zu Medialität und Praxis figürlicher Taufbecken des Mittelalters*. Büchenbach: Faustus 2016; Landesamt für Denkmalpflege Baden-Württemberg (Hrsg.): *Kulturdenkmale der Reformation im deutschen Südwesten*, bearb. zus. mit Grit Koltermann. Stuttgart: Selbstverlag 2017.

Gedruckt mit Unterstützung des Zentrums für Kulturwissenschaftliche Forschung Lübeck (ZKFL). Das ZKFL dankt seinen Sponsoren.

Bibliografische Information der Deutschen Nationalbibliothek
Die Deutsche Nationalbibliothek verzeichnet diese Publikation in der Deutschen Nationalbibliografie; detaillierte bibliografische Daten sind im Internet über http://dnb.d-nb.de abrufbar.

Umschlaggestaltung: Marija Skara
Lektorat & Satz: Neofelis Verlag (fs / ae)
Druck: PRESSEL Digitaler Produktionsdruck, Remshalden
Gedruckt auf FSC-zertifiziertem Papier.
ISBN (Print): 978-3-95808-119-2
ISBN (PDF): 978-3-95808-169-7